COURS
DE
LITTÉRATURE CELTIQUE

PAR

H. D'ARBOIS DE JUBAINVILLE

MEMBRE DE L'INSTITUT

TOME VII

ÉTUDES SUR LE DROIT CELTIQUE

TOME I

PARIS
THORIN & FILS, ÉDITEURS
LIBRAIRES DES ÉCOLES FRANÇAISES D'ATHÈNES ET DE ROME
DU COLLÈGE DE FRANCE, DE L'ÉCOLE NORMALE SUPÉRIEURE
ET DE LA SOCIÉTÉ DES ÉTUDES HISTORIQUES
4, RUE LE GOFF, 4

THORIN ET FILS, ÉDITEURS

PABON (Louis). — **Manuel juridique des médecins, des dentistes et des sages-femmes.** Exercice de la médecine, de l'art dentaire et de l'art des accouchements. Un volume in-18 jésus. 3 50

LEFORT (Joseph), avocat au Conseil d'État et à la Cour de cassation. **Traité théorique et pratique du contrat d'assurances sur la vie.** 3 volumes grand in-8° raisin. En vente : Tome Ier : *Notions générales. — Histoire des assurances sur la vie. — Fonctionnement des assurances sur la vie. — Le contrat, ses éléments constitutifs, sa nature juridique et sa formation.* Broché, 12 fr. 50 ; cartonné, toile anglaise. 14 »

Tome II : *Exécution du contrat d'assurance sur la vie. — Obligations résultant du contrat. — Effets du contrat à l'égard de l'assureur, de l'assuré et des tiers. — Attribution du bénéfice de l'assurance.* Broché, 12 fr. 50 ; cartonné, toile anglaise. 14 »

Le tome III et dernier *est sous presse*.

BIBLIOTHÈQUE DE L'HISTOIRE DU DROIT ET DES INSTITUTIONS

Tome Ier : **Études sur l'histoire des institutions primitives,** par Sir Henry SUMNER-MAINE. Traduit de l'anglais, avec une préface, par M. Joseph DURIEU DE LEYRITZ, avocat, et précédé d'une introduction par M. H. d'ARBOIS DE JUBAINVILLE, membre de l'Institut, professeur au Collège de France. 1 vol. in-8°. 10 »

Tome II : **Études sur l'ancien droit et la coutume primitive,** par Sir Henry SUMNER-MAINE. Traduit de l'anglais, avec l'autorisation de l'auteur, par M. René DE KÉRALLAIN, avocat, docteur en droit. 1 volume in-8°. 10 »

Tome III : **Études sur les mœurs religieuses, juridiques et sociales de l'Extrême Orient,** par Sir Alfred-C. LYALL, lieutenant-gouverneur du Nord-Ouest (Inde). Traduit de l'anglais, avec l'autorisation de l'auteur, par M. René DE KÉRALLAIN, avocat, docteur en droit. 1 vol. in-8°. 12 »

Tome IV : **Essais sur le gouvernement populaire,** par Sir Henry SUMNER-MAINE. Traduit de l'anglais, avec l'autorisation de l'auteur par M. René DE KÉRALLAIN, avocat, docteur en droit. 1 volume in-8°. 7 50

Tome V : **Études sur l'histoire du droit,** par Sir Henry SUMNER-MAINE. Traduit de l'anglais, avec l'autorisation de l'auteur, par M. René DE KÉRALLAIN, avocat, docteur en droit. 1 volume in-8°. 12 »

Tome VI : **Le Droit international. — La Guerre,** par Sir Henry SUMNER-MAINE. Traduit de l'anglais, avec l'autorisation des éditeurs, par M. René DE KÉRALLAIN, avocat, docteur en droit. 1 volume in-8°. 7 50

Tome VII : **Droits et libertés aux États-Unis, leurs origines et leurs progrès,** par Adolphe DE CHAMBRUN, membre du barreau de Washington et conseil-avocat de la légation de France aux États-Unis. 1 volume in-8°. 12 »

Tome VIII : **La Condition de la propriété dans le nord de la France. — Le Droit de marché,** par M. Joseph LEFORT, avocat au Conseil d'État et à la Cour de cassation, lauréat de l'Institut de France. 1 volume in-8°. 5 »

Tome IX : **Introduction à l'étude de la science politique,** par Sir Fr. POLLOCK. Traduit de l'anglais par M. René DE KÉRALLAIN. In-8°. 12 50

Tome X : **Établissement et révision des Constitutions en Amérique et en Europe.** Étude de législation comparée par M. Ch. BORGEAUD. 1 vol. in-8°. 7 50

Tome XI : **Le Pouvoir exécutif aux États-Unis.** Étude de droit constitutionnel, par Ad. DE CHAMBRUN, 2e édition, revue et augmentée. 1 vol. in-8° (*sous presse*).

MOMMSEN, MARQUARDT et KRUEGER. — **Manuel des Antiquités romaines.** Traduit de l'allemand sous la direction de G. HUMBERT, premier président de la Cour des comptes. 16 tomes en 17 volumes. 179 »

T. I à VII ou 8 volumes : *Le Droit public romain*, par Th. MOMMSEN. 8 volumes. 80 »
T. VIII-IX : *L'Organisation de l'Empire romain*, par J. MARQUARDT. 2 volumes. 25 »
T. X : *L'Organisation financière*, par J. MARQUARDT. 1 volume. 10 »
T. XI : *L'Organisation militaire*, par J. MARQUARDT. 1 volume. 10 »
T. XII-XIII : *Le Culte chez les Romains*, par J. MARQUARDT. 2 volumes. 20 »
T. XIV-XV : *La Vie privée des Romains*, par J. MARQUARDT. 2 volumes. 22 »
T. XVI : *L'Histoire des sources du droit romain*, par P. KRUEGER. 1 volume. 12 »

COURS

DE

LITTÉRATURE CELTIQUE

VII

OUVRAGES DE M. H. D'ARBOIS DE JUBAINVILLE

EN VENTE

Chez THORIN et FILS, libraires-éditeurs, 4, rue Le Goff, à Paris.

COURS DE LITTÉRATURE CELTIQUE. Tome I-VII. In-8°.
  Chaque volume se vend séparément : 8 fr.
Tome I : Introduction à l'étude de la littérature celtique. 1883. 1 vol.
— II : Le cycle mythologique irlandais, et la mythologie celtique. 1884. 1 vol.
— III, IV : Les Mabinogion (contes gallois), traduits en entier, pour la première fois, en français, avec un commentaire explicatif et des notes critiques, par J. Loth, professeur à la Faculté des lettres de Rennes. 1889. 2 vol.
  Ouvrage couronné par l'Académie française (prix Langlois).
— V : L'Epopée celtique en Irlande, avec la collaboration de MM. Georges Dottin, maître de conférences à la Faculté des lettres de Dijon ; Maurice Grammont, agrégé de l'Université ; Louis Duvau, maître de conférences à l'Ecole des Hautes-Etudes ; Ferdinand Lot, ancien élève de l'Ecole des Chartes. 1892. T. Ier, 1 vol.
  N. B. — Le tome VI (Epopée celtique en Irlande, t. II) *est sous presse.*
— VII : Etudes sur le droit celtique. Tome I. 1 vol.

LES PREMIERS HABITANTS DE L'EUROPE, d'après les écrivains de l'antiquité et les travaux des linguistes *Seconde édition*, corrigée et considérablement augmentée par l'auteur, avec la collaboration de G. Dottin, secrétaire de la rédaction de la *Revue celtique*. 2 vol. grand in-8° raisin.
Tome I : 1° Peuples étrangers à la race indo-européenne (habitants des cavernes, Ibères, Pélasges, Etrusques, Phéniciens) ; — 2° Indo-Européens. P. I (Scythes, Thraces, Illyriens, Ligures). 1889. 1 vol.   10 »
— II : Les Hellènes, les Italiotes, les Gaulois, les Germains et les Slaves. 1892. 1 vol.   12 »

ESSAI D'UN CATALOGUE DE LA LITTÉRATURE ÉPIQUE DE L'IRLANDE, précédé d'une étude sur les manuscrits en langue irlandaise conservés dans les Iles Britanniques et sur le continent. 1883. 1 vol. in-8°   12 »

RECHERCHES SUR L'ORIGINE DE LA PROPRIÉTÉ FONCIÈRE et des noms de lieux habités en France (période celtique et période romaine). Avec la collaboration de M. G. Dottin. 1891. 1 fort vol. gr. in-8° raisin, avec Tables. 16 »

HISTOIRE DES DUCS ET DES COMTES DE CHAMPAGNE. 1859-1869. 6 tomes en 7 volumes in-8°. (*Epuisé.*)   52 50

CATALOGUE D'ACTES DES COMTES DE BRIENNE (950-1350). 1872. Gr. in-8°, 48 pages.   3 50

INVENTAIRE SOMMAIRE DES ARCHIVES COMMUNALES ANTÉRIEURES A 1790.
  VILLE DE BAR-SUR-SEINE. Grand in-4°.   5 »

TOULOUSE. — IMP. A. CHAUVIN ET FILS, RUE DES SALENQUES, 28.

COURS

DE

LITTÉRATURE CELTIQUE

PAR

H. D'ARBOIS DE JUBAINVILLE

MEMBRE DE L'INSTITUT

TOME VII

PARIS
THORIN & FILS, ÉDITEURS
LIBRAIRES DES ÉCOLES FRANÇAISES D'ATHÈNES ET DE ROME
DU COLLÈGE DE FRANCE, DE L'ÉCOLE NORMALE SUPÉRIEURE
ET DE LA SOCIÉTÉ DES ÉTUDES HISTORIQUES
4, RUE LE GOFF, 4

1895

ÉTUDES

SUR

LE DROIT CELTIQUE

PAR

H. D'ARBOIS DE JUBAINVILLE

MEMBRE DE L'INSTITUT, PROFESSEUR AU COLLÈGE DE FRANCE

AVEC LA COLLABORATION DE

Paul COLLINET

DOCTEUR EN DROIT
AVOCAT A LA COUR D'APPEL DE PARIS

TOME PREMIER

PARIS
THORIN & FILS, ÉDITEURS
LIBRAIRES DES ÉCOLES FRANÇAISES D'ATHÈNES ET DE ROME
DU COLLÈGE DE FRANCE, DE L'ÉCOLE NORMALE SUPÉRIEURE
ET DE LA SOCIÉTÉ DES ÉTUDES HISTORIQUES
4, RUE LE GOFF, 4

—

1895

A Messieurs

Moritz VOIGT

Rodolphe DARESTE

PRÉFACE

I

En mettant ce livre à la disposition des quelques personnes qui pourront trouver de l'intérêt au sujet traité par lui, j'éprouve un grand embarras. La cause en est une contradiction à laquelle je me heurte et qui, à mes yeux, constitue un problème insoluble. Voici comment :

La conclusion à laquelle j'arrive est que la conquête de la Gaule par les Romains a donné à notre pays le bienfait d'une civilisation infiniment supérieure à la civilisation celtique. Je ne parlerai pas des arts et de la littérature; de la sculpture grecque, par exemple, introduite dans une région de l'Europe où l'on n'avait aucune notion des règles

les plus élémentaires du dessin. Je ne dirai rien des habitations construites en pierre et mortier là où les maisons les plus riches étaient bâties en bois, rien des chefs-d'œuvre de la poésie et de l'éloquence grecque et romaine étudiés par une jeunesse dont les ancêtres ne connaissaient que des compositions analogues à l'épopée irlandaise du roi Conchobar et du héros Cûchulainn. Tout cela n'est que l'accessoire d'une civilisation.

C'est à Rome que nous devons le principe fondamental de la nôtre : Nul n'a le droit de se faire justice à soi-même ; quiconque croit avoir à se plaindre d'un autre, doit demander justice au magistrat. Rome a délivré la Gaule du fléau de la guerre privée. En même temps, elle a brisé sur notre sol le joug imposé à l'immense majorité des habitants par une féodalité oppressive dont les excès dépassaient les abus les plus odieux de cet ancien régime que la Révolution française a renversé. La plèbe gauloise, au temps de la conquête romaine, vivait dans un état de subordination voisin de l'esclavage ; elle était privée de toute initiative ; elle n'avait pas entrée aux assemblées où se traitaient les affaires publiques ; la plupart des habitants de la Gaule, écrasés par les dettes, par l'énormité des impôts ou par l'injustice d'hommes plus puissants, se plaçaient eux-mêmes en servage sous la domination des nobles qui avaient sur eux à peu près les mêmes droits que le maître romain sur ses esclaves (1). Les faibles et les pauvres, que l'État ne protégeait pas contre les excès de la guerre privée, étaient contraints d'accepter, même aux conditions les plus dures, la protection du guerrier le plus fort, le plus habile, le mieux exercé, le mieux armé, le plus riche ; ils ne pouvaient, sans cet appui, conserver leur petit avoir et même leur vie.

Telle est l'organisation sociale que regrettent, — naturellement à leur insu, — ceux qui, chez nous, déplorent le triomphe de la politique astucieuse et de la savante organisation militaire des Romains sur l'ignorante bravoure de nos indisciplinés aïeux et sur l'espèce d'anarchie où ceux-ci aimaient vivre. L'Irlande, celtique comme la Gaule,

---

(1) *De bello gallico*, l. VI, c. 13, §§ 1, 2.

n'a jamais été comme elle conquise par les Romains. Quel a été le résultat de cette apparente supériorité des Irlandais sur nous? Le voici, ce résultat : ç'a été le maintien du droit au meurtre en Irlande, moyennant le payement de la composition fixée par l'usage; ç'a été la guerre civile permanente jusqu'à une conquête anglaise qui, faite peu à peu, du douzième au dix-septième siècle, et rendue facile par les divisions des Irlandais, a eu pour conclusion, d'une part, la spoliation presque universelle du propriétaire irlandais, réduit à l'état de fermier; d'autre part, l'attribution de presque toute la propriété immobilière de l'île à quelques centaines d'étrangers substitués aux propriétaires anciens par une révolution ultra-féodale, contre-pied de la nôtre.

Serait-ce donc là l'idéal de ceux qui considèrent comme un désastre la chute de l'indépendance gauloise quand le grand patriote Vercingétorix succomba au milieu du premier siècle qui a précédé notre ère?

Et cependant, par une contradiction sur laquelle on ne pourrait trop insister, le patriotisme est la base même de notre civilisation. Sans avoir pour fondement l'amour de la patrie et la passion de son indépendance, aucun Etat ne peut subsister et assurer la vie, la sécurité, la propriété des citoyens. Or, quand voyons-nous pour la première fois, dans l'histoire, le souffle du patriotisme agiter la masse presque unanime des habitants du sol qui est aujourd'hui la France ? C'est en l'an 52 avant notre ère ; lorsqu'à la voix de Vercingétorix, la plus grande partie de la Gaule soulevée entreprend de chasser du territoire, jusque-là barbare et libre, les légions civilisées de Rome, depuis six ans victorieuses (1).

Assurément, Vercingétorix qui, citoyen d'une

(1) Le sentiment du patriotisme apparaît déjà, mais impuissant, au moment de la première campagne de César, en 58. Liscos, magistrat suprême des *Aedui*, raconte à César qu'il y a, chez les *Aedui*, de simples particuliers plus influents que les magistrats ; que ces intrigants disent au peuple : « Si les *Aedui* ne peuvent obtenir, de préférence aux *Arverni*, l'hégémonie de la Gaule, mieux vaut subir la domination des *Arverni*, Gaulois comme nous, que la domination des Romains : *praestare, si jam principatum Galliae obtinere non possint, Gallorum quam Romanorum imperia perferre*. Mais, en 58, chez les *Aedui*, le parti romain dont Liscos était membre se maintint au pouvoir, tandis que, chez les *Arverni*, en 52, ce parti fut renversé par la révolte de Vercingétorix dans laquelle, après une courte résistance, les *Aedui* furent entraînés.

république, se fit proclamer roi (1), n'est pas l'idéal du patriote désintéressé. Mais comment ne pas aimer ce guerrier malheureux qui, après avoir mis à deux doigts de sa perte le plus grand général de Rome, dut subir l'humiliation d'accompagner le vainqueur dans la cérémonie du triomphe et qui, ensuite, frappé au fond d'un cachot par la main du bourreau, paya de sa tête le rêve irréalisé de l'indépendance nationale !

Jeanne d'Arc, cette héroïne populaire du patriotisme français du moyen âge, avait, sur le bûcher de Rouen, le souvenir consolant des succès obtenus par sa merveilleuse mission ; elle pouvait espérer leur complément prochain et compter sur l'expulsion définitive des bourreaux qui se vengeaient de leur impuissance par le martyre d'une jeune fille désarmée.

Mais Vercingétorix ! De son patriotisme, il n'a tiré que la honte de l'insuccès total et une mort cruelle. Une statue élevée au bout de dix-neuf siè-

---

(1) « Rex ab suis appellatur » (*De bello gallico*, l. VII, c. 4, § 4). « Regnum illum Galliae malle se Caesaris concessu quam ipsorum habere beneficio » (*Ibid.*, l. VI, c. 20, § 2).

cles et la modeste notoriété d'un nom que la plupart des Français ignorent encore aujourd'hui ne compensent guère cette injustice de la destinée.

Comment s'est-il fait que, chez nous, l'an 52 avant notre ère, le patriotisme, ce sentiment si pur et comme sacré, se soit trouvé former obstacle à la réalisation d'une chose tout aussi pure et tout aussi sacrée : le progrès des peuples dans la voie de la civilisation ?

Il y a là une de ces contradictions dont la psychologie fourmille et qui rendent si souvent l'accord impossible entre deux hommes également intelligents et sincères, quand de la même question ils considèrent chacun un aspect différent. Lorsque, il y a cinquante ans, j'étais assis sur les bancs du collège, le professeur de philosophie parlait d'antinomie ; on trouvait beau et neuf ce mot grec qui remonte à l'antiquité classique et qui, aujourd'hui, au bout d'un demi-siècle, paraît un peu vieilli. A une date récente, voulant expliquer comment tel ou tel adversaire de bonne foi avait, sur certaines questions, des opinions qui semblaient se contredire entre elles, des philosophes ont dit que cet homme avait des « cloisons étanches » dans le cerveau. *Cloison étanche*, groupe de mots emprunté au vocabulaire de la marine moderne, a, dans la langue philosophique, un parfum de nouveauté qui manque maintenant au mot grec *antinomie*; mais, si les philosophes qui ont employé cette formule nouvelle s'étaient bien étudiés eux-mêmes, ils auraient trouvé dans leur propre cerveau autant de « cloisons étanches » que dans celui de n'importe quel contradicteur.

Concluons que Vercingétorix, à part son aspiration à la royauté, offre au patriotisme français un des modèles les plus admirables dont il puisse s'inspirer, et que la civilisation romaine, introduite chez nous par l'iniquité, la violence et la perfidie, a été pour nous un immense bienfait dont la valeur ne peut être trop vantée. Quant à ceux qui mettront en relief la contradiction offerte par ces deux propositions, il n'y a pas à s'inquiéter de leurs plaisanteries possibles, ni de leurs raisonnements les mieux construits. Une loi fatale imposée par la nature aux esprits les plus éminents, les plus impartiaux et les plus libres les met dans l'impossibilité d'échapper à des antinomies qu'une logique aussi rigoureuse qu'injuste, ou l'ironie maniée par un adversaire bien doué, pourra toujours exploiter contre eux aux applaudissements de la foule et avec l'apparence momentanée du triomphe.

II

On trouvera résumé dans ce volume et dans le suivant, un enseignement qui s'est poursuivi au Collège de France pendant environ une dizaine d'années, et dont diverses parties ont été déjà portées à la connaissance des spécialistes par des articles publiés dans la *Nouvelle revue historique de droit français et étranger*, dans la *Revue générale du droit*, dans la *Revue celtique*.

Ce cours n'a jamais eu qu'un nombre restreint d'auditeurs, mais par compensation, il a été suivi par quelques élèves. J'appelle élève, l'auditeur assez assidu, assez zélé et assez intelligent pour arriver à discuter les conclusions proposées par le professeur, et pour avoir quelquefois au moins raison contre lui.

Le plus persévérant des élèves qui ont suivi mes leçons de droit celtique, a été M. Paul Collinet, un des lauréats du dernier concours de doctorat à la Faculté de droit de Paris. Je suis heureux qu'il ait bien voulu s'associer à moi pour la revision et la publication des mémoires contenus dans ce premier volume et surtout dans le second volume qui doit l'accompagner. J'ai admiré la piété filiale du disciple qui a mis la dernière main à l'œuvre inachevée de Fustel de Coulanges. Le maître défunt n'a pu jouir de cette collaboration posthume qui fait tant d'honneur à M. Camille Jullian. Sans avoir le talent de Fustel de Coulanges, j'ai plus de bonheur que lui.

ADDITION

LE MARIAGE ANNUEL.

Aux pages 227 (note 1), 304, 312, il est question du mariage annuel des concubines irlandaises aux foires d'Uisnech, 1ᵉʳ mai, et de Tailtiu, 1ᵉʳ août. Une allusion à cet usage antique se trouve aussi, p. 316, dans la description de la foire de Carman, 1ᵉʳ août. Un exemple de ce mariage déshonorant pour les femmes de rang élevé est offert par la composition épique intitulée : « Meurtre des fils d'Uisnech. » Le roi d'Ulster Conchobar a une femme légitime, c'est Mugain Aitencaethrech, aussi appelée Ethné Aitencaethrech, fille d'Echaid Feidlech (*Cours de littérature celtique*, t. V, p. 89, 101, 176). Il fait à Derdriu, veuve de Noïsé, l'insulte de la prendre pour concubine pendant un an et de la donner ensuite, également pour une année, à Eogan, meurtrier de Noïsé (*Cours de littérature celtique*, t. V, p. 231, 235). Derdriu qui a subi le premier affront avec une immense douleur, échappe au second par le suicide.

Nous n'avons pas à examiner ici la valeur littéraire du récit émouvant qui doit à la désolation et à la fin tragique de Derdriu son principal intérêt. Mais c'est au point de vue juridique que nous devons considérer ce document. Pourquoi, en Irlande, le mariage de la concubine a-t-il juste un an de durée ?

Le but légal de la coutume irlandaise, en fixant exactement à une année la durée du mariage de la concubine, devait être d'empêcher le mari d'acquérir la possession annale qui aurait exigé l'an et jour (1). La possession annale aurait fait probablement acquérir au mari l'usucapion, et par conséquent le droit de revendre la concubine et de toucher le prix de cette vente au détriment de la concubine elle-même et de ses parents. A comparer l'acquisition de la *manus* romaine par l'usage, *usu*, continué sans interruption pendant un an (2).

L'année de mariage expirait en Irlande à une fête payenne, occasion d'une foire. L'habitude persiste, dans une partie de la France, de donner pour terme aux baux ruraux soit la saint Jean (24 juin), soit la saint Martin (11 novembre), succédanées l'une de *Beltene* (1ᵉʳ mai), l'autre de *samhain* (1ᵉʳ novembre). Quant à l'habitude de changer spécialement, tous les ans, à une foire, les concubines louées ou vendues pour un an, on peut considérer, dans une certaine mesure, comme une survivance de ce vieil usage païen et celtique, l'usage actuel chrétien et champenois d'engager les domestiques, soit femmes soit hommes, pour un an commençant à la foire saint Jean de Troyes (24 juin).

La vente successive ou louage de la fille par son père à plusieurs maris (3) sans que les premiers maris fussent morts au moment des ventes ou louages nouveaux, était une coutume contraire à la loi évangélique. Cette coutume fut naturellement prohibée par le christianisme. Reste la location de la servante au maître.

---

(1) *Dia bliadna* en irlandais. Cf. *Revue Celtique*, t. VII, p. 283; t. IX, p. 422.
(2) Gaius, *Institutiones*, I, § 111. Cf. Voigt, *Die XII Tafeln*, t. II, p. 226, note 13.
(3) *Ancient Laws of Ireland*, t. II, p. 346, l. 9 et suiv. Cf. t. III, p. 314, l. 5-10; t. IV, p. 62, l. 9-11; t. I, p. 154, l. 11-12.

PREMIÈRE PARTIE

DIFFÉRENCES FONDAMENTALES ENTRE LE DROIT CELTIQUE ET LES DOCTRINES JURIDIQUES MODERNES (1)

CHAPITRE PREMIER.

L'ÉTAT, COMME LES DIEUX, SE DÉSINTÉRESSE DES RELATIONS QU'ONT LES FAMILLES ENTRE ELLES. — RAPPORT ENTRE LA CONSTITUTION DE LA SOCIÉTÉ ET LA NOTION DE LA VIE FUTURE.

La plus ancienne conception de l'Etat est toute différente de celle que des habitudes séculaires imposent à nos esprits. L'Etat, à nos yeux, a deux missions principales à remplir.

La première consiste dans le gouvernement à l'intérieur : l'Etat est justicier, il doit régler conformément au droit et, autant que possible, équi-

---

(1) Cours professé au Collège de France pendant le premier semestre de l'année 1893-1894.

tablement, les rapports des citoyens entre eux, punir tout crime commis par un citoyen contre un autre citoyen, contraindre à restitution celui qui s'est emparé du bien de son concitoyen.

La seconde obligation de l'Etat concerne les relations extérieures : c'est de protéger les personnes et les biens des citoyens contre les attaques de l'étranger, c'est de défendre le territoire menacé d'invasion par l'ennemi national, c'est de châtier comme ils le méritent les traîtres ou les lâches qui ne donnent pas leur concours pour assurer contre l'étranger la sécurité de la patrie.

De ces deux rôles de l'Etat, le second était le seul que l'on comprît à l'origine des sociétés. A la date de la conquête romaine, le monde celtique n'attribuait encore à l'Etat d'autre fonction que de maintenir l'indépendance de la cité et l'intégrité des biens du peuple ou de la nation contre les agressions des peuples ou des nations voisines. L'Etat, la cité, était un groupe de familles liguées contre l'étranger, mais les familles qui composaient l'Etat réglaient à leur gré leurs relations entre elles, sans que l'Etat eût le droit d'intervenir pour déterminer le mode de ces relations.

Les conceptions politiques et religieuses des peuples sont solidaires les unes des autres. Dans les sociétés primitives on n'a pas l'idée de l'Etat condamnant à mort et faisant exécuter le meurtrier d'un citoyen, ou contraignant le voleur à restitution ; on n'a pas non plus la notion d'un dieu, ou châtiant dans une autre vie l'homme qui en ce monde s'est rendu coupable d'un crime contre son semblable, ou dans cette autre vie récompensant l'homme juste et charitable envers le prochain. Chez les Celtes, la croyance à l'immortalité de l'âme avait une puissance qui a frappé vivement l'esprit des Romains, mais cette croyance n'était pas, comme chez les chrétiens, associée à la doctrine théologique du paradis et de l'enfer. Le mort, pensait-on, retrouvait dans l'autre monde une vie semblable à celle-ci, et d'où, comme dans celle-ci, toute justice supérieure était absente.

Sur la croyance celtique à l'immortalité de l'âme, les textes antiques sont formels. Le premier savant grec qui ait étudié les mœurs des Gaulois a cru, sur ce point, reconnaître en Gaule une doctrine grecque, la métempsychose de Pythagore ; suivant Pythagore, les âmes, après la mort, sont jugées, et, quand elles sont reconnues indignes de retourner au ciel, elles doivent s'incarner de nouveau en ce monde, soit dans le corps d'un homme, soit dans celui d'un animal, suivant leur état moral ou leur degré de perfection. Pythagore, dit-on, prétendait se rappeler avoir vécu quatre vies en ce monde, et sur ces quatre vies il y en avait trois dans lesquelles il avait été un personnage historique. Il aurait vécu pour la cinquième fois, quand, au sixième siècle avant notre ère, il fonda la philosophie dite de son nom, pythagoricienne.

Poseidonios, qui visita la Gaule vers l'an 100

avant Jésus-Christ, s'imagina y retrouver la doctrine de Pythagore. Alexandre Polyhistor, contemporain de Sylla qui est mort en l'an 78 avant Jésus-Christ, avait, sans doute, le livre de Poseidonios sous les yeux, quand il mettait les Galates parmi les disciples de Pythagore (1).

Diodore de Sicile, dans sa *Bibliothèque* écrite en grec, vers l'an 40 avant notre ère, répète aussi, d'après Poseidonios, cette hypothèse flatteuse pour l'amour propre des Grecs : « Les Celtes, » dit-il, « comptent pour rien la fin de la vie, car chez eux » est admis l'enseignement de Pythagore, que les » âmes sont immortelles, qu'après un nombre d'an- » nées déterminé elles revivent en entrant dans » un corps nouveau (2). » Nous avons, probablement dans ces mots, une reproduction abrégée d'un passage du livre de Poseidonios. César, quelques années auparavant, avait donné, du texte de Poseidonios, un arrangement latin, qui attribuait aux druides l'honneur d'avoir introduit chez les Celtes la croyance à l'immortalité de l'âme. « Les » druides, » raconte-t-il, « cherchent surtout à » persuader que les âmes ne périssent pas, et

---

(1) « Ἀλέξανδρος... ἀκηκοέναι τε πρὸς τούτοις Γαλατῶν καὶ Βραχμάνων τὸν Πυθαγόραν βούλεται » (*Fragmenta historicorum graecorum*, t. III, p. 239, fr. 138).

(2) « Παρ' οὐδὲν τιθέμενοι [Γαλάται] τὴν τοῦ βίου τελευτήν. Ἐνισχύει γὰρ παρ' αὐτοῖς ὁ Πυθαγόρου λόγος, ὅτι τὰς ψυχὰς τῶν ἀνθρώπων ἀθανάτους εἶναι συμβέβηκε, καὶ δι' ἐτῶν ὡρισμένων πάλιν βιοῦν, εἰς ἕτερον σῶμα τῆς ψυχῆς εἰσδυομένης » (Diodore, l. V, c. 28, § 5, 6; édit. Didot, t. I, p. 271, l. 13-18).

» qu'après la mort elles passent des uns aux autres;
» ils pensent que ce dogme est un puissant stimu-
» lant à la bravoure, parce qu'il empêche de crain-
» dre la mort (1). » Timagène, qui écrivait à Rome,
sous Auguste, un peu avant Tite-Live, rattache
aussi à Pythagore la doctrine druidique de l'immortalité de l'âme (2). La même erreur se trouve, sous Tibère, chez Valère Maxime, 29-37 de J.-C. (3).

Mais l'enseignement des druides différait très sensiblement de celui de Pythagore; ce n'était pas dans ce monde-ci, c'était dans un autre monde que les âmes des morts trouvaient, suivant eux, un corps nouveau et une seconde vie. On l'a compris, à Rome, vers le milieu du premier siècle de notre ère. Sous Claude, vers l'an 44, Pomponius Méla écrivait sa *Chorographie* : « Un des dogmes que les
» druides professent, » dit-il, « s'est répandu dans
» le vulgaire; son but est de rendre les guerriers
» plus braves : les âmes, prétendent-ils, sont éter-

---

(1) « Druides... imprimis volunt hoc persuadere, non interire animas, sed ab aliis post mortem transire ad alios, atque hoc maxime ad virtutem excitari putant, metu mortis neglecto » (*De bello Gallico*, l. VI, c. 14, § 5).

(2) « Drasidae ingeniis celsiores, ut auctoritas Pythagorae decrevit, sodaliciis adstricti consortiis, quaestionibus occultarum rerum altarumque erecti sunt, et, despectantes humana, pronuntiarunt animas immortales » (Timagène, cité par Ammien Marcellin, l. XV, c. 9, § 8; édit. Teubner-Gardthausen, t. I, p. 69, l. 15-19).

(3) « Dicerem stultos [Gallos], nisi idem bracati sensissent, quod palliatus Pythagoras credidit » (Valère Maxime, l. II, c. 6, § 10; édit. Teubner-Halm, p. 81, l. 23-24).

» nelles, et il y a, chez les mânes, une seconde
» vie (1). » « Chez les mânes » est encore une expression peu claire. Quelques années plus tard, sous Néron, Lucain, mort en l'an 65, parle plus catégoriquement. Dans la *Pharsale*, en terminant le tableau de la Gaule conquise, il adresse la parole aux druides : « Suivant vous, » s'écrie-t-il, « les
» ombres ne vont pas habiter les demeures silen-
» cieuses d'Érèbe et le royaume profond du pâle
» *Dis*, la même âme régit un corps nouveau *dans*
» *un autre monde*. Si vous savez ce que vous
» chantez dans vos vers, la mort est le milieu
» d'une longue vie (2). » Dans un autre monde, *orbe alio*, le mort revit. Cette seconde vie n'est pas exactement celle que la théologie hésiodique attribue aux héros de l'épopée grecque :

« La mort, » dit Hésiode, « a jeté sur eux son
» voile final; séparés des hommes, ils vivent dans
» le séjour que Zeus, fils de Kronos, leur assigna
» aux extrémités de la terre. Loin des dieux im-
» mortels, Kronos règne sur eux. Ils habitent,

---

(1) « Unum ex his quae praecipiunt in vulgus effluxit, videlicet ut forent ad bella meliores, aeternas esse animas vitamque alteram ad manes » (Pomponius Mela, *Chorographia*, l. III, c. 2, § 19; édit. Teubner-Frick, p. 59-60).

(2) ...Vobis auctoribus umbrae
　　Non tacitas Erebi sedes Ditisque profundi
　　Pallida regna petunt : regit idem spiritus artus
　　Orbe alio; longae, canitis si cognita, vitae
　　Mors media est.

(*Pharsale*, l. I, v. 454-458; cf. *Cours de littérature celtique*, t. V, p. 385-390.)

» l'esprit libre de souci, dans les îles des bienheu-
» reux, près de l'Océan aux gouffres profonds, ces
» héros fortunés auxquels trois fois l'an une terre
» féconde donne des fruits doux comme miel et
» des fleurs (1). » Dans ce passage du poète grec,
huitième siècle avant Jésus-Christ, on reconnaît
déjà la foi en un dieu qui donne des récompenses
dans une autre vie, c'est comme un crépuscule
qui annonce le jour du paradis chrétien. Rien de
pareil chez les Celtes. La vie future est semblable
à celle-ci, il n'existe pas plus dans l'une que dans
l'autre un pouvoir suprême punissant le méchant
et récompensant l'homme vertueux. Le mort retrouve dans l'autre monde un double de son corps
et des autres objets déposés avec son corps dans
la tombe, armes, chevaux, clients, esclaves (2).
Dans l'autre monde, les relations sociales et juridiques établies dans celui-ci persistent sans changement, le client reste client, pour l'esclave la
chaîne de la servitude n'est pas brisée, les dettes
non payées ne cessent pas d'être dues (3), par con-

---

(1) *Opera et dies*, vers 165-174.

(2) « Omnia, quae vivis cordi fuisse arbitrantur, in ignem inferunt, etiam animalia, ac paulo supra hanc memoriam servi et clientes quos ab iis dilectos esse constabat, justis funeribus confectis una cremabantur » (*De bello Gallico*, l. VI, c. 19, § 4). — « Cum mortuis cremant ac defodiunt apta viventibus » (Mela, l. III, c. 2, § 19; édit. Teubner-Frick, p. 60, l. 2-3).

(3) « Vetus ille mos Gallorum occurrit, quos memoria proditum est pecunias mutuas, quae iis apud inferos redderentur, dare solitos » (Valère Maxime, l. II, c. 6, § 10; édit. Teubner-Halm,

séquent la plus terrible de toutes, celle qui résulte du meurtre ; la composition qui n'a pas été acquittée dans ce monde-ci doit être exigée dans l'autre par la famille du mort, par le mort lui-même, et ainsi s'exerce, dans l'autre vie, la vengeance privée à laquelle les châtiments divins ne se sont pas substitués. Après la mort, le guerrier aura des combats à livrer, tant pour exiger les réparations à lui dues que pour repousser des agressions injustement motivées. Voilà pourquoi ses parents l'enterrent avec ses armes, avec son char de guerre tout attelé, avec les clients qui doivent le seconder dans les combats de l'autre vie, comme ils l'ont fait dans celle-ci. Quelquefois les parents du mort prévoyaient que, dans les combats de l'autre vie, le concours des clients enterrés avec lui ne suffirait pas pour lui assurer la victoire, alors les plus dévoués se faisaient tuer au bord de la fosse, et on les réunissait à lui dans la même tombe pour lui assurer l'appui de leurs armes dans les batailles que se livrent les morts en leur mystérieux séjour, là où le soleil se couche au delà de l'Océan (1).

p. 81, l. 19-22). — « Olim negotiorum ratio etiam et exactio crediti deferebatur ad inferos » (Mela, l. III, c. 2, § 19; édit. Teubner-Frick, p. 60, l. 3-5).

(1) « Erantque qui se in rogos suorum velut una victuri libenter immitterent » (Mela, l. III, c. 2, § 19; édit. Teubner-Frick, p. 60, l. 5, 6). L'auteur latin croit que les Gaulois avaient, comme les Romains, l'usage de l'incinération. De là l'emploi de l'expression *se in rogos suorum immittere*.

Les Celtes n'avaient pas en ce monde-ci la vindicte publique, à moins qu'il ne s'agit de crime contre l'Etat. Dans les relations entre particuliers, la vengeance privée qu'exerce, avec l'appui de sa clientèle ou de son patron, la famille offensée, était chez eux le seul moyen de faire triompher la justice et de réprimer l'iniquité ; à leurs yeux, l'autre monde n'offrait pas à l'homme lésé d'autre procédé que la vengeance privée pour assurer l'observation du droit violé par les méchants.

En Egypte, au contraire, dès les temps les plus anciens où nous puissions remonter, nous voyons établie la notion de la justice divine dans l'autre vie, et celle de la justice royale dans celle-ci. Le *livre des morts*, dont nous avons des exemplaires écrits au sixième, peut-être même au septième siècle avant notre ère, nous donne le texte officiel du plaidoyer que le mort, arrivant devant le juge suprême, devait lui adresser. Le mort ne devait pas seulement établir qu'il s'était acquitté de ses obligations envers les dieux, il fallait qu'il eût aussi rempli ses devoirs envers les hommes. « Je
» n'ai pas fait contre les hommes, » disait-il « acte
» de ruse ni de tromperie, je n'ai pas opprimé les
» veuves, je n'ai pas menti devant le tribunal,...
» je n'ai laissé jeûner personne, je n'ai pas fait
» couler de larmes, je n'ai pas tué, il n'a été com-
» mis par mon ordre aucun assassinat,... je n'ai
» pas faussé la mesure du blé, je n'ai pas trompé
» de la largeur du doigt sur l'aunage, je n'ai pas

» anticipé sur le champ voisin, je n'ai fait tort à
» personne en pesant à la balance, je n'ai pas
» privé de lait la bouche du nourrisson (1). » Le
tribunal que le grand dieu Osiris préside et devant
qui les âmes des morts comparaissent, est représenté par un monument figuré du quatorzième ou
du quinzième siècle avant Jésus-Christ; c'est la
cour de justice idéale dont les juges de ce monde
ne sont que de chétifs imitateurs, et dont la conception n'a pénétré que bien plus tard chez les
Grecs (2).

Les Egyptiens avaient en ce monde un tribunal
suprême, qui jugeait sur procédure écrite et sans
plaidoirie (3). C'était ce tribunal qui punissait les
meurtriers ; il remonte à la même date que le *livre
des morts*. La vengeance privée était interdite en
Egypte dès cette époque reculée. « Je n'ai pas tué, »
dit le mort, quand au seuil de l'autre vie il se
trouve en face du tribunal redoutable qui doit décider de son sort. Il dit d'une façon absolue : « Je

---

(1) Duncker, *Geschichte des Allerthums*, 5ᵉ édit., t. I, p. 201-203; cf. Maspero, *Histoire ancienne*, 5ᵉ édit., p. 39.

(2) On trouve la croyance au jugement des morts, dès le commencement du quatrième siècle avant Jésus-Christ, chez Platon, *Gorgias*, c. 81-83; édit. Didot, t. I, p. 385-387; cf. *Lois*, l. XII, même édit., t. II, p. 493, lignes 26-29, où cette doctrine est résumée ainsi : « Ἀθάνατον εἶναι ψυχὴν ἐπονομαζόμενον παρὰ θεοὺς ἄλλους ἀπιέναι δώσοντα λόγον, καθάπερ ὁ νόμος ὁ πάτριος λέγει, τῷ μὲν ἀγαθῷ θαρραλέον, τῷ δὲ κακῷ μάλα φοβερόν. »

(3) Diodore de Sicile, l. I, c. 75; cf. Duncker, *Geschichte des Allerthums*, t. I, p. 187.

» n'ai pas tué, » il ne dit point : « Je n'ai pas tué
» injustement. » « Si loin qu'on remonte dans l'his-
» toire, » dit M. R. Dareste, « l'ancienne Egypte
» apparaît comme une société soumise à un gou-
» vernement régulier, » — c'est-à-dire à un gouvernement conforme au type que l'on conçoit
aujourd'hui en France, — ...« Nulle trace par
» conséquent du droit de vengeance qui a disparu
» sans laisser aucun souvenir (1). » La loi mosaïque, qui a sans doute subi l'influence du droit
égyptien, est cependant l'expression d'une civilisation bien moins avancée : le parent le plus proche est le « vengeur du sang ; » il tue licitement
le meurtrier involontaire qui s'aventure hors du
territoire d'une ville d'asile (2); il tue le meurtrier
volontaire après avoir prouvé par témoins le meurtre devant le juge (3). La loi chrétienne du par-
don, — inconciliable avec la loi primitive qui impose au parent le plus proche du mort le devoir de
tuer l'assassin, — s'est produite dans une société
où le « vengeur du sang » était le magistrat, et où,
sauf exception due soit au droit privé de défense,
soit au droit public de guerre, le bourreau seul
tuait licitement. Alors le meurtre était, en règle
générale, un crime.

Dans la première épître à Timothée, chapitre

---

(1) *Etudes d'histoire du droit*, p. 2.
(2) « Ultor sanguinis, » *Vulgate* (*Nombres*, c. XXXV, v. 27;
cf. Dareste, *Etudes*, p. 21).
(3) *Nombres*, c. XXXV, v. 19, 21, 30, 31.

premier, versets 9 et 10, saint Paul donne une liste d'hommes injustes et révoltés contre lesquels se dresse la loi ; dans cette liste il met les homicides, ἀνδρόφονοι, dans la Vulgate *homicidae*. Cette épître fut portée avec le christianisme en Irlande, c'est-à-dire dans une portion du monde celtique qui, ayant échappé à l'action bienfaisante du droit romain, se trouvait encore dans les premiers siècles de notre ère et resta au moyen âge sous l'empire du droit de vengeance privée, comme la Gaule au temps de Poseidonios et de César. L'homicide était donc licite dans l'Irlande chrétienne, il était même un devoir toutes les fois que, par le meurtre, on vengeait la mort d'un membre de sa famille tué par un membre d'une autre famille quoique dans la même cité. Quand la vindicte publique n'existe pas, le consciencieux accomplissement du devoir de vengeance privée assure le salut de la société, qui autrement ne pourrait exister. Quel était donc en Irlande, au moyen âge, le meurtre défendu? Dans un manuscrit du neuvième siècle, l'*homicida* de la vulgate est rendu par quatre mots irlandais qui signifient : « Celui qui tue les membres de sa » famille (1). »

Dans la constitution sociale où ces mœurs nous transportent, l'Etat, qui ne protège pas la vie des

---

(1) « Nech orcas a-fini. » Whitley Stokes, *The old irish glosses at Würzburg and Carlsruhe*, p. 163 ; cf. *Ancient laws of Ireland*, t. IV, p. 284, l. 10-11 ; p. 288, l. 3-7 ; p. 292, l. 8-23. Celui qui tue un parent s'appelle *fin-galach*. Cf. ci-dessous, p. 67.

citoyens contre les violences de leurs concitoyens, n'intervient pas davantage pour assurer à chaque citoyen la libre jouissance de ses biens. Toute contestation peut donner occasion à une guerre privée, à moins que les deux parties ne s'entendent pour accepter un arbitrage, ou, qu'épargnant le sang de leurs parents et de leur clientèle, ils ne conviennent de recourir, soit au duel, soit aux ordalies, comme nous verrons plus bas.

CHAPITRE II.

LE SERMENT PAR LES FORCES DE LA NATURE.

Pour le moment, nous allons étudier un autre effet des conceptions théologiques et sociales dans le monde celtique. Les dieux, comme l'Etat, sont indifférents à la justice ou à l'injustice des actes humains, telle est la notion fondamentale de la religion et de l'organisation sociale des peuples primitifs. On a trouvé, dès une époque fort ancienne, deux moyens de remédier à ce vice de la doctrine théologique et des institutions politiques. Ces moyens sont le serment et la vassalité. Par la vassalité, les pauvres et les faibles s'assurent l'appui des puissants contre l'injustice. Par le serment, les hommes placent leurs contrats sous la protection des dieux. Celui qui après avoir sanctionné un contrat par le serment n'exécute pas ce contrat, insulte par là les dieux qui se vengeront, non par amour de la justice, mais par respect pour leur propre dignité. Quand, au troisième chant de l'*Iliade*, un traité, conclu entre les Grecs et les Troyens, décide que la guerre va cesser, que Ménélas et Pâris se battront en duel, et qu'Hélène appartiendra au vainqueur, ce traité est confirmé par un serment dont Agamemnon prononce la formule : une des clauses de cette formule est un appel aux « deux divinités qui sous terre punis- » sent les morts violateurs de la foi jurée (1), » Aidoneus et son épouse Perséphona. Cette clause est l'expression d'un état d'esprit intermédiaire entre la conception théologique primitive et la conception égyptienne, qui est celle des chrétiens : le serment est un procédé à l'aide duquel on force les dieux à sortir de leur indifférence naturelle pour les choses humaines et à devenir les défenseurs du droit.

Chez les chrétiens, le serment est une formule que la routine seule explique. Dieu « notre père » étant essentiellement le redresseur des torts et le vengeur de l'injustice, lui adresser l'appel dont la forme est le serment, c'est faire un acte inutile. Aussi lit-on dans l'Evangile : « Vous savez qu'il a » été dit aux anciens : Tu ne te parjureras pas, tu » rendras compte à Dieu de tes serments. » — C'est en effet un précepte de la loi mosaïque (2). — « Moi je vous dis : ne jurez pas du tout (3). » Ce

---

(1) ...Οἳ ὑπένερθε καμόντας
Ἀνθρώπους τίνυσθον, ὅστις κ' ἐπίορκον ὁμόσσῃ.
(*Iliade*, III, 278-279.)

(2) *Exode*, c. XX, v. 7; *Lévitique*, c. XIX, v. 12; *Deutéronome*, c. V, v. 11.

(3) Saint Mathieu, c. V, v. 33, 34.

commandement nouveau est la conséquence naturelle de doctrines théologiques dont l'oraison dominicale a donné une admirable formule. Le serment est chez nous comme le duel une ruine encore debout; ainsi que le Colysée de Rome, que la maison carrée de Nimes, que les remparts de Carcassonne, que le musée de Cluny, le serment judiciaire rappelle un état social détruit : dans l'ordre du droit, de même que dans celui des arts, l'archéologie a toujours été un besoin de l'homme, et les légistes pourraient souvent servir de modèle aux conservateurs des monuments historiques. « Dites oui, oui; non, non, » lit-on dans l'Evangile, « ce qu'on ajoute à ces mots vient du mau-
» vais (1), » « du mauvais, » c'est-à-dire d'une notion perverse de Dieu, « notre père qui est aux
» cieux, » modèle suprême dont l'empereur romain, *pater patriae*, n'est en ce monde qu'une image informe et décolorée.

Le serment celtique nous transporte dans un milieu tout différent du milieu chrétien et antérieur même à celui de la Grèce épique où, dans le serment, on invoquait le couple divin qui, aux enfers, punit les parjures. A l'époque primitive, où une des formules du serment celtique nous fait remonter, il y a trois puissances que l'homme re-

---

(1) « Ἔστω ὁ λόγος ὑμῶν ναὶ ναί, οὒ οὔ · τὸ δὲ περισσὸν τούτων ἀπὸ τοῦ πονηροῦ ἐστίν » (Saint Matthieu, c. V, v. 37; cf. Epitre de Saint Jacques, c. V, v. 12).

doute surtout; ce sont : le ciel, la terre et l'eau. D'autres peuples que les Celtes ont vu cette époque. La routine, qui nous fait dire « j'en mettrais ma main au feu, » comme si l'usage des ordalies avait été conservé par notre législation, avait la même puissance à Jérusalem, au temps de Jésus-Christ. Dans le serment, conformément à une tradition antique que l'*Ancien Testament* constate (1), on prenait à témoin le ciel et la terre : « Ne jurez » pas, » dit Jésus-Christ, « par le ciel, car il est le » trône de Dieu; ni par la terre, car c'est l'es- » cabeau de ses pieds (2). » Le serment par l'eau n'est pas mentionné. On le trouve dans la formule dont se sert Héra dans l'*Iliade*, quand elle veut attester solennellement l'injustice des reproches que

---

(1) « Testes invoco hodie caelum et terram » (*Deutéronome*, IV, 26; XXX, 19). — « Invocabo contra eos caelum et terram » (*Ibid.*, XXXI, 29). — « Contestamur hodie caelum et terram » (*Judith*, VII, 17). — « Testes erunt super nos caelum et terra » (*Macchabées*, l. I, c. II, v. 37). — Cette habitude, qui remonte chez les Juifs à une haute antiquité, est en contradiction avec la prescription 1° de jurer par Dieu : « Dominum tuum timebis et illi soli servies ac per nomen illius jurabis » (*Deutéronome*, c. VI, v. 13; cf. c. X, v. 20); 2° de ne pas jurer par les dieux étrangers (*Exode*, c. XXIII, v. 13). La *Genèse* nous offre deux exemples de conciliation entre la tradition et la loi : « Levo manum meam ad Dominum Deum excelsum possessorem coeli et terrae (XIV, 22); adjuro te per Dominum Deum coeli et terrae (XXIV, 3).

(2) « Ἐγὼ δὲ λέγω ὑμῖν μὴ ὀμόσαι ὅλως · μήτε ἐν τῷ οὐρανῷ, ὅτι θρόνος ἐστιν τοῦ θεοῦ · μήτε ἐν τῇ γῇ, ὅτι ὑποπόδιόν ἐστιν τῶν ποδῶν αὐτοῦ » (Saint Mathieu, c. V, v. 34, 35; cf. Epître de Saint Jacques, c. V, v. 12).

lui adresse son époux, en la rendant responsable de la défaite des Troyens par les Grecs :

« Sachent la Terre, le Ciel large qui la domine » et l'eau du Styx qui coule au-dessous d'elle ; c'est » le serment le plus grand et le plus terrible que » puissent prononcer les dieux tout-puissants (1). »

Dans cette formule, il n'est pas question de toute eau ; il s'agit d'une eau spéciale, celle du Styx qui barre la route aux morts quand ils veulent gagner le lieu du repos éternel, et qui, franchie dans une barque mystérieuse, leur ferme ensuite à jamais le retour. Héraclès, un des rares mortels qui sont revenus des enfers, faillit à son retour perdre la vie dans ce fleuve terrible ; sans l'aide de la déesse Athéna, « il n'aurait pas échappé au courant de l'eau du Styx (2). »

Le serment d'Agamemnon, dont nous avons cité une clause, — appel à la vengeance des dieux infernaux, — est une formule mêlée. Outre cette clause, qui est comme l'aube des clartés de la civilisation moderne, il y a dans ce serment un débris curieux des idées primitives. Agamemnon prend à témoin « les fleuves et la terre (3). » Mais

(1) Ἴστω νῦν τόδε Γαῖα καὶ Οὐρανὸς εὐρὺς ὕπερθεν
καὶ τὸ κατειβόμενον Στυγὸς ὕδωρ, ὅστε μέγιστος
ὅρκος δεινότατός τε πέλει μακάρεσσι θεοῖσιν.
(*Iliade*, l. XV, v. 36-38.)

(2) Οὐκ ἂν ὑπεξέφυγε Στυγὸς ὕδατος αἰπὰ ῥέεθρα.
(*Iliade*, VIII, 369.)

(3) Καὶ Ποταμοὶ καὶ Γαῖα.
(*Iliade*, III, 278.)

auparavant il a invoqué le Ciel en donnant à sa pensée une forme anthropomorphique.

« Zeus, ô père qui règnes sur l'Ida ! O toi, très
» auguste et très grand ! et toi, Soleil qui vois tout
» et entends tout (1) ! »

Cette forme relativement moderne est un développement de l'antique invocation au Ciel. Zeus, en sanscrit *dyâu-s*, pour un primitif *dyéu-s*, n'est pas autre chose qu'un ancien nom du « ciel »; *dyâu-s* a conservé ce sens en sanscrit; le nom du soleil, du premier des ornements de la voûte céleste, apparaît ici pour compléter poétiquement l'idée du ciel, comme les étoiles dans le serment irlandais auquel nous allons arriver, p. 23.

En 336 avant Jésus-Christ, des ambassadeurs celtes vinrent trouver Alexandre le Grand, alors au début de son règne. Ils firent alliance avec lui. Ils confirmèrent le traité par un serment : « Si nous
» n'observons pas nos engagements, » dirent-ils,
« que le ciel tombant sur nous nous écrase; que
» la terre s'entr'ouvrant nous engloutisse ; que la
» mer débordant nous submerge. » Nous allons trouver, p. 23, cette formule poétiquement développée dans un texte épique irlandais du haut moyen âge. De deux textes d'auteurs grecs contemporains d'Alexandre le Grand, on doit conclure

---

(1)   Ζεῦ πάτερ Ἴδηθεν μεδέων, κύδιστε, μέγιστε
Ἠέλιός θ' ὃς πάντ' ἐφορᾷς καὶ πάντ' ἐπακούεις.
(*Iliade*, III, 276, 277 ; cf. *Odyssée*, XII, 323.)

qu'elle a été employée par les Celtes à la date que nous indiquons.

Après avoir fait boire les ambassadeurs, — chez les paysans français aujourd'hui encore il n'y a pas de bon marché sans un verre de vin (1), — Alexandre leur demanda : « Que craignez-vous le plus ? » Au lieu de lui répondre : « C'est vous, » comme l'espérait Alexandre, les Celtes répliquèrent : « Nous ne craignons personne ; nous ne redoutons » qu'une chose, c'est que le ciel tombe sur nous. » Cette réponse nous a été conservée parmi les fragments qui subsistent d'un livre écrit par un des plus célèbres lieutenants d'Alexandre, Ptolémée, mort roi d'Egypte en 283 (2). Elle correspond au premier article du serment : « Si nous n'observons » pas nos engagements, que le ciel, tombant sur » nous, nous écrase, p. 19. »

Alexandre considéra la réponse des Celtes comme une insolence. Son maître, Aristote, fit une observation différente. Les Celtes, remarqua-t-il, ne craignent qu'une chose, c'est que le ciel tombe sur eux, s'ils n'exécutent pas leur traité d'alliance ; ainsi ils croient n'avoir pas à se préoccuper des deux derniers articles de leur serment : « Si nous » n'observons pas nos engagements, que la terre » s'entr'ouvrant nous engloutisse ; que la mer dé-

---

(1) Sur la libation antique, voy. Leist, *Alt-arisches jus gentium*, p. 208, 242, 282.

(2) Ptolémée, fils de Lagos, cité par Strabon, l. VII, c. 3, § 8 ; édit. Didot, p. 250, l. 38 et suiv.

» bordant nous submerge. » Par conséquent, ils n'ont peur ni des tremblements de terre, ni des flots ; donc ils sont fous ou insensibles à la douleur. Tel est le raisonnement d'Aristote (1), mort en 322, quatorze ans après l'entrevue d'Alexandre avec les ambassadeurs celtes. Il est donc établi qu'en 336 avant Jésus-Christ, les Celtes faisaient usage d'une formule de serment que nous retrouvons en Irlande au moyen âge. Cette formule apparaît sous une forme poétique dans la plus ancienne composition épique irlandaise, qui paraît avoir été mise par écrit pour la première fois au septième siècle (2), et qui nous offre la forme légendaire de faits historiques contemporains des débuts de l'ère chrétienne.

Une armée ennemie a envahi l'Ulster, dont les guerriers, retenus au palais d'Emain par une maladie mystérieuse, sont incapables de combattre. Un seul d'entre eux n'a pas été atteint par le mal étrange qui, pour châtier un crime national, condamne les autres à un repos aussi douloureux que honteux (3) : le guerrier qui est l'objet de cette

---

(1) Aristote, *Ethica Nicomachea*, l. III, c. 7 (10) ; édit. Didot, t. II, p. 32, l. 39-41 ; cf. *Premiers habitants de l'Europe*, t. II, p. 315-317.

(2) H. Zimmer, dans la *Revue de Kuhn*, t. XXVIII, p. 426-439 (1887). La doctrine exposée par le savant professeur de Greifswald avait été déjà soutenue, quoiqu'avec moins de développement, dans le *Cours de littérature celtique*, t. I (1883), p. 366, 367 ; cf. 267, 389.

(3) *Cours de littérature celtique*, t. V, p. 320-325.

glorieuse exception est Cûchulainn. Cûchulainn a pendant plusieurs jours arrêté les ennemis par des combats singuliers successifs où il est toujours vainqueur de ses adversaires sous les yeux de leurs compagnons d'armes condamnés par les lois de la guerre à rester simples spectateurs. Mais enfin, couvert de blessures et accablé de fatigue, il est obligé de se retirer du champ de bataille, et l'ennemi, ne trouvant plus d'obstacle devant lui, pénètre dans l'Ulster. Cûchulainn fait monter sur un de ses chevaux Sualtam, son père putatif (il est, en réalité, fils du dieu Lugus) et il envoie Sualtam à Emain, capitale de l'Ulster, pour prévenir le roi et ses guerriers du danger qu'ils courent et leur faire comprendre combien il est urgent de prendre les armes pour repousser l'invasion. Sualtam, arrivé près d'Emain, crie : « On tue les hommes, on em- » mène les femmes, on enlève les troupeaux. » Ne recevant pas réponse, il avance toujours et répète deux fois ce cri, la seconde fois dans l'intérieur même du palais. Mais une loi interdisait à qui que ce fût de parler le premier en présence du roi, et le roi lui-même ne devait pas, en présence du druide, prendre le premier la parole : or, le roi et le druide étaient là. Le druide s'appelait Cathbu, c'est un des personnages principaux de l'épopée irlandaise. Après s'être fait expliquer par Sualtam l'objet de sa mission, Cathbu s'écria que l'audacieux porteur de ces mauvaises nouvelles méritait la mort. Tous les guerriers présents applaudirent à cette menace. Sualtam voulut repartir, son cheval se cabra, et, par l'effet d'un faux mouvement, son bouclier lui trancha la tête. C'était la sanction de la malédiction prononcée contre lui par le druide. Le cheval rentra dans Emain : sur son dos était le bouclier, sur le bouclier était la tête coupée de Sualtam, et cette tête, d'une voix faible mais encore distincte, répétait une quatrième fois : « On tue » les hommes, on enlève les femmes, on emmène » les troupeaux. » Ce fut alors que le roi Conchobar fit un serment : « Le ciel est au-dessus de » nous, la terre au-dessous de nous, la mer tout » autour nous environne. Si le ciel ne tombe pas » avec sa pluie d'étoiles sur la face de la terre où » nous sommes campés, si la terre en tremblant » ne se brise, si la mer aux solitudes grises et » bleues ne vient sur le front chevelu de la vie (1), » je ramènerai, par la victoire dans les combats » et dans les batailles, les vaches à l'étable et les » femmes à la maison (2). »

Quelques lignes plus haut, dans la même composition épique, la même formule se trouvait déjà avec une légère inversion et une rédaction moins poétique. On a raconté à Sualtam que son héroïque fils Cùchulainn, combattant seul, a été vaincu par Calatin. Calatin était accompagné de ses vingt-

(1) C'est-à-dire des vivants, des hommes.
(2) *Livre de Leinster*, p. 94, col. 1, l. 16-24. Cf. H. Zimmer, dans la *Revue de Kuhn*, t. XXVIII, p. 470. *Premiers habitants de l'Europe*, t. II, p. 316, note.

sept fils et de son petit-fils. Cependant, la défaite de Cûchulainn paraît à Sualtam aussi vraisemblable que si on lui disait : le ciel s'est brisé, la mer s'est vidée, la terre se fend (1). Tandis que dans la formule précédemment citée la terre vient en second lieu et la mer occupe le troisième et dernier rang, ici la mer prend la seconde place, la terre arrive troisième et dernière. Les paroles de Sualtam sont une sorte de juron ; le juron est un emploi trivial et familier du serment solennel.

Une formule différente, mais qui est l'expression des mêmes idées naturalistes, se rencontre dans un autre document irlandais. Ce document contient le récit : 1° des événements qui ont, dit-on, motivé l'établissement de l'impôt dit *Bôromé*; 2° des faits postérieurs qui ont été la conséquence de la perception de cet impôt dû aux rois suprêmes d'Irlande par les habitants de Leinster.

Loégairé, le roi suprême et payen d'Irlande, contemporain de saint Patrice, cinquième siècle de notre ère, prit, dit-on, l'engagement de ne plus exiger le *Bôromé*. Il donna comme garants de sa parole tous les éléments : le soleil et la lune, l'eau et l'air, le jour et la nuit, la mer et la terre ; il viola ce serment, il en subit les conséquences funestes : la terre l'engloutit, le soleil le brûla,

---

(1) « In-nem maides, ná in-muir thráges, ná in-talam con-dascara » (*Livre de Leinster*, p. 93, col. 1, l. 36-37 ; cf. H. Zimmer, *Revue de Kuhn*, t. XXVIII, p. 470, l. 1-2.

le vent lui refusa l'air respirable; ainsi, le parjure du roi Loégairé fut puni de mort (1). Le texte légendaire qui nous rapporte ce merveilleux événement ne l'explique point par la justice divine, dont la notion n'avait pas encore pénétré dans la littérature profane de l'Irlande quand ce récit fut rédigé pour la première fois. Il présente le châtiment de Loégairé comme le résultat de l'action directe des forces de la nature auxquelles le roi parjure avait fait appel par un serment solennellement prêté d'abord, puis enfin violé.

(1) *Bóroma*, § 40, éd. donnée par M. Whitley Stokes, *Revue celtique*, t. XIII, p. 52. Cf. *Lebor na hUidre*, p. 118, col. 2, l. 19-31. A ces mots « la terre l'engloutit, » comparez les serments d'Agamemnon et de Diomède, « que la vaste terre s'entr'ouvre pour moi » : « μοὶ χάνοι εὐρεῖα χθών » (*Iliade*, IV, 182; VIII, 150). La formule « χανεῖν μοὶ τὴν γῆν » est citée comme proverbiale par Lucien, *Convivium*, 28; édit. Didot, p. 727. Cf. *Nombres*, c. XVI, v. 31-33. De ces rapprochements on pourrait conclure que les Celtes comme les Grecs sont originaires d'un pays où les tremblements de terre n'étaient pas inconnus.

CHAPITRE III.

LE JUGEMENT DE L'EAU.

Chez les Celtes, les forces de la nature ne sont pas transformées, comme déjà la plupart du temps dans la Grèce homérique, en personnages à forme humaine qui des hommes ont les idées et les passions; témoins : Zeus, le ciel; Poseidon, la mer; Aïdôneus, la terre. Dans la croyance celtique, chacun des éléments constitutifs du monde matériel que nous voyons est un être mystérieux qui entend nos invocations et qui voit nos actes, c'est d'eux que dès cette vie, quand on a provoqué leur intervention, on reçoit la punition méritée par ceux qui n'observent pas leurs engagements. Le soleil, pris à témoin par Loégairé, le brûle quand le serment est violé. C'est que le soleil a entendu le serment et en a vu la violation. Le soleil « voit tout et entend tout, » lit-on dans l'*Odyssée* (1),

---

(1)   Ἡελίου, ὅς πάντ' ἐφορᾷ καὶ πάντ' ἐπακούει.
                                    (*Odyssée*, XII, 323.)

comme dans l'*Iliade* (1). La terre, le vent, l'eau, ne sont ni plus sourds ni plus aveugles que le soleil. Quand celui qui conclut un contrat leur demande de le sanctionner, ils entendent sa voix, et, si le contrat n'est pas exécuté, ils infligent le châtiment qui est dans leurs attributions ; voilà pourquoi la terre a englouti Loégairé, pourquoi le vent lui a refusé l'air nécessaire à la respiration.

L'eau a les mêmes facultés puissantes, sans distinction entre l'eau de la mer, l'eau des fleuves et l'eau contenue dans un chaudron. « Que la mer débordant nous submerge, » ont dit en 336 avant Jésus-Christ les ambassadeurs celtes au roi de Macédoine Alexandre le Grand. « Si la mer, aux so- » litudes grises et bleues, ne vient sur le front » chevelu de la vie ; » telle est la poétique exclamation du roi irlandais Conchobar. Mais l'eau ne se trouve pas seulement dans la mer, elle coule dans les fleuves ; on peut aussi en mettre sur le feu dans un chaudron.

Agamemnon, dans une vieille formule de serment, invoque les fleuves (2). La croyance antique, à laquelle cette formule fait allusion, paraît avoir été encore vivante chez les Celtes riverains du Rhin au quatrième siècle de notre ère, douze cents ans environ après la rédaction de l'*Iliade*. Quand un mari doutait de la fidélité de sa femme, il mettait

---

(1) Voyez ci-dessus, p. 19, note 1.
(2) Voyez ci-dessus, p. 18, note 3.

l'enfant nouveau-né sur un bouclier et posait le bouclier sur le fleuve; lorsque le fleuve engloutissait le frêle esquif, l'enfant était convaincu de bâtardise et la mère d'adultère; le Rhin, croyait-on, avait vu cet adultère et il avait entendu l'appel fait à sa justice par le mari outragé.

L'empereur Julien parle de cet usage dans une lettre au philosophe Maxime : « Le Rhin, » dit-il, « ne commet pas d'injustice envers les Celtes ; par » ses tourbillons, il submerge les enfants adul- » térins et venge ainsi la profanation du lit con- » jugal; mais, toutes les fois qu'il reconnaît la lé- » gitimité de la naissance, il élève l'enfant au-dessus » de l'eau, le remet entre les bras de la mère » tremblante ; comme témoignage infaillible du » respect qu'elle a eu pour la foi conjugale, il lui » donne la vie de cet enfant que les flots ont » épargné (1). » Dans son second discours à l'empereur Constance, il revient sur cette coutume celtique : « Les Celtes, » dit-on, « ont un fleuve qui » est le juge incorruptible des enfants; en vain les » mères par leurs larmes voudraient lui persuader » de jeter un voile sur leur faute et de la cacher ;

---

(1) « Πάντως οὐδὲ ὁ Ῥῆνος ἀδικεῖ τοὺς Κελτούς, ὃς τὰ μὲν νόθα τῶν βρεφῶν ὑποβρύχια ταῖς δίναις ποιεῖ, καθάπερ ἀκολάστου λέχους τιμωρὸς πρέπων · ὅσα δ' ἂν ἐπιγνῷ καθαροῦ σπέρματος, ὑπεράνω τοῦ ὕδατος αἴωρεῖ καὶ τῇ μητρὶ τρεμούσῃ πάλιν εἰς χεῖρας δίδωσιν, ὥσπερ ἀδέκαστόν τινα μαρτυρίαν αὐτῇ καθαρῶν καὶ ἀμέμπτων γάμων τὴν τοῦ παιδὸς σωτηρίαν ἀντιδωρούμενος » (Juliani imperatoris epistola 16, dans Juliani imperatoris quae supersunt, édition donnée chez Teubner par F. C. Hertlein, p. 495).

» de même, il ne tient pas compte de la crainte
» qu'inspire aux maris l'arrêt qu'il va rendre sur
» les femmes et les enfants ; juge sincère, il ne
» ment jamais (1). »

L'usage celtique dont parle Julien a fourni le sujet d'une pièce de vers anonyme recueillie dans l'anthologie grecque : « Les Celtes, hommes har-
» dis, font éprouver leurs enfants par le Rhin,
» fleuve jaloux ; et ils ne sont pères qu'après avoir
» vu le pauvre petit baigné dans l'onde sacrée.
» Aussitôt que, sorti du sein de sa mère, le nou-
» veau-né a versé sa première larme, il est saisi
» par le mari qui le met sur un bouclier, sans
» émotion, car le mari n'a pas le cœur d'un père
» avant d'avoir vu quelle sentence rendront les
» eaux du fleuve qui juge l'honneur conjugal. La
» mère, après les douleurs de l'enfantement, subit
» des angoisses nouvelles ; elle a beau savoir quel
» est le père de son enfant, elle attend toute trem-
» blante l'arrêt que vont prononcer les flots in-
» constants (2). »

(1) « Ὑπάρχειν δέ φασι καὶ Κελτοῖς ποταμὸν ἀδέκαστον κριτὴν τῶν ἐγγόνων · καὶ οὐ πείθουσιν αὐτὸν οὔτε αἱ μητέρες ὀδυρόμεναι συγκαλύπτειν αὐτὰ καὶ ἀποκρύπτειν τὴν ἁμαρτάδα, οὔτε οἱ πατέρες ὑπὲρ τῶν γαμετῶν καὶ τῶν ἐγγόνων ἐπὶ τῇ κρίσει δειμαίνοντες, ἀτρεκὴς δέ ἐστι καὶ ἀψευδὴς κριτής » (*Ibid.*, p. 104-105).

(2) *Anthologia graeca*, l. IX, épigramme 125 ; édition Didot, t. II, p. 24-25. Le Rhin n'est évidemment pas le seul cours d'eau auquel les Celtes aient attribué la divinité. *Déva*, « divino, » est un nom de rivière celtique (*Premiers habitants de l'Europe*, t. II, p. 271) ; et, avant les Celtes, la même idée a dicté aux Ligures le nom d'*Isara*, « la sainte, » donné à divers cours d'eau (*Ibid.*, p. 134).

Ces trois textes sont d'accord pour constater qu'aux yeux des Celtes le Rhin était un juge en dernier ressort ; chez eux manquait la notion d'une puissance supérieure dont le fleuve, par une sorte de manifestation surnaturelle, aurait exprimé la décision. Le premier de ces documents est formel sur un autre point, sur lequel il est d'accord avec la formule du serment : « Que la mer débordant nous submerge. » Le Rhin prononçait la condamnation en submergeant, l'acquittement en faisant surnager. Après la conquête germanique, cette croyance celtique s'est maintenue sur les bords du Rhin, où la doctrine reçue au quatorzième et au quinzième siècle était encore que le coupable tombait au fond de l'eau et que l'innocent surnageait (1).

Chez les Germains en général, chez les Polonais et les Indoux, un usage inverse avait prévalu. Si l'accusé se maintenait sur l'eau, il était déclaré coupable ; si, au contraire, il tombait au fond, on le considérait comme innocent ; dans ce dernier cas, on pensait que l'eau l'avait gracieusement reçu dans son sein ; dans le premier, on concluait qu'elle l'avait repoussé comme indigne (2). Les Francs introduisirent en Gaule la coutume

---

(1) Grimm, *Deutsche Rechtsalterthümer*, 2ᵉ édit., p. 925.
(2) Grimm, *Deutsche Rechtsalterthümer*, 2ᵉ édit., p. 923. Dareste, *Etudes d'histoire du droit*, p. 187-188. Kovalewsky, *Coutume contemporaine et loi ancienne*, p. 400 et suiv. Ducange, au mot *Aqua frigida*.

germanique. Au neuvième siècle, Hincmar, archevêque de Reims, dans son mémoire sur le divorce du roi Lothaire et de la reine Tetberge, mentionne le jugement de l'eau froide : *aquae frigidae judicium* (1). « L'eau, » dit-il, « accueille certaines personnes et par là les montre innocentes ; elle en rejette certaines autres et les prouve coupables (2). » Avant de précipiter dans l'eau l'accusé, on le liait avec une corde dont un bout restait entre les mains d'un des assistants ; cette corde servait à retirer de l'eau le patient avant que, faute d'air respirable, il eût perdu la vie et que d'un innocent il ne restât plus que le cadavre (3). Cette épreuve, entendue ainsi au rebours du système celtique, est restée en usage en Allemagne et en France jusqu'à la fin du seizième siècle.

La croyance dans le pouvoir magique de l'eau a fait créer non seulement le jugement de l'eau froide où l'accusé était jeté tout entier, mais aussi le jugement de l'eau bouillante où il ne mettait que la main. Un des plus anciens exemples connus est donné par Grégoire de Tours, dans son livre inti-

(1) Migne, *Patrologia latina*, t. CXXV, col. 669 C.

(2) « Cum aut quosdam aqua recipit et innoxios ostendit, aut quosdam rejicit et noxios esse demonstrat » (*Patrologia latina*, t. CXXV, col. 668 C.)

(3) « Colligatur autem fune qui examinandus in aquam dimittitur... Qui ob duas causas colligari videtur, scilicet ne aut aliquam possit fraudem in judicio facere, aut si aqua illum velut innoxium receperit, ne in aqua periclitetur, ad tempus valeat retrahi » (*Patrologia latina*, t. CXXV, col. 668 A.)

tulé : *In gloria martyrum.* C'est à propos d'une discussion théologique entre catholiques et ariens : deux ecclésiastiques, l'un orthodoxe, l'autre hérétique, voulurent recourir au jugement de l'eau chaude ou, comme on disait en Irlande et dans le monde germanique, du chaudron. Qu'on mette, dit l'un d'eux, un chaudron sur le feu ; que dans l'eau bouillante on jette un anneau, et que chacun de nous essaie de tirer cet anneau du chaudron (1).

Cette épreuve s'appelle, dans divers textes latins, « le chaudron, » *aeneum* (2) *caldaria* (3) ; en bas allemand, *ketelfang* ; en Islande, *ketilfang*, « acte de prendre dans le chaudron, » est une expression consacrée (4). Nous trouvons en Irlande une métaphore analogue ; l'épreuve de l'eau bouillante s'appelle *fir caire*, « vérité du chaudron ; » le défendeur, contre lequel on exécute la procédure de la saisie, a droit aux délais les plus longs qu'on puisse exiger, quand pour un autre procès il a pris l'engagement de subir l'épreuve du chaudron ; littéralement, quand il est « l'homme sur lequel est liée

---

(1) « Succendatur igni aeneus et in ferventi aqua anulus cujusdam projiciatur. Qui vero eum ex ferventi unda sustulerit, ille justitiam consequi comprobatur » (*Liber in gloria martyrum*, c. 80. *Monumenta Germaniae historica*, in-4°. *Scriptores rerum Merovingicarum*, t. I, p. 542, l. 24-26).

(2) Hessels et Kern, *Lex salica*, col. 571, 572.

(3) Loi de Liutprand, V, 21, citée par Grimm, *Deutsche Rechtsalterthümer*, p. 920.

(4) Grimm, *Deutsche Rechtsalterthümer*, p. 922, cf. 920.

vérité du chaudron (1). » L'analogie que nous offrent la formule irlandaise et la formule germanique est un des nombreux traits communs au droit des Celtes et au droit des Germains. Mais cet accord entre les langues juridiques de deux peuples voisins est un détail accessoire, et l'épreuve dont il s'agit ici repose sur une doctrine qui nous fait remonter à la période primitive de l'unité indo-européenne.

L'eau bouillante dans laquelle l'accusé plonge la main a vu le crime, elle sait quel est le coupable, elle va répondre à l'appel qu'une incantation lui a préalablement adressé. De « jugement de Dieu, » *judicium Dei*, il n'est encore pas question (2). L'eau est un des éléments visibles de ce monde, à la vengeance desquels, en Irlande, au cinquième siècle, le roi payen Loégairé s'est soumis d'avance pour le cas où il violerait son serment (3).

Ceux qui, plus tard, ont appelé « jugement de Dieu » l'épreuve de l'eau bouillante, croyaient à la justice de l'être unique et suprême qui a créé le

---

(1) « Fir for a nascar fir caire » (*Ancient Laws of Ireland*, t. I, p. 194, l. 23; cf. t. IV, p. 284, l. 13-14, p. 288, l. 10; p. 294, l. 3.

(2) On le trouve dans la glose qui, plus récente, a été envahie par les idées courantes du moyen âge sur ce point de droit. L'expression irlandaise pour « jugement de Dieu » est : *Fír Dé* « vérité de Dieu. » (*Ancient Laws of Ireland*, t. IV, p. 294, l. 6, 7).

(3) « Dobretha ratha fri Laigniu .i. grían *ocus* esca, usci *ocus* aer, lá *ocus* adaig, muir *ocus* tir » (Whitley Stokes, *The tripartite Life of Patrick*, t. II, p. 566, l. 11, 12. Cf. *Lebar na hUidre*, p. 118, col. 2, l. 19-21).

monde, et comptaient trouver, dans le résultat de l'épreuve, une manifestation de cette justice aussi infaillible que toute-puissante ; en réalité, leur imagination avait cru découvrir, dans la religion moderne, une forme littéraire nouvelle et une sorte de voile pieux pour déguiser la barbarie d'une vieille institution qui dérive des croyances les plus anciennes du genre humain, et qui est la négation même du christianisme.

Agobard, archevêque de Lyon (813-840), a écrit un ouvrage « contre l'opinion perverse de ceux » qui croient que la vérité du jugement de Dieu » est manifestée par le feu, par l'eau, par la lutte » à main armée (1). » « Nulle part, » fait-il observer, « on ne voit, dans l'Ecriture sainte, un accusé » dire : « Envoie un des tiens qui engagera avec » moi un combat singulier, et qui, s'il me tue, » prouvera ma faute envers toi; ou fais chauffer » du fer ou de l'eau que je toucherai des mains » sans en ressentir aucun mal...... Ni la loi divine, » ni la loi humaine ne sanctionnent cette cou- » tume que des hommes vains appellent « jugement » de Dieu. » Serait-ce donc un jugement de Dieu, » ce que jamais Dieu n'a ordonné ni voulu (2)? »

La protestation d'Agobard resta longtemps sans

---

(1) « Liber de divinis sententiis digestus ... contra damnabilem opinionem putantium divini judicii veritatem igne vel aquis vel conflictu armorum patefieri » (Migne, *Patrologia latina*, t. CIV, col. 249-268).

(2) *Patrologia latina*, t. CIV, col. 251 AB.

effet. L'abus qu'il voulait faire disparaître avait de trop profondes racines. L'épreuve de l'eau bouillante est indo-européenne, on ne la trouve pas seulement chez les Celtes et chez les Germains, on a constaté son existence chez les Slaves (1), chez les Perses (2) et chez les Indous (3).

(1) Dareste, *Etudes*, p. 209, 217, 231. Cf. Kovalewsky, *Coutume contemporaine et loi ancienne*, p. 400-402.
(2) Dareste, *Etudes*, p. 105.
(3) Kovalewsky, *Coutume contemporaine et loi ancienne*, p. 403-407.

CHAPITRE IV.

LE DUEL.

Sommaire.

§ 1. Le duel conventionnel chez les Celtibères. — § 2. Le duel, principalement le duel conventionnel, chez les Irlandais. — § 3. Le duel conventionnel dans l'*Iliade* et dans l'épopée de Thèbes aux sept portes. — § 4. Le combat conventionnel des Horaces et des Curiaces. — § 5. L'intervention de la famille dans la convention qui précède le duel. — § 6. Les témoins du duel et la théorie du meurtre dissimulé. — § 7. Le duel qui a pour objet un prix à décerner au vainqueur. — § 8. Théorie primitive du duel.

§ 1er. — *Le duel conventionnel chez les Celtibères.*

Dans le texte précité d'Agobard (1) on voit qu'en France, au neuvième siècle, le duel était considéré comme une des formes du « jugement de Dieu. » Cette manière de voir est une déviation de la

---

(1) Voyez ci-dessus, p. 34.

théorie primitive. L'expression « duel judiciaire, » consacrée chez nous par l'usage, est aussi la résultante d'un degré de civilisation auquel les Celtes du temps de César n'étaient point encore parvenus. Alors, dans les contestations entre particuliers, il n'y avait pas de juridiction obligatoire, l'arbitrage seul était connu, aucun magistrat ne pouvait ordonner le duel. Le duel était une forme adoucie de la guerre privée, une manière d'épargner le sang des parents, des amis, des clients ; l'adoption de cette forme résultait d'un contrat, au lieu de duel judiciaire on avait alors le duel conventionnel : un des plus anciens exemples historiques de cette antique espèce de duel nous est offert par les Celtes d'Espagne, en l'an 206 avant notre ère.

P. Cornelius Scipio, qui dut plus tard à sa victoire contre Hannibal le surnom d'*Africanus*, était alors en Espagne, et il y avait obtenu contre les Carthaginois des succès multipliés. Il voulut, à Carthagène, s'acquitter d'un vœu qu'il avait fait pour honorer la mémoire de son père et de son oncle, tous deux tués six ans auparavant, en 212, à la tête d'armées romaines en luttant comme lui, en Espagne, contre les Carthaginois. C'étaient des combats de gladiateurs qu'il avait promis aux dieux. Les gladiateurs des Romains étaient ordinairement des esclaves qu'on achetait, et le plaisir que ces malheureux, se tuant les uns les autres, procuraient aux spectateurs coûtait beaucoup d'argent à celui qui donnait les jeux. Mais Scipion n'eut aucune dépense à faire. Son habileté avait détaché les Celtibères du parti des Carthaginois et leur avait fait embrasser la cause des Romains. Parmi ses nouveaux amis, il trouva sans frais autant qu'il voulut de guerriers qui lui procurèrent la satisfaction de s'entre-tuer sous ses yeux sans demander d'autre salaire que le plaisir et l'honneur de se battre les uns contre les autres (cf. p. 69.)

Toutefois les gladiateurs fournis gratuitement par l'ardeur belliqueuse des Celtibères ne combattirent pas tous seulement pour le plaisir et l'honneur : dans quelques-uns des couples, le duel avait un intérêt pratique, la gloire du succès n'était pas le seul enjeu : les deux adversaires avaient un procès, et n'ayant voulu ni transiger ni s'en rapporter au jugement d'un arbitre, ils étaient convenus que l'objet en litige serait adjugé au vainqueur. A cette catégorie, aussi étrange que l'autre pour les spectateurs romains, appartenaient deux grands seigneurs espagnols : Corbis et Orsua, tous deux fils de rois. Leurs pères étaient frères et avaient régné l'un après l'autre par ordre de primogéniture : la question était de savoir qui des deux fils devait succéder au dernier mort des deux frères. Le père de Corbis, étant l'aîné, était monté le premier sur le trône ; le père d'Orsua était le second qui avait succédé sur le trône à son frère. Orsua prétendait que le trône était compris dans l'héritage que son père lui transmettait. Corbis, plus âgé qu'Orsua, voulait exercer le droit d'aînesse comme son père en avait donné l'exemple. Scipion fit, pour les concilier, d'inutiles efforts ; ils refusèrent d'accepter son arbitrage : « Nous ne voulons, » dirent-ils, « d'autre juge que le dieu de la guerre. » Corbis, grâce à la supériorité de son âge, était plus vigoureux que son cousin. Orsua, dominé par l'orgueil, qui est si souvent la passion principale des jeunes gens, ne se rendait pas compte des chances de succès qu'avait son cousin. Chacun d'eux préférait la mort à l'humiliation d'obéir à son parent. Corbis, plus exercé au maniement des armes, plus adroit et plus fort que son adversaire, n'eut pas de peine à le vaincre et à le tuer (1). Ce fut donc lui qui obtint la couronne.

Ce duel, si contraire aux mœurs des Romains, frappa vivement leur imagination. Plus de deux siècles après, Valère Maxime, qui écrivait, comme on sait, sous Tibère, en a parlé dans son recueil d'exemples mémorables, et pour rendre l'impiété de ce combat meurtrier plus choquante, il a fait des deux adversaires deux frères qui se disputaient la succession paternelle ; l'aîné, suivant Valère Maxime, aurait volontiers suivi les conseils pacifiques de Scipion, ce serait le jeune qui aurait refusé de les accepter, et sa mort aurait été le juste châtiment de sa perverse obstination (2).

La partie de l'ouvrage de Valère Maxime où se

---

(1) Tite-Live, l. XXVIII, c. 21.
(2) Valère Maxime, l. IX, c. 11, *Externorum* § 1.

trouve cet arrangement du récit antique conservé par Tite-Live, date de l'an 32 de notre ère, ou lui est postérieur de peu de chose. Cinquante ou soixante ans plus tard, Silius Italicus, qui écrivait sous Domitien (81-96), embellit plus encore cette anecdote tragique. Il ne se contente pas de faire des combattants deux frères comme Valère Maxime l'avait imaginé : pour rendre leur lutte encore plus horrible, il les fait se tuer l'un l'autre ; il peint les deux épées perçant chacune la poitrine qui lui est opposée ; il nous montre les deux frères étendus mourants sur le sol et s'accablant de réciproques injures, à leurs derniers soupirs sont mêlés des cris de haine. On voulut ensuite, dit Silius Italicus, réunir leurs cadavres sur le même bûcher, mais les flammes qui s'échappèrent de ces funèbres débris s'élevèrent en se divisant, et les cendres des deux frères refusèrent de reposer dans le même tombeau (1).

Silius Italicus constate cependant que ce duel était conforme aux usages nationaux des deux combattants :

Is genti mos dirus erat (2).

La nation dont il s'agit, c'est la nation celtique, en sa fraction celtibérienne. Corbis, nom de l'aîné des deux cousins, est un mot celtique.

(1) Silius Italicus, l. XVI, 533-548. Cf. ci-dessous, p. 55.
(2) Silius Italicus, l. XVI, v. 537.

Corbis est le nom d'homme qui explique le nom de lieu *Corbio*. *Corbio* est une ville d'Espagne, elle appartenait alors aux *Suessetani* et les Romains la prirent. vingt-deux ans après le duel de Corbis et d'Orsua (1), les *Suessetani* habitaient sur les bords de l'Ebre (2); leur capitale, appelée *Suessatium* par l'*Itinéraire d'Antonin* (3), est nommée avec une faute de copie *Suestasion* par Ptolémée; c'est un nom de lieu, parent de celui des *Suessiones* de Gaule, dont la forme française moderne est Soissons. *Suessatium* était situé près de Vitoria en Alava, province basque. Au temps de Ptolémée, *Suessatium* appartenait aux *Caristi* (4), or, *Caristi* dérive de Caros, nom celtique porté par un habitant de Segeda, élu général des *Arevaci*, peuple celtibère, l'an 153 avant Jésus-Christ (5). *Caristi* est formé à l'aide d'un suffixe -*isto*- qu'on retrouve dans la première partie du nom des *Tolisto-bogii*, peuple gaulois d'Asie Mineure; et chez les *Caristi* coulait une rivière dont le nom était gaulois, la

---

(1) Tite-Live, l. XXXIX, c. 42. Av. J.-C. 184.
(2) Tite-Live, l. XXXIV, c. 19, 20.
(3) P. 454, l. 9. *Suessatio* à l'ablatif.
(4) Ptolémée, l. II, c. 6, § 64; édit. Didot, p. 188, l. 5.
(5) Appien, *De rebus hispaniensibus*, 45; édit. Didot, p. 51. Pour d'autres exemples du nom d'homme gaulois Caro-s, voyez Holder, *Alt-celtischer Sprachschatz*, col. 819. Du thème caro- dérive le verbe irlandais caraim, en breton karann, « j'aime. » Ce thème celtique est identique à celui du latin carus, en français « cher. »

Déva (1), encore ainsi appelée ; ce mot veut dire la divine, et il y a deux autres rivières appelées *Déva* en Grande-Bretagne (2). Le nom d'homme Corbis est une variante de Corbos ou Corbus, nom d'homme sous l'empire romain dans une inscription des régions danubiennes (3). Le nom de Corbus fut encore porté en Gaule au septième siècle par un fils du roi franc, Thierry II (4). Corbie (Somme), au moyen âge *Corbeia*, a un nom dérivé de Corbos. On peut en dire autant de Corbeil (Seine-et-Marne), =*Corbo-ialus*. Corbiac (Dordogne et Gironde), Corbian (Lot-et-Garonne), Corbion dans le Luxembourg belge, sont des noms de lieux formés à l'aide du gentilice romain *Corbius, dérivé lui-même du nom barbare Corbos ou Corbis. Corbos semble être le premier terme du nom d'homme composé irlandais Corb-macc, plus tard Cormac, = « fils de Corbos (5), » et du nom d'homme composé Corba-lengus dans une inscription chrétienne de Grande-Bretagne qui paraît remonter au cinquième

---

(1) Ptolémée, l. II, c. 6, § 8 ; éd. Didot, p. 147, l. 9 et 10.
(2) Ptolémée, l. II, c. 3, § 2 et 4 ; édit. Didot, p. 84, l. 4, et p. 89, l. 4. Cf. Holder, *Altceltischer Sprachschatz*, col. 1273, 1274, où l'on trouve cités d'autres exemples.
(3) *C. I. L.*, III, 6497. Cf. Holder, *Alt-celtischer Sprachschatz*, col. 1118.
(4) Frédégaire, l. IV, c. 24, 39, 42 ; édit. Krusch, p. 130, l. 8 ; p. 140, l. 10 ; p. 141, l. 24.
(5) Whitley Stokes, *Three irish glossaries*, p. 8. Cf. *The tripartite Life of Patrick*, t. 1, p. 126.

siècle de notre ère (1). On signale aussi dans une inscription ogamique d'Irlande un dérivé de Corbos, c'est Corbagnos (2). Enfin Corb = Corbo-s est un nom d'homme qu'on rencontre quelquefois dans la littérature irlandaise (3).

Il n'est donc pas téméraire de reconnaître un Celtibère dans la personne de l'Espagnol Corbis qui, l'an 206 avant notre ère, se battit en duel à Carthagène en présence de Scipion, le futur vainqueur d'Hannibal, et d'attribuer la même origine à son cousin, à son malheureux adversaire, Orsua tué par lui dans ce combat singulier. L'usage de recourir au duel pour résoudre les questions litigieuses est commun aux nations celtiques. Quand le philosophe grec Poseidonios fit en Gaule son voyage d'exploration au commencement du premier siècle avant notre ère, on lui raconta que dans les festins d'apparat l'usage existait jadis de donner au guerrier le plus brave le gigot ou le jambon de la bête qui était la pièce de résistance

---

(1) Hübner, *Inscriptiones Britanniae Christianae*, n° 115. Rhys, *Lectures on welsh Philology*, 2ᵉ édit., p. 279.

(2) Whitley Stokes, *Celtic declension*, p. 73.

(3) Corb Olum, au génitif Cuirb Oluim, aurait été l'ancêtre de la plus ancienne famille noble du Munster. *Annales des quatre maîtres*, sous l'an 10 de Jésus-Christ, édition d'O'Donovan, t. I, p. 94. Un poète nommé Corb aurait été contemporain de Cond Cétchathach, roi suprême d'Irlande au deuxième siècle de notre ère. O'Curry, *Mss. Materials*, p. 618. Sur Corb mac Ciaran, qui aurait vécu à la fin du même siècle, voyez O'Curry, *Manners and Customs*, t. II, p. 327, 328.

du repas; et quand deux guerriers se disputaient ce signe de la prééminence, on recourait aux armes; il y avait entre eux un combat singulier, et le vainqueur recevait en guise de couronne le morceau de viande qui avait été l'objet de l'ambition des deux rivaux (1).

§ 2. — *Le duel, principalement le duel conventionnel chez les Irlandais.*

Dans le droit irlandais qui paraît ici remonter à une haute antiquité, le duel, en deux circonstances, n'expose pas le vainqueur à payer la composition pour meurtre et assure son triomphe dans la contestation pendante; c'est ce qui a lieu :

1° Quand le duel a été précédé d'un contrat fait avec le consentement de la famille du vaincu et qui a déterminé les effets juridiques de la victoire; alors, quel que soit le vainqueur, que ce soit le demandeur ou le défendeur, il ne doit pas de composition pour le meurtre de son adversaire;

2° Quand le duel a pour cause le refus par le défendeur de laisser procéder contre lui à une saisie dans les formes établies par la coutume; en ce cas, le demandeur saisissant qui tue son débiteur ne payera pas de composition s'il a préalable-

---

(1) Poseidonios, fragment 24, chez Didot-Müller, *Fragmenta historicorum Graecorum*, t. III, p. 260. Cf. Diodore de Sicile, l. V, c. 28, § 5; édit. Didot, t. I, p. 271; et ci-dessous, p. 69.

ment mis la famille du débiteur en demeure de lui faire justice.

Le demandeur irlandais a trois manières de procéder pour obtenir justice : 1° la saisie mobilière, *aithgabail;* 2° la saisie immobilière, *tellach;* 3° le duel, *comrac.* « Il y a, » dit un texte juridique, « trois cas où l'on commet une illégalité chez les » Irlandais, à savoir quand on fait une saisie mo- » bilière irrégulièrement, une saisie immobilière » contrairement au droit, un duel sans conventions » verbales (*littéralement* sans contrats des lèvres), » ou sans avoir éprouvé refus d'obéir à la loi (1). » Il est donc licite de provoquer au duel le débiteur qui résiste par la force à une saisie entreprise régulièrement, et avant le christianisme en Irlande aucune loi n'interdisait cette résistance au débiteur. Le droit irlandais antérieur au christianisme doit avoir été sur ce point le droit des Gaulois avant la conquête romaine.

La collection canonique irlandaise qui date de l'an 700, ou environ, attribue à saint Patrice deux décisions qui défendent au débiteur l'emploi des armes pour repousser le saisissant. Au livre XXXIV, chap. 8, on lit : « Suivant décision du synode ir-

---

(1) « Atait teora aimsera in-seagair éidechta la Feine : athgabail éidechta, tellach indligtech, comrug gen curu bel, no gan elod cu n-dliged » (*Din techtugad*, dans *Ancient Laws of Ireland*, t. IV, p. 32, 1. 3-5). Suivant la glose, la provocation au duel était licite après l'expiration du délai qui suivait le commandement de payer, *apad* (*Ibid.*, p. 32, 1. 14).

» landais, tout débiteur qui résiste aux témoins et
» aux stipulations doit être chassé [de l'église] jus-
» qu'à ce qu'il ait fait la pénitence imposée par les
» juges [ecclésiastiques]. Patrice dit : Si cet
» homme combat par les armes, qu'il soit jeté hors
» de l'église (1), » et au chap. 2 du même livre :
« Patrice a dit : Si un clerc a été caution d'un laï-
» que, quelle que soit l'importance de la valeur
» cautionnée, et s'il arrive, ce qui n'a rien d'éton-
» nant, que le laïc soit assez malhonnête pour ne
» pas acquitter sa dette, le clerc devra la payer
» de ses biens propres, car, s'il combat par les
» armes, il sera compté hors de l'église (2). » Mais
cette condamnation, — prononcée du reste par la
loi canonique et non par la loi civile, — ne s'applique pas au créancier qui recourt à la force,
qui pratique la saisie à main armée et auquel le
débiteur oppose la force et les armes. Ainsi de la
part de ce créancier le duel est licite en droit
canonique comme en droit civil.

Les deux parties peuvent aussi, de commun accord, convenir de se battre en duel pour donner
une solution à un procès pendant. Dans ce cas, il
faut que les deux adversaires, s'exprimant à haute

---

(1) « Eadem sinodus : Omnis debitor, qui resistit testibus et stipulationibus, ejiciatur, donec secundum judices peniteat. — Patricius dicit : Nam si armis compugnaverit... extra ecclesiam ejiciatur » (Wasserschleben, *Die irische Kanonensammlung*, 2ᵉ édit., p. 124).

(2) Wasserschleben, *ibid.*, p. 122.

et intelligible voix devant témoins, déterminent les conséquences qu'aura la défaite pour le vaincu, c'est-à-dire, par exemple, restitution d'un objet déterminé au demandeur s'il est vainqueur, ou abandon définitif de cet objet au défendeur, si ce dernier obtient la victoire; en général, fixation de l'objet en litige et de la solution que donnera à la question controversée le résultat du combat (1). Ce duel, dont une convention préalable a précisé les conséquences, peut être appelé conventionnel. Son nom, en irlandais, a dû être « duel après contrats des lèvres, » *comrac iar curaib bél*, par opposition au « duel sans contrats des lèvres, » *comrac cen curu bél* (2), qui n'est régulier que dans le cas spécifié plus haut, de résistance par la force à une saisie faite dans les formes prescrites par l'usage.

Une partie des gladiateurs volontaires qui, en 206 avant Jésus-Christ, s'entre-tuèrent gratuitement aux jeux donnés par P. Cornelius Scipio à Carthagène, étaient des plaideurs qui recouraient au duel conventionnel pour mettre fin à des procès. « Cer-
» tains, » dit Tite-Live, « ayant entre eux des con-
» testations qu'ils n'avaient encore pu ou voulu
» terminer, convinrent que l'objet du litige appar-

---

(1) Est illégale « la provocation à duel de quelqu'un par lui
» sans mettre garantie des lèvres par lui pour rendre ou régu-
» lariser ce pourquoi on provoque » : « comruc docru do for nech
can trebuire docoir o belaib aici re aissc no re dlechtin do in neich
im-a-rocair » (*Ancient Laws of Ireland*, t. IV, p. 32, l. 12, 13).

(2) Voir plus haut, p. 45, note.

» tiendrait au vainqueur, et remirent au fer la
» solution du procès (1). »

§ 3. — *Le duel conventionnel dans l'*Iliade *et dans l'épopée de Thèbes aux sept portes.*

On trouve déjà le duel conventionnel dans la littérature homérique. Au troisième chant de l'*Iliade*, l'armée grecque et celle des Troyens sont en présence. Pâris, autrement dit Alexandre, qui, en enlevant Hélène, a été cause de la guerre, arrive en avant des Troyens. « Il était beau comme
» un dieu, » dit Homère, « il avait sur les épaules
» une peau de panthère, un arc recourbé, une
» épée ; il brandissait deux lances à pointe d'ai-
» rain, il provoquait les plus braves des habitants
» d'Argos à venir lui tenir tête dans un combat
» sans merci. »

« Lorsque Ménélas, le bien-aimé du dieu de la
» guerre Arès, vit Alexandre s'avancer en avant
» de l'armée troyenne et marcher à grands pas,
» sa joie fut celle d'un lion qui rencontre un
» grand gibier, soit un cerf aux grandes cornes,
» soit une chèvre sauvage, quand il a faim ; le
» lion dévore la bête, sans se préoccuper des
» chiens agiles ni des jeunes chasseurs qui le

---

(1) « Quidam, quas disceptando controversias finire nequierant aut noluerant, pacto inter se, ut victorem res sequeretur, ferro decreverunt » (Tite-Live, l. XXVIII, c. 21).

» poursuivent. Ainsi Ménélas devint tout joyeux,
» lorsque, de ses yeux, il vit Alexandre beau
» comme un dieu ; il pensait punir un scélérat ;
» aussitôt, de son char, il sauta à terre avec ses
» armes. »

« Dès qu'Alexandre, beau comme un dieu, aper-
» çut Ménélas au premier rang, son cœur fut
» frappé d'épouvante ; il alla se cacher dans la
» foule de ses compagnons pour éviter la mort (1). »
Ainsi commence le récit de cet épisode.

Jusqu'ici, il n'y a rien de juridique, ni dans la provocation de Pâris, ni dans la réponse que Ménélas veut faire à cette provocation. Aucune convention n'a précédé ce duel qui échoue par la fuite d'un des deux adversaires. Nous avons simplement ici une première édition de ces nombreux duels, vrais ou légendaires, qui précèdent les batailles livrées aux Gaulois par les Romains, comme celui où, en 151 av. J.-C., Publius Cornelius Scipio Æmilianus, encore simple tribun des soldats, tua le roi d'Intercatia (2), et, par ce succès, préluda à la prise de Carthage et de Numance, qui devaient le mettre au premier rang parmi les grands capitaines romains. Mais bientôt, chez Homère, la scène change et la question de droit est posée.

---

(1) *Iliade*, III, 16-32.
(2) Appien, *De rebus hispaniensibus*, c. 53, édit. Didot, p. 54. Tite-Live, *Epitome*, 48. Pline, *Histoire naturelle*, l. XXXVII, § 9. Polybe, l. XXXV, c. 5 ; édit. Didot, t. II, p. 126.

Pâris, humilié par les reproches d'Hector, lui fait la proposition suivante :

« Si tu veux que je combatte, fais asseoir les
» autres Troyens et tous les Achéens, mets-nous
» au milieu tous deux; moi et Ménélas, le bien-aimé
» d'Arès, nous combattrons pour Hélène et pour
» toutes ses richesses; celui qui sera vainqueur et
» qui l'emportera sur son concurrent, prendra
» tous les trésors et emmènera chez lui la femme.
» Vous autres, après avoir juré amitié et alliance
» aux Achéens, vous habiterez Troie la fertile, tan-
» dis que nos ennemis retourneront dans Argos
» féconde en coursiers et dans l'Achaïe aux belles
» femmes (1). »

Hector s'avance entre les deux armées, arrête les Troyens et les fait asseoir. Les Grecs voulaient commencer le combat : Agamemnon leur ordonne d'imiter les Troyens; Hector communique aux deux armées la proposition que vient de lui faire Pâris. Ménélas répond qu'il accepte, mais que préalablement il exige un traité solennel accompagné d'un sacrifice aux dieux, de serments, et que, dans ce traité, le père de Pâris et d'Hector, le roi des Troyens, Priam lui-même intervienne. Hector donne son consentement ; il envoie deux hérauts chercher deux agneaux pour le sacrifice et le roi Priam. Les hérauts reviennent avec les deux agneaux et du vin ; Priam les suit dans

---

(1) *Iliade*, III, 67-75.

son char, où Anténor est monté avec lui. Priam et Anténor, arrivés entre les deux armées, descendent du char ; Agamemnon, accompagné d'Ulysse, se met debout devant eux ; de son épée, il coupe sur la tête des agneaux la laine, et les hérauts la distribuent aux chefs des Troyens et des Achéens. Puis Agamemnon, levant les mains vers le ciel, prononce à haute voix la prière suivante :

« Zeus, ô père, toi qui règnes sur l'Ida, toi très
» auguste et très grand ! toi, Soleil, qui vois tout
» et entends tout ! vous Fleuves et Terre ! et vous
» couple divin, qui, au-dessous de nous chez les
» morts, punissez le parjure ! soyez-nous témoins,
» veillez à l'observation de nos serments. Si Pâris
» tue Ménélas, qu'il ait Hélène et ses richesses, et
» nous, montant dans nos vaisseaux, nous repas-
» serons la mer. Mais si le blond Ménélas donne
» la mort à Pâris, les Troyens rendront Hélène et
» ses richesses ; ils payeront, en outre, les dom-
» mages-intérêts convenables tels que la mémoire
» en parvienne aux hommes à venir. » — Il s'agit de la composition due pour l'enlèvement d'Hélène et pour la mort des Grecs tués par les Troyens. —
« Si Priam et les fils de Priam ne veulent pas me
» donner les dommages-intérêts qu'ils me devront
» dans le cas où Pâris sera mort, je combattrai
» pour obtenir cette réparation, et je resterai ici
» jusqu'à ce que j'aie terminé la guerre. »

Ensuite, Agamemnon égorgea les agneaux, et le vin fut versé à terre en libations aux dieux. Les

Achéens et les Troyens répétèrent tous l'invocation suivante : « Zeus, ô toi très auguste et très
» grand! et vous les autres dieux immortels! pu-
» nissez ceux qui les premiers violeront ce traité;
» que leurs cervelles et celles de leurs enfants
» soient répandues à terre comme ce vin, et que
» leurs femmes soient prises par d'autres! »

Hector et Ulysse mesurèrent le champ de bataille et tirèrent au sort qui des deux combattants lancerait le premier un javelot à son adversaire ; ils étaient les témoins officiels de ce duel auquel allaient assister deux armées. Pâris fut favorisé par le sort : il donna le premier coup ; mais bientôt, prévoyant une défaite prochaine, il s'enfuit, et un des Troyens blessa Ménélas d'une flèche. Le traité était violé ; la guerre continua (1).

Ce duel, jusqu'à la fuite de Pâris exclusivement, est le type du duel celtique. Dans le long récit d'Homère, il n'y a pas un mot d'où l'on puisse conclure que l'auteur ni ses contemporains crussent à une intervention de la justice divine dans ce duel pour assurer le triomphe du droit. Le traité par lequel ce duel est décidé a été placé par le serment sous la protection des dieux. Si ce traité n'est pas observé, celui qui le violera aura par là insulté les dieux, qui se vengeront en le châtiant ; mais la question de savoir qui, de Pâris ou de Ménélas, a pour lui la justice, est indiffé-

---

(1) *Iliade*, fin du chant III ; chant IV, vers 85 et suiv.

rente aux dieux. Si Ménélas l'emporte, si Pâris, qui tient à la vie, est réduit à la honte de la fuite, ce n'est point parce que Pâris, en enlevant la femme de Ménélas, a mis de son côté tous les torts ; la cause du succès de Ménélas, c'est qu'il est le meilleur guerrier des deux, c'est qu'il est un favori du dieu de la guerre Arès (1). Pâris est le bien-aimé d'Aphrodite, déesse de l'amour ; ce n'est pas Aphrodite qui donne la victoire sur les champs de bataille.

Le duel fratricide d'Etéocle et de Polynice, qui se termine par la mort des deux combattants, n'est, pas plus que celui de Ménélas et de Pâris, une manifestation de la justice divine. Il appartient à une des plus anciennes compositions épiques dues au génie grec, au récit de la guerre désastreuse et des terribles batailles où périrent, comme dit Hésiode, des héros divins et des demi-dieux, sous les murs de Thèbes aux sept portes, dans la terre de Cadmos, en combattant pour s'emparer des brebis d'Œdipe (2).

Il est plusieurs fois question de cette guerre dans l'*Iliade* (3). Le texte épique a été perdu, mais

---

(1) « Ἀρηΐφιλος » (*Iliade*, III, 21, 52, 69, 90).
(2) *Les œuvres et les jours*, vers 159-163.
(3) *Iliade*, IV, 372 et suiv.; V, 803 et suiv.; VI, 222, 223; X, 285, 286; XIV, 114.

Eschyle (1) et Euripide (2) nous en ont conservé un arrangement dialogué pour le théâtre.

Etéocle et Polynice, fils d'Œdipe, sont convenus de régner chacun une année alternativement. Etéocle, mis le premier en possession du trône, refuse de céder la place à son frère qui, alors, vient d'Argos avec une armée composée de guerriers étrangers, exiger par la force l'exécution du traité violé par Etéocle. Après des combats où beaucoup de guerriers perdent la vie, on s'entend pour arrêter l'effusion du sang : les deux frères se battront en duel, et celui qui tuera l'autre régnera sur Thèbes. Euripide donne ainsi qu'il suit les termes de la convention. Du haut d'une haute tour de Thèbes, Etéocle debout ordonne le silence; puis il dit :
« O vous, chefs des guerriers de la noble terre
» d'Hellade et des *Danaoï*, qui êtes venus ici, ne
» sacrifiez pas vos vies à cause de Polynice ni de
» moi. Je m'exposerai moi-même au danger; seul,
» je livrerai bataille à mon frère; si je le tue, je
» serai seul maître de l'héritage paternel; vaincu,
» je lui abandonnerai la ville de Thèbes. Vous,
» cessant de combattre, vous regagnerez la terre
» d'Argos sans avoir laissé ici vos vies. Quant au

---

(1) *Les Sept contre Thèbes*, joués pour la première fois l'an 467 avant Jésus-Christ. Maurice Croiset, *Histoire de la littérature grecque*, t. III, p. 174.

(2) *Les Phéniciennes*, jouées pour la première fois en 413 avant Jésus-Christ. Maurice Croiset, *Histoire de la littérature grecque*, t. III, p. 302.

» peuple de Thèbes, il en est mort assez. » Tel fut son discours, et Polynice, sortant des rangs, l'approuva. Un sacrifice compléta la solennité de cette convention, et le duel commença ; mais les deux frères se tuèrent l'un l'autre, victimes d'une fatalité terrible, sans avoir cessé de s'aimer (1). La question qui les divisait restait indécise, puisqu'il y avait à la fois deux vainqueurs et deux vaincus ; la bataille recommença entre les Thébains et leurs ennemis qui furent défaits (2), quoiqu'ils eussent le bon droit pour eux. La notion de la justice divine est absente de ce récit.

§ 4. — *Le combat conventionnel des Horaces et des Curiaces.*

Il n'est pas non plus question de la justice divine dans le récit, chez Tite-Live, de la vieille légende qui explique comment la suprématie sur le *Latium* fut perdue par Albe-la-Longue et conquise par Rome. Les deux armées d'Albe et de Rome étaient en présence. Mettius Fufetius, dictateur des Albains, envoie un parlementaire chercher Tullus Hostilius, roi de Rome. Le roi et le dictateur, accompagnés d'un petit nombre de person-

---

(1) « Φίλος γὰρ ἐχθρὸς ἐγένετ' ἀλλ' ὅμως φίλος » (Euripide, *Les Phéniciennes*, vers 1445).

(2) Euripide, *Les Phéniciennes*, vers 1219-1471. Cf. Apollodore, *Bibliothèque*, l. III, c. 6; *Fragmenta historicorum Graecorum*, t. I, p. 158-161.

nages éminents, s'avancent dans l'espace resté vide entre le premier rang des Albains et le premier rang des Romains. Mettius prend la parole et propose à Tullus d'épargner aux deux peuples les pertes funestes que leur prépare la bataille qui est sur le point d'être livrée. La rupture a eu pour cause des actes de pillage sans importance, — si l'on veut, des saisies mobilières — par des paysans romains sur le territoire d'Albe, et par des paysans albains sur le territoire de Rome (1). Le résultat d'une bataille sera premièrement d'ôter au peuple vaincu sa liberté et de le placer sous la domination de l'autre ; secondement, de les mettre tous les deux épuisés en face de la puissance étrusque qui les menace l'un et l'autre de la même servitude. De ces deux maux, le premier est inévitable ; échappons du moins au second, dit Mettius, en empêchant une inutile effusion de sang et en réduisant par un traité le nombre des combattants.

Le moyen auquel on eut, dit-on, recours, fut le combat des trois Horaces contre les trois Curiaces. Pourquoi la légende romaine nous montre-t-elle ici trois combattants de chaque côté au lieu d'un seul, conformément à l'usage général ? Les auteurs des saisies ou des actes de pillage qui étaient cause de la guerre auraient-ils été les trois Horaces et les trois Curiaces (2), les uns Romains, les autres

---

(1) « Forte evenit ut agrestes Romani ex Albano agro, Albani ex Romano praedas in vicem agerent » (Tite-Live, l. I, c. 22, § 3).

(2) Ou des clients de ces deux familles patriciennes.

Albains (1)? Quoi qu'on puisse penser de cette hypothèse, ce qu'il est important de faire observer ici, c'est qu'avant le combat, un traité solennel fut conclu ; il fut convenu dans les formes consacrées que la suprématie appartiendrait au peuple du côté duquel serait la victoire, et que l'autre peuple serait réduit à une sorte de vassalité. C'est, dit Tite-Live, le plus ancien traité dont on ait conservé la mémoire.

Le *fetialis* apparaît. On pourrait traduire *fetialis* par « envoyé extraordinaire romain ; » mais c'était plus qu'un diplomate moderne, c'était une sorte de prêtre. Ce qui dominait chez lui, c'était le caractère religieux ; les formules dont il se sert appartiennent au rituel sacré. « M'ordonnes-tu, ô roi, » dit le *fetialis* romain, « de conclure un traité avec » le représentant, » — plus exactement avec le père fictif et légal, *cum patre patrato*, — « du peuple albain ? »

Chaque peuple est considéré comme une famille, et le traité se conclut entre les pères créés pour la circonstance (2). *Pater patratus*, littéralement « père fait, » est une formule allittérée, qui par conséquent remonte dans la littérature romaine, à une date préhistorique.

(1) Mommsen, *Römische Geschichte*, 6ᵉ édit., t. I, p. 35, 100. Il n'y a pas à s'arrêter au doute exprimé par Tite-Live (l. I, c. 24, § 1) sur la nationalité de chacune de ces deux familles.

(2) Sur le sens des mots *pater patratus*, voyez Marquardt, *Handbuch*, 2ᵉ édit., t. III, p. 418, 419.

« Je te l'ordonne, » répond le roi au *fetialis*.
Le *fetialis* reprend : « Je te demande une touffe
» d'herbe. » — « Prends la pure, » réplique le roi.
Le *fetialis* va cueillir cette herbe sur le gazon du
Capitole. De retour, il prend de nouveau la parole :
« Roi, » dit-il, « me fais-tu messager royal des
» *Quirites* du peuple Romain ? » — « Je le fais, »
reprit le roi, « je le fais, sauf réserve en cas d'acte
» frauduleux commis à mon préjudice et au préju-
» dice des *Quirites* du peuple romain. » Le *fetialis*
romain était M. Valerius. En touchant avec les
herbes sacrées la tête de Spurius Fusius, envoyé
du peuple albain, et en prononçant de longues formules que Tite-Live a cru inutile de reproduire, il
fit de cet envoyé le père fictif et légal, *pater patratus*, du peuple albain. Puis il lut le texte du traité
préalablement écrit sur des tablettes enduites de
cire, et il termina ainsi : « Ecoute, Jupiter ! écoute,
» père légal du peuple albain ! Ecoute, toi, peuple
» albain ! Je viens de lire du commencement à la
» fin, sans tromperie, le traité inscrit sur ces ta-
» blettes et sur cette cire, et vous avez bien com-
» pris ce que j'ai lu, ce ne sera pas le peuple ro-
» main qui, le premier, se soustraira à l'exécution
» de ce traité. Si, par décision publique et par acte
» frauduleux, il est le premier à ne pas l'exécuter,
» alors toi, Jupiter, frappe le peuple romain comme
» je vais ici même aujourd'hui frapper ce porc ;
» mais frappe le peuple romain avec d'autant plus
» de violence que tu es plus puissant et plus fort ! »

Aussitôt, saisissant un caillou, il en frappa le porc. Les Albains prirent ensuite un engagement semblable. Les formules sacrées et le serment furent solennellement prononcés par leur dictateur Mettius et par leurs prêtres.

Le combat des Horaces et des Curiaces, plus décisif que celui d'Etéocle et de Polynice, fut plus sérieux que celui de Ménélas et de Pâris, puisque de six combattants, cinq perdirent la vie. Mais cette différence ne présente, au point de vue juridique, aucun intérêt. Ce qui est important, c'est que, dans la formule du serment prononcé par le *fetialis*, il n'est fait aucune allusion à la pensée que la divinité mettrait la victoire du côté du peuple dont la cause aurait été la plus juste. En réalité, les deux causes se valaient; les torts, nous apprend Tite-Live, étaient les mêmes de part et d'autre. Des deux côtés, on avait à se reprocher des actes de pillage ou des saisies mobilières faites par des paysans. Celui qui voulait la guerre était le roi de Rome, et s'il avait mis pour lui les formes au début de l'affaire, c'était par ruse, en attendant, pour répondre aux envoyés albains, le jour où il avait su que le roi d'Albe avait donné une réponse négative aux envoyés romains.

Le serment prononcé par le *fetialis* romain fait appel à la vengeance divine contre le peuple romain si, les Horaces étant vaincus, ce peuple ne se soumet pas à la suprématie des Albains. Le *fetialis* ne demande pas à Jupiter de donner la victoire à celui des deux peuples qui a pour lui le bon droit.

La légende romaine conçoit donc le combat conventionnel de la même façon que la légende grecque. S'il y a une idée morale dans la convention, aucune doctrine morale ne s'associe, comme dans le combat judiciaire du moyen âge, à la notion du combat. Il en est de même chez les Celtes.

§ 5. — *L'intervention de la famille dans la convention qui précède le duel.*

On a remarqué dans le document romain l'intervention du père fictif et légal, *pater patratus*. L'apparition de ce personnage bizarre est la conséquence d'une doctrine juridique que nous trouvons plus clairement exprimée dans l'*Iliade* et dans le droit irlandais. Un point de ressemblance intéressant entre le duel homérique et le duel celtique, consiste en ce que le chef de la famille de chacun des deux combattants intervient dans la convention qui précède le combat : ce chef est Agamemnon pour Ménélas, Priam pour Pâris. Hector a proposé le duel : Ménélas demande l'intervention de Priam : « Amenez Priam, » dit-il, « qu'il jure lui-même l'observation du traité (1). »

---

(1) Ἄξετε δὲ Πριάμοιο βίην, ὄφρ' ὅρκια τάμνῃ
     Αὐτός.
                    (*Iliade*, III, 105, 106 ; cf. ci-dessus, p. 50.)

Bien que le duel fût proposé par Hector et Pâris, on pouvait soutenir que le provocateur réel était Ménélas ; en règle générale, le provocateur d'un duel est celui qui se prétend offensé ; d'ailleurs, Ménélas représentait l'armée grecque qui était venue attaquer les Troyens sur leur territoire. Or, le droit commun indo-européen paraît avoir été ceci : quand celui qui a mis un adversaire en demeure de se battre en duel est tué par lui, le vainqueur, étant en cas de légitime défense, ne doit pour cet homicide aucune composition à la famille du mort ; mais, quand c'est le provocateur qui tue, la famille du mort a le droit d'exiger la composition pour meurtre, à moins qu'elle n'ait préalablement donné son consentement au duel. Ainsi, à défaut de l'intervention de Priam au traité, Ménélas, tuant Pâris, dans le duel projeté, pouvait se trouver débiteur de la composition pour meurtre. C'est une conséquence forcée de la théorie indo-européenne de la famille : la famille étant propriétaire de tous les biens dont chacun de ses membres a la jouissance, aucun de ses membres ne peut, par une convention où la famille n'a pas été partie, dépouiller la famille de ses droits ; or, un des droits principalement lucratifs de la famille est d'exiger la composition due en cas de meurtre d'un de ses membres.

La théorie qui explique l'intervention de Priam se trouve dans un code irlandais : « Si le duel a
» lieu en l'absence ou à l'insu de la famille, que le

» vaincu ait été tué ou survive à ses blessures,
» l'indemnité due pour homicide ou blessure doit
» être payée intégralement par le vainqueur,
» quand le vainqueur est celui qui a forcé son ad-
» versaire à se battre ; mais le vainqueur ne doit
» rien quand il est celui qui a été forcé à se
» battre (1). » « Si un homme majeur en posses-
» sion de ses droits civils, étant provoqué, se bat
» en duel avec l'autorisation de ses parents [et s'il
» est vaincu]... soit qu'il survive à ses blessures,
» soit qu'il meure, le vainqueur n'encourt aucune
» responsabilité (2). » Accepter valablement un
duel sans le consentement de sa famille était, pour
un Irlandais, aussi impossible que de se placer
dans la servitude d'un chef ou, en général, que de
disposer de sa fortune héréditaire sans ce consentement. « Chaque membre d'une famille, » dit le
Senchus Mór, « peut garder son bien de famille,
» mais non le donner ou le vendre (3). » « Si la
» famille donne son assentiment aux contrats dé-
» savantageux faits par un de ses membres, tous
» les membres de la famille supportent en com-

---

(1) « Mas a n-ecmais a finechaire, cid marbadh, cid beo-cned, is lan fiach onti rucustar he, ocus i[s]-slan dont-i rucad adaigh » (*Lebar Aicle* dans *Ancient Laws of Ireland*, t. III, p. 302, l. 1-3. Cf. p. 300, l. 18-19, où *adaigh* est noté plus exactement *aighidh*).

(2) « Masa codnach ro-tairged i-sin r[o]e comraic a aititin a finechaire..., cid beo-cned, cid marb-cned, i[s]-slan » (*Lebar Aicle* dans *Ancient Laws of Ireland*, t. III, p. 296, l. 19-21).

(3) « Is mesiuch cach fear fine cunai a fintiud ; naid inrean, naide sannu » (*Ancient Laws of Ireland*, t. II, p. 282, l. 7-8).

» mun les conséquences légitimes de ces con-
» trats (1). »

Quand un homme n'avait pas de famille, la famille était remplacée par le chef de cet homme. La règle ici est la même à peu près que lorsqu'il s'agit de savoir qui payera la composition pour crime. En cas d'insolvabilité du coupable, la dette tombe sur sa famille ; si la famille ne peut payer, la dette est à la charge du seigneur, elle peut enfin remonter jusqu'au roi. Un brocard dit « tout
» homme sans chef va jusqu'au roi (2). »

Celui qui provoquait un autre en duel devait donc, avant de se battre, faire prévenir non seulement la famille, mais le chef de son adversaire, pour les mettre en demeure, ou d'accepter le duel, ou de l'empêcher en transigeant au sujet de la querelle et en accordant la réparation fixée par la coutume pour l'acte délictueux, ou simplement injuste, qui allait occasionner le duel ; cette notification servait de garantie au provocateur contre la demande d'une composition pour meurtre s'il était vainqueur. On nous a conservé une formule qui constate le maintien de cet antique usage postérieurement à l'introduction du christianisme, des seigneuries ecclésiastiques et du droit de succession au profit des neveux par les femmes : « Soit

---

(1) « Ma damut fine a micuru, cunteachtat iar n-airiltnib cach cor cun a foltuib » (*Ancient Laws of Ireland*, t. II, p. 286, l. 12-13).

(2) « Cach dichenn co ri[g] » (*Ancient Laws of Ireland*, t. IV, p. 240, l. 12).

» fait signification au chef inférieur, à l'église su-
» bordonnée, au chef supérieur, à l'église dont
» l'église subordonnée dépend, et aux parents ma-
» ternels (1). » Le principe dont cette formule irlandaise a été l'expression au moyen âge complète
l'explication de la cause pour laquelle deux hérauts
vont trouver Priam, père et roi du ravisseur d'Hélène, et le convoquent à l'assemblée où le traité
préalable au duel doit être conclu, p. 60; ce principe
est donc commun au droit celtique et au droit grec
primitif.

§ 6. — *Les témoins du duel et la théorie du meurtre
dissimulé.*

Un autre usage général en matière de duel est
celui des témoins. Un texte légal irlandais le constate. C'est un récit légendaire qui a la prétention
d'enseigner comment et à quelle date le délai de
cinq jours prit place dans la procédure de la saisie
mobilière. Un jour, un créancier, ayant rempli les

---

(1) « Adbonnar do flaith, do eclais, do forflaith, ocus do annoit,
ocus do maithri, idon do fine a mathar.» Cf. *Lebar Aicle (Ancient Laws of Ireland*, t. III, p. 298, l. 6-7). *Senchus Mór (ibid.,*
t. I., p. 260, l. 4-6) : « Arindi it cetheora selba bit for cach
adgair ocus adgairther : selb fini athardai, ocus selb flatha, ocus
selb ecalsa, ocus selb maithrai o selb altrama » : « Car il y a
» quatre propriétés qui sont sur quiconque est demandeur ou
» défendeur : propriété de la famille paternelle, propriété de
» chef, propriété d'église, propriété de la famille maternelle,
» propriété de tutelle. »

formalités de la saisie mobilière, voulut procéder à l'enlèvement des objets saisis. Par la résistance de son débiteur, il fut mis dans la nécessité de le provoquer en duel. Le moment critique était venu, les deux adversaires étaient arrivés dans l'emplacement choisi pour le combat. Près d'eux, on voyait leurs armes toutes prêtes ; pour les prendre et se précipiter l'un sur l'autre, chacun d'eux n'attendait plus que les témoins (1). Ces témoins devaient être des hommes. Au lieu d'hommes ce fut une femme qui vint, et, par ses supplications, elle obtint que le saisissant donnât au saisi un délai (2).

La présence de témoins était nécessaire pour établir la distinction entre le meurtre patent commis par le duelliste, acte légitime, et le meurtre dissimulé qui était considéré comme une mauvaise action. Il y a là une distinction qui doit avoir appartenu au droit primitif de la plupart des peuples. Quoique le combat singulier de Ménélas et de Pâris ait lieu en présence de deux armées, nous y avons constaté l'intervention de deux témoins officiels pour ainsi dire, Hector et Ulysse, qui mesurent le champ de bataille et qui tirent au sort pour savoir

---

(1) *Fiadna* = fiadnu (*Ancient Laws of Ireland*, t. I, p. 250, l. 18) est l'accusatif pluriel du substantif masculin *fiadan*, « témoin, » dont l'accusatif pluriel est écrit exactement *fiadnu* (*ibid.*, t. II, p. 306, l. 19, 28). Le nominatif pluriel est *fiadain* (*ibid.*, t. I, p. 268, l. 9 ; p. 300, l. 29, 30 ; t. II, p. 326, l. 13 ; p. 332, l. 15).

(2) *Ancient Laws of Ireland*, t. I, p. 250, 252.

lequel des deux combattants lancera le premier son javelot, p. 52.

La loi irlandaise, d'accord avec la plupart des législations primitives, a sur le meurtre prémédité une doctrine fort différente de celle qui prévaut dans les législations modernes; elle admet la légitimité du meurtre dans des circonstances où chez nous il n'est pas même excusable ; alors elle emploie pour désigner cet acte de violence l'expression de meurtre nécessaire (1). Tuer le meurtrier d'un parent jusqu'au degré de cousin germain inclusivement est un meurtre nécessaire; la conséquence en est que les deux meurtres se compensent. Aucune indemnité n'est due pour le second meurtre, à moins que la famille du meurtrier n'ait prévenu l'exercice de la vengeance en payant l'indemnité fixée par la coutume; en ce cas l'indemnité payée doit être restituée (2).

Il n'y a que deux cas où la coutume irlandaise voie l'homicide de mauvais œil, ce sont : 1° le cas

---

(1) « Marbhadh dethbire » (*Ancient Laws of Ireland*, t. IV, p. 244, l. 20); « guin duine dethbire » (*ibid.*, p. 252, l. 17).

(2) « In digail fir derbfine, coirp-dire ocus einech-lann dleghait in fine in-a-marbadh, acht mad doriacht an eiric doibh, riasiu dorigniset in digail fir derbfine, icadh-in fine coirpdire ocus enechlann amach fo cutruma » : « Quand le meurtre d'un cousin ger» main va être vengé par la mort du meurtrier, la famille du » mort a droit au prix du corps et de l'honneur de ce mort: mais » si elle a reçu ce prix avant d'exercer la vengeance, elle doit, » après la vengeance, restituer intégralement ce prix » (*Ancient Laws of Ireland*, t. IV, p. 252-254 ; cf. ci-dessous, ch. V, § 22).

où l'auteur du meurtre cherche à cacher cet acte (1); 2° le cas où le mort est le parent du meurtrier au-dessous du huitième degré des jurisconsultes romains, quatrième degré des canonistes, c'est-à-dire le cas où le mort faisait partie de la famille légale, *fine*, du meurtrier (2). Les textes associent ces deux catégories de meurtre comme tout particulièrement répréhensibles (3).

L'antiquité de la réprobation que la coutume attachait au meurtre des parents résulte de l'accord entre les textes juridiques irlandais et une glose irlandaise déjà citée de la première épître à Timothée, chapitre Iᵉʳ. Suivant le glossateur irlandais, qui est antérieur probablement au neuvième siècle, les meurtriers, que saint Paul traite de scélérats, sont des gens qui ont tué un membre de leur famille (4). Ceux qui avaient tué un parent formaient ce qu'on appelait la famille rouge, *derg-fine;* ils étaient exclus de tous les avantages attachés à la qualité de parent et ils restaient soumis à une partie des charges (5). Naturellement, les

---

(1) *Duine-thaidhe*, littéralement « vol de mort; » *duna-taid[h]e* dans Ancient Laws of Ireland, t. III, p. 98, l. 2. Le *dh* du second terme est préférable au *gh* des textes cités plus bas, note 3.

(2) Le meurtre de parent s'appelle *fin-gal*.

(3) « Fingal ocus duinethaighe » (Ancient Laws of Ireland, t. I, p. 56, l. 11); « fingal no duinethaighe » (*ibid.*, t. I, p. 56, l. 23; t. III, p. 72, l. 6, 7).

(4) Voir plus haut, p. 12, note 1.

(5) Ancient Laws of Ireland, t. IV, p. 284, l. 10, 11; p. 288, l. 3-6; cf. t. II, p. 284, l. 21, 27.

enfants ne sont point compris parmi les parents dont le meurtre est prohibé. Leur meurtre est permis au père en Irlande au moyen âge, comme en Gaule au temps de César, ainsi que nous l'apprennent les *Commentaires* (1).

Quant au meurtre dissimulé, l'antiquité de la réprobation dont il est l'objet s'établit par la concordance qu'offre ici le droit irlandais avec la loi salique. En cas de meurtre dissimulé, la loi salique triple la composition (2), le droit irlandais la doublait (3), sans compter que le clergé irlandais imposait en sus un pèlerinage au coupable de meurtre dissimulé, comme au meurtrier d'un parent (4). Cacher un meurtre était le procédé malhonnête de celui qui voulait échapper au payement de la composition. On devait bien se garder de se battre en duel sans témoin, puisque c'était s'exposer à être considéré comme coupable de meurtre dissimulé.

§ 7. — *Le duel qui a pour objet un prix à décerner au vainqueur.*

A côté du combat singulier, qui est une forme

---

(1) *De bello Gallico*, l. VI, c. 19, § 3. Cf. ci-dessous, ch. V, § 26.
(2) *Lex emendata*, c. 43. Hessels et Kern, *Lex Salica*, col. 244-260.
(3) *Lebar Aicle*, dans Ancient Laws of Ireland, t. III, p. 98 et suiv.
(4) *Senchus Mór*, dans Ancient Laws of Ireland, t. III, p. 72, l. 6, 7.

de procédure, il y a celui qui est un amusement. Nous l'avons trouvé, p. 38, chez les Celtibères, aux jeux célébrés par Scipion à Carthagène. L'*Iliade* nous en offre un exemple bien plus ancien : c'est le duel d'Ajax et de Diomède. Dans le chant consacré à la description des jeux célébrés en l'honneur de Patrocle, on voit Agamemnon offrir comme prix, au plus brave, une belle épée ; le combat devra s'arrêter au premier sang. Le combat commence entre Ajax et Diomède ; mais les Grecs, craignant de perdre un de leurs meilleurs guerriers, arrêtent les deux héros avant que le sang n'ait coulé et leur donnent à chacun un prix égal (1). L'idée est, au fond, la même que celle qui a donné naissance au duel gaulois pour la part du plus brave dans les festins, comme le raconte Poseidonios au commencement du premier siècle avant notre ère. Le duel gaulois, en ce cas, avait souvent pour conclusion, dit Poseidonios, la mort d'un des deux combattants (2). On retrouve le « morceau du héros » dans le *Festin de Bricriu*, une des compositions qui forment le plus ancien cycle épique irlandais, et là trois guerriers se le disputent les armes à la main (3).

(1) *Iliade*, XXIII, vers 812-823.
(2) Poseidónios, fragment 24. *Fragmenta historicorum Graecorum*, t. III, p. 260. Cf. ci-dessus, p. 43, 44.
(3) *Cours de littérature celtique*, t. V, p. 86, 87, 91.

§ 8. — *Théorie primitive du duel.*

Dans tous ces combats, ce n'est pas au dieu de la justice qu'est dû le succès du vainqueur. Ni le Grec des épopées, ni le Romain de la légende royale, ni les Celtes, n'ont eu cette croyance du moyen âge. Il ne faut pas cependant croire que toute idée religieuse fût bannie de la conception primitive du combat. Ménélas doit son succès à l'amitié d'Arès, dieu de la guerre, il est Ἀρηίφιλος. L'arme de guerre, croyait-on, a quelque chose de divin. Avant qu'on élevât des statues de Mars à Rome, ce dieu y a reçu le culte sous la forme d'une lance (1). L'épée, chez les Germains et les Celtes, paraît avoir été considérée comme la plus importante manifestation de la puissance du dieu terrible qu'invoquaient les guerriers.

Chez les Germains, le dieu de la guerre était le dieu même du ciel, *Tivaz*, en vieil allemand *Ziu*, en vieux scandinave *Tyr*, qui a donné son nom au troisième jour de la semaine, *Tuesday* en anglais,

---

(1) « Ridetis temporibus priscis coluisse... pro Marte Romanos hastam, Varronis ut indicant Musae » (Arnobe, VI, 11, Migne, *Patrologia latina*, t. V, col. 1186, où l'on trouve cité le passage correspondant de Clément d'Alexandrie qui, dans son Λόγος προτρεπτικός, dit : « Ἐν Ῥώμῃ δὲ τὸ παλαιὸν δόρυ φησὶν γεγονέναι τοῦ Ἄρεως τὸ ξόανον; » cf. Grimm, *Deutsche Mythologie*, 3ᵉ édit., p. 185. « Ἐν δὲ τῇ Ῥηγίᾳ δόρυ καθιδρυμένον Ἄρεα προσαγορεύειν. » Plutarque, *Romulus*, c. 29, § 2; édit. Didot, *Vitae*, t. I, p. 42, l. 38. Cf. Preller, *Roemische Mythologie*, 1ʳᵉ édit., p. 299-300.

Dienstag en allemand, et qui de son épée a vaincu son éternel adversaire, l'obscurité (1). A l'origine il avait la préséance sur Vuotan ou Odin, qui depuis le rejeta au second rang et s'empara du premier. En l'an 71 de notre ère, les Tenctères, dans les *Histoires* de Tacite, appellent Mars, c'est-à-dire * *Tivaz*, « le principal des dieux (2). » Au sixième siècle, Procope raconte que chez les Scandinaves, Arès, encore * *Tivaz*, est le plus grand des dieux et qu'on l'honore par des sacrifices humains (3). L'usage des sacrifices humains à Mars = * *Tivaz* existait aussi chez les Goths (4). Attila avait une épée qu'un berger lui avait apportée, prétendant que c'était l'épée même du dieu de la guerre, et le roi des Huns disait que la possession de cette épée lui assurait l'empire du monde (5). Il exploitait ainsi, dans l'intérêt de sa politique, une croyance des Germains qu'il avait vaincus et enrôlés dans son armée.

(1) Mogk, chez H. Paul, *Grundriss der germanischen Philologie*, t. I, p. 1054-1056.
(2) « Communibus deis et praecipuo deorum Marti grates agimus » (Tacite, *Histoires*, IV, 64).
(3) « Θεὸν αὐτὸν νομίζουσι μέγιστον εἶναι » (Procope, *De bello Gothico*, l. II, c. 15.
(4) « Quem Martem Gothi semper asperrima placavere cultura (nam victimae ejus mortes fuere captorum) opinantes bellorum praesulem apte humani sanguinis effusione placandum » (Jordanes, *De origine actibusque Getarum*, c. 5, édit. Holder, p. 9).
(5) Jordanes, *De origine actibusque Getarum*, c. 35; édit. Holder, p. 41-42.

Les Quades, peuple germain, ayant à conclure un traité, un peu moins d'un siècle avant Attila, tirent leurs épées, dit Ammien Marcellin, et jurent sur elles, car ils les considèrent comme des dieux (1). L'usage du serment par l'épée persista chez les Germains après leur conversion au christianisme. Grimm en a relevé un exemple qui reremonte à l'année 889 (2). La même pratique s'est maintenue en Holstein jusqu'à une époque très rapprochée de nous. On enfonçait en terre la pointe de l'épée, et c'était sur la poignée qu'on prêtait serment (3). Une description de l'Irlande, écrite en 1600 et publiée en 1887 par le Père Hogan, constate que la coutume du serment par l'épée était encore usitée en Irlande à la fin du seizième siècle, et qu'alors on attribuait à l'épée fichée en terre une sorte de caractère divin. Voici la traduction du texte :

« Les Scythes jurent ordinairement par leurs
» épées et par le feu, parce que ce sont les prin-
» cipaux moyens de se venger et de verser le

---

(1) « Eductis mucronibus, quos pro numinibus colunt, juravere se permansuros in fide » (Ammien Marcellin, l. XVII, c. 12, § 21; édit. Teubner-Gardthausen, t. I, p. 138, l. 9-10).

(2) « Optimates ejusdem concilii apprehensis spatis suis devotaverunt se haec ita affirmaturos esse coram regibus et cunctis principibus usque ad effusionem sanguinis » (*Deutsche Rechtsalterthümer*, 2ᵉ édit., p. 166.)

(3) *Ibid.*, p. 165. Sur le même sujet, cf. *ibid.*, p. 896, et Ducange, *Glossarium mediae et infimae latinitatis*, article *Juramentum super arma*, édit. Favre, t. IV, p. 459.

» sang. Ainsi, les Irlandais exercent un charme
» et un enchantement sur leurs épées, en leur
» donnant l'apparence de croix dressées sur le sol
» et en les jetant pointe en terre, avant d'aller
» livrer bataille; c'est pour eux un présage de
» succès. De même ils jurent par leurs épées (1). »

L'antiquité du serment par l'épée, en Irlande, est prouvée par un passage du texte épique intitulé *Serglige Conculain*, où l'on voit Cûchulainn retenu au lit par une maladie. Cette maladie le prit à l'assemblée des guerriers d'Ulster, qui se tenait à Murtemné du 29 octobre au 3 novembre. Les guerriers venaient s'y vanter de leurs succès à la guerre, et, comme pièces justificatives, y apportaient les langues des ennemis qu'ils avaient tués. Quelques-uns de ces guerriers étaient de mauvaise foi et présentaient des langues d'animaux au lieu de langues d'hommes. Mais pour savoir la vérité et confondre les menteurs, on avait trouvé un moyen infaillible. Les guerriers, avant de parler et de montrer leurs trophées, devaient jurer sur l'épée d'être véridiques, et s'ils manquaient à leur serment, leurs épées, replacées sur leurs cuisses, prenaient la parole pour les confondre. L'auteur chrétien de la rédaction qui nous est parvenue, et qui écrivait probablement au onzième siècle, ajoute une glose à ce récit antique. Ce n'étaient point,

---

(1) *The irish ecclesiastical Record*, décembre 1887, p. 1121. Cf. *Revue celtique*, t. IX, p. 143-144.

pense-t-il, les épées qui parlaient ; la voix qu'on entendait, et qu'on croyait celle des épées, était la voix des démons (1).

L'épée du guerrier, aux yeux du Germain comme du Celte, a quelque chose de divin ; c'est elle qui décide du sort des guerriers dans le duel conventionnel, ainsi qu'à la guerre ; elle a été considérée par les Germains comme l'image du dieu de la guerre. Nulle part on ne voit qu'elle ait semblé un équivalent de la balance, symbole consacré de la justice (2).

(1) *Cours de littérature celtique*, t. V, p. 175 ; cf. p. 444, 445.
(2) Déjà la mythologie égyptienne nous montre les actions des morts pesées dans la balance infaillible de vérité et de justice, et, selon qu'elles sont trouvées lourdes ou légères, le jury infernal prononce son jugement. Maspéro, *Histoire ancienne des peuples de l'Orient*, 5ᵉ édit., p 37. La même image se trouve dans l'*Ancien Testament*, par exemple *Daniel*, V, 27 ; *Job*, XXXI, 6, et dans la littérature latine, ainsi chez Cicéron, *De oratore*, l. II, § 159 ; Juvénal, VI, 436, 437. L'épigramme citée ci-dessus, p. 29, note 2, donne, en son deuxième vers, un exemple grec de cette métaphore.

CHAPITRE V.

LA COMPOSITION EN GÉNÉRAL, PRINCIPALEMENT LA COMPOSITION POUR MEURTRE.

§ 1. Généralités. — § 2. La composition chez les Celtes. — § 3. L'exil, moyen d'éviter le payement de la composition. — § 4. Le prix du corps distingué du prix de l'honneur dans le droit celtique en général, dans le droit irlandais en particulier. — § 5. Le prix du corps dans le pays de Galles. Modifications au droit pénal celtique dans le droit gallois par l'effet de la conquête romaine. — § 6. Prix gradué de l'honneur. Première partie : l'honneur des rois, nombre des rois en Irlande. — § 7. Prix gradué de l'honneur. Seconde partie : la noblesse, sa hiérarchie et la plèbe en Irlande. — § 8. Aspects divers de la hiérarchie nobiliaire. Valeur graduée du témoignage, importance graduée du cortège. — § 9. Suite du précédent. L'éducation des enfants en Irlande et en Gaule, son tarif gradué en Irlande. — § 10. La hiérarchie sociale en Gaule. — § 11. La féodalité celtique et le cheptel. § 12. Deux espèces de cheptel, deux classes de vassaux. — § 13. Le prix de l'honneur dans la Bretagne française et dans le pays de Galles. — § 14. Le prix de l'honneur proportionné à la gravité de l'injure. — § 15. Rachat de la vie du coupable dans la loi salique, dans la loi des Douze Tables et dans le droit irlandais, où le terme consacré, *smacht*, a aussi un sens différent. — § 16. Autres ressemblances entre la loi salique et le droit irlandais. Le prix de l'homme libre, l'homme de quarante nuits, la part du roi et du juge dans la composition, etc. — § 17. Usage de faire fixer par des arbitres le montant de la composition. Les druides en Gaule. — § 18. Les druides sacrificateurs et bourreaux. Ces deux fonctions, distinctes à nos yeux, n'en faisaient qu'une alors. — § 19. Le druidisme, incompatible avec les principes fondamentaux du droit romain, est supprimé par la conquête romaine. — § 20. La vengeance est un devoir imposé, par le droit primitif, aux parents les plus proches du mort. — § 21. La famille irlandaise, la famille attique. — § 22. Qui est débiteur de la composition ? Distinction entre le crime *nécessaire* et celui qui ne l'est pas. — § 23. Des meurtres pour lesquels la famille ne peut exiger de composition : meurtre du voleur. — § 24. Meurtre de l'adversaire en cas de duel. — § 25. Meurtre de la femme par le mari. Le mariage indo-européen, le mariage celtique. Manières diverses d'entendre la condition de la femme et le régime de ses biens. — § 26. Meurtre des enfants par le père. La puissance paternelle en droit celtique.

§ 1. — *Généralités.*

Le duel était une manière d'éviter la guerre entre deux familles et deux peuples et de restreindre l'effusion du sang. Il y avait un moyen de prévenir toute effusion du sang : c'était le payement de la composition par le coupable, par sa famille, par son peuple. On a cru longtemps que ce procédé de pacification, encore en usage dans le droit international, était spécial aux Germains. De nos jours, on a démontré qu'il a été général dans le droit privé des populations ariennes et qu'il a été connu hors de ce groupe, par exemple chez les Hébreux, chez les Arabes, chez les Hongrois. La loi de Moïse défend de recevoir le prix du sang ; elle décide que le meurtrier sera puni de mort (1). C'est une innovation. Moïse est un réformateur ; mais sa législation offre encore de l'ancien droit quelques traces que M. Dareste a recueillies (2). Le droit arabe, qui est devenu le droit de toutes les nations musulmanes, donne à l'héritier d'un homme tué volontairement le choix entre le payement de la composition et la mort du meurtrier (3).

Du système indo-européen de la composition, un exemple curieux est conservé par un passage de la loi des Douze Tables, qui fixe à trois cents as la composition due pour la rupture d'un membre, quand la victime est un homme libre, et qui réduit ce chiffre à moitié quand le membre fracturé est celui d'un esclave.

Manu fustive, si os fregit libero, ccc ; si servo, cl poenam subito (4).

Une loi attribuée à Numa avait supprimé la com-

---

(1) « Non accipietis pretium ab eo qui reus est sanguinis, sed statim et ipse morietur » (Nombres, c. XXXV, v. 31. Cf. Dareste, Études d'histoire du Droit, p. 21).

(2) Dareste, Études d'histoire du Droit, p. 21-22.

(3) Dareste, Études d'histoire du Droit, p. 64.

(4) Table VIII suivant Bruns, Fontes juris Romam antiqui, 4ᵉ édit., p. 27. Table VII suivant M. Voigt, Die XII Tafeln, t. I, p. 722.

position pour l'assassinat d'un homme libre et décidé que ce crime serait puni de mort (1). Mais la composition facultative restait admise probablement pour le meurtre non prémédité et certainement pour les crimes moins graves, tels que la fracture d'un membre. Un texte formel de la loi des Douze Tables l'affirme. En ce cas, l'offensé ou sa famille avait le choix entre la vengeance et la composition.

Si membrum rupit, ni cum eo pacit, talio esto (2).

Athènes, au quatrième siècle, punissait de mort le meurtre prémédité ; quand le meurtre n'avait pas été prémédité, les parents du mort pouvaient exiger à leur choix ou le payement de la composition, ou l'exil du meurtrier. Au même siècle les Athéniens se faisaient gloire d'avoir, les premiers en Grèce, prétendaient-ils, substitué dans les affaires criminelles l'intervention des tribunaux à l'exercice du droit de guerre et de vengeance (3). M. R. Dareste, dans ses *Etudes d'histoire du droit*, nous mon-

---

(1) « Si quis hominem liberum dolo [malo] sciens morti duit, paricidas esto. » Bruns, *ibid.*, p. 10. M. Voigt, *Leges regiae*, p. 55. Le sens du mot *paricidas* est donné par un passage de Plutarque, *Romulus*, c. 22, § 6, édit. Didot, *Vitae*, t. I, p. 37, l. 36, 37, où le texte latin est rendu ainsi : Πᾶσαν ἀνδροφονίαν πατροκτονίαν προσείπειν, et où cette loi est attribuée à Romulus.

(2) Table VIII suivant Bruns, *Fontes*, 4ᵉ éd., p. 27. Table VII suivant M. Voigt, *Die XII Tafeln*, t. I, p. 722.

(3) Isocrate, *Panégyrique*, § 40; édit. Didot, p. 29, l. 38-41. Cf. Dareste, *Les plaidoyers politiques de Démosthènes*, t. I, Introduction, p. VI et suiv.

tre le système de la composition pour meurtre en usage chez les Indous (1), chez les Perses (2), chez les populations iraniennes du Caucase (3), en Bohême (4), en Russie (5). Ainsi ceux qui ont cru que chez les populations néo-celtiques le système des compositions était un emprunt relativement moderne au droit germanique, ont commis une erreur que la science moderne repousse.

§ 2. — *La composition chez les Celtes.*

Chez les Celtes, le montant de la composition est en général déterminé par le rang de la victime, qu'il s'agisse de meurtre, de blessures ou d'injures ; c'est le droit commun des Indo-Européens. Nous verrons au § 15 quelle exception cette règle comporte. Ce qui est spécial au droit celtique, c'est la distinction entre 1° le prix du corps, fixé invariablement pour tous les hommes libres ; 2° le prix de l'honneur, qui s'ajoute au prix du corps et dont le montant dépend de la dignité de celui qui a été tué, blessé ou injurié. Les hommes libres de classe inférieure n'ont pas droit au

---

(1) P. 71. Cf. Leist, *Altarisches jus gentium*, p. 294 et suiv.
(2) P. 106.
(3) P. 106, 126, 130, 146-149. Cf. Kovalowsky, *Coutume contemporaine et loi ancienne*, p. 269 et suiv.
(4) P. 173.
(5) P. 211.

prix de l'honneur ; pour eux, le prix du corps est seul dû.

La composition pour meurtre était encore usitée en Irlande, à la fin du seizième siècle. En Irlande, raconte à cette époque un Anglais, « quand un » homme est assassiné, le brehon, c'est-à-dire le » juge [plus exactement l'arbitre imposé par l'usage], » fait conclure une transaction entre le meurtrier » et les parents du mort, en sorte que, moyennant » une indemnité qu'ils appellent *iriach* [mieux » *éric*], le meurtrier échappe à tout châtiment; » c'est la cause de beaucoup d'assassinats qui » déshonorent ce pays (1). » Un Romain contemporain de César aurait pu parler de la Gaule dans les mêmes termes.

Mon savant confrère M. Dareste a, il y a déjà quelques années, attiré mon attention sur l'emploi fait par César du mot *praemia*, dans le passage où l'auteur des *Commentaires* associe ce mot à *poenas* pour désigner l'objet des condamnations prononcées par les druides. Dans le procès pour meurtre, pour héritage, pour limites, les druides jugent; ils fixent les *praemia* et les peines (2). *Poenas*, c'est

---

(1) Texte publié par le Père E. Hogan, dans *The irish ecclesiastical Record*, décembre 1887, p. 1114. *Revue Celtique*, t. IX, p. 143.

(2) « Nam fere de omnibus controversiis publicis privatisque constituunt, et, si quod est admissum facinus, si caedes facta, si de hereditate, de finibus controversia est, idem decernunt, *praemia poenasque constituunt* » (*De bello gallico*, l. VI, c. 13, § 5).

peut-être le prix du corps de la victime ou le prix de rachat de la vie du meurtrier insolvable, tandis que *praemia* serait le prix de l'honneur du mort. On peut proposer une autre explication. Les peines, *poenas*, c'est ce que payera le défendeur s'il perd son procès et s'il est solvable, ou c'est ce que payera sa famille à son défaut, si elle n'est pas insolvable elle-même ; c'est le supplice qu'il subira en cas d'insolvabilité de lui-même et de sa famille. *Praemia*, c'est la composition considérée sous un autre aspect ; c'est ce que se partagera la famille du mort, ce que recevra elle-même la personne qui n'a été que blessée ou injuriée (1).

Praemia semble désigner, pour le demandeur, un avantage plus grand que la simple réparation d'un dommage matériel, et, en effet, partout la composition est plus élevée que le dommage. Quelques lignes plus bas, chez César, *praemia* désigne l'exemption du service militaire et des impôts, privilège dont jouissent les druides et qui leur attire un grand nombre de disciples (2). Plus haut,

---

(1) L'explication de *poenas* par « prix du corps, » de *praemia* par « prix de l'honneur » (Cf. *Cours de littérature celtique*, t. V, p. XXVIII, note 2) offre une nuance qui laisse subsister, quant au fond, la seconde solution proposée ici, puisque le prix du corps et le prix de l'honneur sont deux éléments de la composition. Voyez ci-dessous, p. 87 et suiv. Cf. p. 136, 141.

(2) « Druides a bello abesse consuerunt, neque tributa una cum reliquis pendunt... Tantis excitati *praemiis* et sua sponte multi in disciplinam conveniunt et a parentibus propinquisque mittuntur » (*De bello gallico*, l. VI, c. 14, § 1).

les titres de roi et d'ami, et les présents considérables qu'Arioviste a reçus du Sénat, sont des *praemia* (1). *Praemia* est le nom donné par César aux récompenses promises à un esclave et à un cavalier gaulois qui se chargent de porter une dépêche en exposant leur vie (2), enfin à ceux qui parviendront à tuer Indutiomaros (3). Indutiomaros s'était créé une armée en attirant à lui, par de grands présents, tous les mauvais sujets de la Gaule, c'est-à-dire tous ceux qui, ayant commis un meurtre et ne pouvant payer la composition, n'avaient pu sauver leur vie que par l'exil. Comment César appelle-t-il ces présents? *Praemia* (4). Dans la bouche de César, *praemia* c'est aussi la rémunération due par lui aux *Aedui* pour leur concours dans ses guerres contre les autres peuples gaulois. (5).

Praemia, c'est donc un gain important. Ce gain enrichit celui qui le reçoit. Il n'est pas la simple réparation du préjudice causé par un crime ou un

---

(1) « Caesar initio orationis sua senatusque in eum beneficia commemoravit, quod rex appellatus esset a senatu, quod amicus, quod munera amplissime missa. ...Illum... beneficio ac liberalitate sua ac senatus ea *praemia* consecutum » (*De bello gallico*, l. I, c. 43, § 4, 5).

(2) *De bello gallico*, l. V, c. 45, § 3 ; c. 48, § 3.

(3) *De bello gallico*, l. V, c. 58, § 5.

(4) « Indutiomarus... exules damnatosque tota Gallia magnis *praemiis* ad se allicere coepit » (*De bello gallico*, l. V, c. 55, § 3).

(5) « Quae meruissent *praemia*, ab se, devicta Gallia, expectarent » (*De bello gallico*, l. VII, c. 34, § 1).

délit. L'élévation considérable du chiffre de la composition chez tous les peuples justifie l'emploi du mot *praemia* par César. A l'époque de César, les Gaulois étaient encore dans l'état social où, sauf le cas de crime contre l'Etat, les condamnations ne sont que pécuniaires pour tout homme solvable, et où le tarif des compositions est le fondement du droit pénal.

§ 3. — *L'exil, moyen d'éviter le payement de la composition.*

Le meurtrier a, en général, le choix entre le le payement de la composition et l'exil. Nicolas de Damas, né l'an 64 avant J.-C. et mort vers le commencement de l'ère chrétienne, nous apprend que, chez les Celtes, l'exil, φυγή, était la ressource du citoyen qui tuait son concitoyen; mais, dit-il, celui qui tuait un étranger était mis à mort (1). Si ce meurtre n'avait pas été sévèrement puni, on devait s'attendre à des représailles et à une guerre avec le peuple voisin auquel appartenait l'étranger.

Le meurtrier d'un étranger mettait donc en grand danger la sécurité de sa propre patrie : il avait commis un crime de haute trahison ; il était arrêté, traduit devant l'assemblée du peuple, condamné à mort et exécuté. Mais tuer un concitoyen ne pou-

(1) « Μείζω δ' ἐστὶν ἐπιτιμία κατὰ τοῦ ξένον ἀνέλοντος ἢ πολίτην · ὑπὲρ τοῦ μὲν γὰρ θάνατος ἡ ζημία, ὑπὲρ τοῦ δὲ πολίτου φυγή » (Stobée, *Florilegium*, l. 44, c. 41; édition Teubner-Meineke, t. II, p. 185, l. 14-16; *Fragmenta historicorum Graecorum*, t. III, p. 457, fr. 105).

vait que provoquer une querelle entre deux familles et ne compromettait pas la sûreté de l'Etat. L'auteur de ce meurtre était laissé libre, et s'il n'obtenait pas, en payant la composition, l'abandon du droit de vengeance par la famille du mort, il pouvait sauver sa vie par l'exil, c'est-à-dire en sortant du territoire de sa cité et en se réfugiant dans celui d'une autre cité, mais sans être pour cela contraint à sortir de Gaule. Les exilés, nombreux en Gaule, ont fourni deux fois de forts contingents aux armées levées pour combattre les Romains, d'abord par le Trévère Indutiomaros, 55 avant J.-C. (1), ensuite en 51 par le Senon Drappes (2).

Ce sont les mœurs de la Grèce homérique. Au quinzième chant de l'*Odyssée*, Télémaque, ayant pris congé du roi de Lacédémone Ménélas, va s'embarquer pour quitter le Péloponèse. Avant d'entrer dans son navire, il fait sur le rivage un sacrifice en l'honneur de sa protectrice, la déesse Athéné; il voit quelqu'un s'approcher : c'était Théoclymène, prophète, fils d'un prophète; il avait tué un homme, et pour éviter la mort il avait quitté Argos, sa patrie (3). « Je suis, » dit-il, « parti d'Ar-

---

(1) « Exules damnatosque tota Gallia magnis praemiis ad se allicere coepit » (l. V, c. 55, § 3).
(2) « Exulibus omnium civitatum accitis » (l. VIII, c. 30, § 1).
(3) ...σχεδόθεν δέ οἱ ἤλυθεν ἀνὴρ
τηλεδαπὸς, φεύγων ἐξ Ἄργεος, ἄνδρα κατακτάς,
μάντις... (*Odyssée*, XV, 223-225.)

» gos, ma ville natale, après avoir ôté la vie à
» un de mes concitoyens de la même tribu que
» moi. Dans Argos, qui nourrit tant de chevaux,
» le défunt a laissé beaucoup de frères et d'amis
» tout-puissants dans cette cité ; j'ai échappé à la
» mort et au noir destin dont ils me menaçaient ;
» je fuis » (ou je suis exilé : le mot grec φεύγω peut
être traduit de ces deux manières) ; « je suis dé-
» sormais fatalement condamné à errer parmi les
» hommes. Reçois-moi dans ton navire, puisque,
» exilé, je t'en supplie ; tu empêcheras mes enne-
» mis de me tuer, car je crois qu'ils me poursui-
» vent (1). »

Télémaque exauce cette prière ; il monte dans son navire et fait asseoir Théoclymène à côté de lui. On part (2). Théoclymène est l'hôte, ξεῖνος, de Télémaque (3). Il paye cette hospitalité par des prophéties. Encore dans le navire il prédit la royauté pour Télémaque et pour sa postérité (4). Arrivé dans Ithaque, il annonce le retour d'Ulysse (5) et

(1) Οὕτω τοι καὶ ἐγὼν ἐκ πατρίδος ἄνδρα κατακτὰς
ἔμφυλον · πολλοὶ δὲ κασίγνητοί τε ἔται τε
Ἄργος ἀν' ἱππόβοτον, μέγα δὲ κρατέουσιν Ἀχαιῶν ·
τῶν ὑπαλευάμενος θάνατον καὶ Κῆρα μέλαιναν
φεύγω · ἐπεί νύ μοι αἶσα κατ' ἀνθρώπους ἀλάλησθαι.
Ἀλλά με νηὸς ἔφεσσαι, ἐπεί σε φυγὼν ἱκέτευσα,
μή με κατακτείνωσι · διωκέμεναι γὰρ ὀΐω.
(Odyssée, l. XV, v. 272-278.)
(2) Odyssée, l. XV, v. 279-286.
(3) Odyssée, l. XV, v. 536 ; l. XVII, v. 72 ; l. XX, v. 360.
(4) Odyssée, l. XV, v. 525-534.
(5) Odyssée, l. XVII, v. 151-161.

la mort des ambitieux qui prétendent à la main de Pénélope (1). Théoclymène n'avait pas payé la composition pour meurtre : Ποινὴ ἀνδρὸς ἀποφθιμένου, au chant XVIII de l'*Iliade* (2), τὰ ὑποφόνια au quatrième siècle dans le droit attique (3).

Comme Nicolas de Damas parlant du droit criminel celtique, les textes homériques ne distinguent pas le meurtre prémédité de celui qui a été commis sans intention préalablement arrêtée; cette distinction savante, qu'on trouve chez les Athéniens au cinquième et au quatrième siècle et qu'on rencontre aussi dans la loi mosaïque, fait défaut dans la Gaule barbare comme chez Homère.

A Athènes, au cinquième et au quatrième siècle, le meurtre prémédité, φόνος ἐκ προνοίας, est théoriquement puni de la mort et de la confiscation des biens; mais si, au moment où, devant l'aréopage, le parent accusateur se lève pour répliquer à la défense, l'accusé prend la fuite, la loi lui permet d'échapper au supplice et protège encore sa personne jusqu'à ce qu'il ait atteint la frontière (4); mais au delà elle ne le défend plus, elle l'abandonne à la vengeance des parents du mort,

---

(1) *Odyssée*, l. XX, v. 350-367.
(2) *Iliade*, XVIII, 498-499.
(3) R. Dareste, *Les plaidoyers politiques de Démosthène*, t. I, p. VIII; cf. *Thesaurus linguae graecae*, édit. Didot, t. VIII, col. 476, où les plus anciens auteurs cités sont Théophraste (372-287 av. J.-C.), et Dinarque, son élève, condamné à mort en 307.
(4) R. Dareste, *Les plaidoyers politiques de Démosthène*, t. I, p. VII, XIV.

si ceux-ci peuvent l'atteindre (1). Pour lui, il ne peut être question de payer une composition, puisque ses biens sont confisqués. La composition, τὰ ὑποφόνια, est maintenue pour le meurtre non prémédité, φόνος ἀκούσιος. L'auteur de ce meurtre échappe à l'exil s'il paye la composition; et, dans le cas où il ne paye pas la composition, la vengeance des parents ne peut le poursuivre tant qu'il observe la condamnation à l'exil prononcée contre lui (2).

La loi Mosaïque punit de mort le meurtre prémédité; en établissant des villes de refuge, elle offre un moyen de salut à la personne coupable de meurtre non prémédité; ainsi le droit écrit des Juifs sur ce point est presque identique à la loi athénienne du cinquième et du quatrième siècle (3).

§ 4. — *Le prix du corps distingué du prix de de l'honneur dans le droit celtique en général, dans le droit irlandais en particulier.*

Ces distinctions, que l'équité inspire entre le meurtre prémédité ou celui qui ne l'est pas, sont étrangères au droit celtique primitif. Mais on y trouve une autre doctrine tout aussi raffinée et qui atteste également un développement local des

---

(1) R. Dareste, *ibid.*, p. VIII-IX.
(2) R. Dareste, *ibid.*, p. VII-IX.
(3) *Exode*, c. XXXV, v. 11 et suiv.; *Deutéronome*, c. IV, v. 41-43; *Josué*, c. XX, v. 13, 21, 22, 27, 32, 36, 37; cf. Dareste, *Etudes d'histoire du droit*, p. 22.

idées juridiques primitives. Cette doctrine consiste à distinguer deux éléments dans le montant total de la composition. En irlandais, ce montant total s'appelle *éric* = *er-icca = *per-yecca, « parfait payement » et « parfaite guérison, » car le payement intégral de la composition est censé guérir toutes les plaies qu'ont faites les armes et les coups. Les deux éléments dont se compose l'*éric* sont : 1° le prix du corps, en irlandais *coirp-dire*, ou simplement *dire*; 2° le prix de l'honneur, — littéralement du visage, — en irlandais *enech-lann*, plus tard aussi *lóg-eneich*, en vieux breton *enep-uuert* (1). Le prix du corps est fixe, le prix du visage varie suivant la dignité de la personne. La plus ancienne mention qu'on ait d'un prix fixe pour la vie d'un homme, évidemment d'un homme libre, d'un citoyen (p. 138), date du cinquième siècle de notre ère.

Saint Patrice, dans le récit apologétique de sa vie, connu sous le nom de *Confessio*, expose que son ministère a été désintéressé, il a refusé en Irlande tous les présents que lui offraient les chrétiens ses frères, les vierges et les femmes pieuses, il a administré gratuitement les sacrements du baptême et de l'ordre, il a de plus répandu d'abondantes aumônes : « Vous savez, » dit-il, « combien » j'ai donné aux pauvres dans toutes les régions

---

(1) *Cartulaire de Redon*, p. 184, charte datée de 875 par A. de Courson. Une notation plus récente, *enep-guerih*, est offerte par le cartulaire de Landévennec, *Documents inédits publiés par le Ministre de l'instruction publique. Mélanges*, t. V, p. 572.

» de votre île pendant mes fréquentes visites, je
» crois n'avoir pas distribué moins que le prix de
» quinze hommes (1). » Un renvoi à ce passage,
Patricius, ...ut in scriptione sua adfirmat, se trouve
dans les notes de Tirechan, qui datent du septième
siècle, et dont il y a une copie dans le livre d'Armagh, neuvième siècle. Tirechan semble n'avoir
pas bien compris le texte qu'il cite, mais son autorité n'est pas diminuée par le contresens qu'il
commet; il paraît croire que la somme dont il
s'agit a été donnée par saint Patrice pour obtenir
un sauf-conduit; mais il ajoute à cette hypothèse
injustifiée une glose importante : il écrit, non pas
« prix de quinze hommes, » mais « prix de quinze
vies d'hommes, » *pretium quindecim animarum
hominum* (2); *animarum*, « de vies, » donne un
sens précis à la formule employée par Patrice :
« prix de quinze hommes. »

Quelle était la valeur légale d'un homme en

(1) « Vos autem experti estis quanta erogaveram eis qui indigebant per omnes regiones, quas ego frequentius visitabam : censeo enim non minus quam pretium quindecim hominum distribui illis » (A. W. Haddan et W. Stubbs, *Councils and ecclesiastical documents concerning Great Britain and Ireland*, t. II, p. 311. Cf. Whitley Stokes, *The tripartite Life*, t. II, p. 372, l. 31-33).

(2) « Extendit Patricius etiam pretium quindecim animarum hominum, ut in scriptione sua adfirmat, de argento et auro, ut nullum malorum hominum inpederet eos in via recta transeuntes totam Hiberniam » (Le P. E. Hogan dans les *Analecta Bollandiana*, t. II, p. 43, l. 8-12). Whitley Stokes, *The tripartite Life*, t. II, p. 310, l. 4-7, corrige *extendit* en *expendit*, et *nullum* en *nullus*. Au lieu d'*inpederet*, lisez *inpediret*.

Irlande (1)? C'était sept femmes esclaves. Le *Senchus Mór* nous l'apprend. Les chefs laïcs, nous dit-il, qui enlèvent à une Eglise un de ses fils doivent à cette Eglise, outre le prix de l'honneur, *lógh n-einiuch*, sept femmes esclaves, *secht cumula*, pour le prix du corps, *coirp-dire* (2).

« La colère double la dette » est une maxime conservée par le *livre d'Aicil* (3) ; or voici, suivant la glose, le sens de ce brocard : Le débiteur dont la dette se double est : 1° celui qui a tué un homme sur une montagne ou dans un endroit désert ; 2° celui qui, après le meurtre, a caché le cadavre. Le droit gallois a la même règle (4). On trouve, dans la *loi salique*, une disposition analogue mais non identique : la composition n'est pas doublée, elle est triplée, c'est-à-dire qu'elle passe de deux cents sous à six cents, quand le meurtrier d'un Franc ingénu a jeté le cadavre dans un puits ou dans une eau quelconque, quand il l'a couvert de branches ou de n'importe quoi, ou quand par un incendie il a voulu faire disparaître la trace du crime (5).

---

(1) Il s'agit de l'homme libre, du citoyen. Sur le serf, voir plus bas, § 15, p. 138.

(2) *Senchus Mór*, dans *Ancient Laws of Ireland*, t. III, p. 70, l. 7, 8.

(3) « Diabla[i]d fiach ferg, » (*ibid.*, t. III, p. 98).

(4) *Dull Dyved* (The dimetian Code), l. III, c. 1, § 23; Aneurin Owen, *Ancient Laws and Institutes of Wales*, in-f°, p. 292; in-8°, t. I, p. 594.

(5) *Lex emendata*, c. 43, §§ 1, 2, 3, édit. Pardessus, p. 305; édit.

La loi irlandaise est moins sévère ; elle se borne à doubler la composition, *éric* : or, dit le texte légal, cette composition se divise en deux parties : sept femmes esclaves, et le prix de l'honneur. Si le même homme a tué et a caché le cadavre, il payera deux fois 1° sept femmes esclaves ; 2° le prix de l'honneur. Il est clair que les sept femmes esclaves sont le prix du corps, quoique le texte ne l'explique pas.

Un incendie a causé mort d'homme, dit un autre texte légal d'Irlande. L'auteur de cet incendie est un étranger, par conséquent peu solvable, et c'est volontairement qu'il a mis le feu : il sera puni de mort quand même il aurait donné les sept femmes esclaves de *coirp-dire*, quand même il aurait en outre payé ce que l'Eglise réclame pour la pénitence ecclésiastique et ce qui est dû par les étrangers qui violent la paix ; la composition n'est pas suffisante, il sera mis à mort en vertu du principe ainsi libellé : « Que chacun meure pour son crime, » c'est-à-dire : « chacun meurt pour ses crimes *vo-* » *lontaires* quand il n'a pas trouvé le montant de » la composition (1). » Cette glose, qui distingue

---

Hessels et Kern, col. 251, 260. Les passages correspondant à ce texte dans les rédactions antérieures se trouvent chez Hessels et Kern, aux colonnes 244-250 et 252-260.

(1) « Badhadh cach in-a chinaidh .i. eiblidh cach in-a cintaibh comraite in tan na faghaibh éiric » (*Ancient Laws of Ireland*, t. IV, p. 250, l. 16-17 : cf. t. I, p. 10, l. 27-28 ; p. 12, l. 36, où l'on trouve reproduite la maxime : *cach in a-chinaid*. Sur la ligne 27

le crime *volontaire* de l'autre, a subi l'influence de l'esprit moderne, quant à cette distinction.

Le même texte légal s'occupe de la façon dont le prix du corps sera partagé. Il distingue dans ce prix deux éléments : la restitution, *aithgin*, c'est-à-dire une femme esclave qui appartiendra au fils, à défaut de fils au père, à défaut de père au frère, à défaut de frère au parent le plus proche du mort. Restent six femmes esclaves qui constituent la *dire* dans le sens restreint du mot, c'est-à-dire quand on la distingue de la restitution, *aithgin*. Une moitié, c'est-à-dire trois femmes esclaves, se partage entre le père et le fils. L'autre moitié se divise par tiers, une femme esclave aux frères, une femme esclave à partager entre le père et le fils, une femme esclave à partager entre tous les membres de la section de la famille appelée *geilfine*, c'est-à-dire entre les plus proches parents.

La *dire*, ou, pour parler d'une façon plus claire, la *coirp-dire*, comprend, dans l'usage ordinaire, non seulement les six femmes esclaves dont il vient d'être parlé en dernier lieu, mais aussi la femme esclave donnée en outre à titre de restitution, *aithgin*, à la famille du mort.

---

de la page 12, voir la correction de M. Whitley Stokes, *Academy* du 5 décembre 1885, p. 377, col. 1. On trouve cette règle écrite : *cach bidba in-a-chinta* et *cach rob in-a-chin[aid]* dans le *Glossaire de Cormac*. Whitley Stokes, *Three irish glossaries*, p. 30.

§ 5. — *Le prix du corps dans le pays de Galles. Modifications au droit pénal celtique par l'effet de la conquête romaine.*

Dire = *diréyd*, dérive de *diro-s*, en irlandais *dir*, « juste. » Le celtique *diro-s* serait en indo-européen *dhé-ro-s* (1) qui nous offre la forme pleine de la racine DHÊ, « mettre, poser, » et c'est la forme réduite de cette racine qu'on reconnaît dans le grec θέμις, « justice. » L'irlandais *dire* se retrouve en gallois sous la forme *dirui*, *dirwy*.

Mais ce mot qui, avant la conquête romaine, a dû avoir en Grande-Bretagne la même valeur qu'en Irlande, a pris, dans le droit gallois, un sens différent de celui qu'il avait originairement. En Galles, la *dirwy* reste une charge du coupable ou de sa famille, mais ce n'est pas à la famille du meurtrier qu'elle est payée, c'est au roi (2) et à ses officiers (3); c'est donc une amende dans le sens de notre droit; c'est l'équivalent du *fredum* germanique. Le *fredum* germanique et la *dirwy* galloise sont la conséquence d'une doctrine juridique relativement mo-

---

(1) Fick, *Vergleichendes Wörterbuch*, 4ᵉ édit., t. II, par Whitley Stokes et A. Bezzenberger, p. 148.

(2) *Dull Gwynedd*, ou *Code vénédotien*, l. I, c. 43, art. 12; *Ancient Laws and Institutes of Wales*, in-fᵒ, p. 37; in-8ᵒ, t. I, p. 12, 14.

(3) *Dull Gwynedd*, l. I, c. 7, art. 10; c. 9, § 14 etc. *Ancient Laws and Institutes of Wales*, in fᵒ, p. 6, 10; in-8ᵒ, t. I, p. 14, 20, etc.

derne qui appelle le roi et ses officiers à donner leur concours à la partie lésée pour obtenir la répression du crime. Cependant le gallois *dirwy* et l'irlandais *dîre* sont le même mot.

Par la conquête romaine, le droit de vengeance et la composition pour crimes et délits ont été supprimés ; en Grande-Bretagne, comme en Gaule, les magistrats ont été chargés de punir les hommes coupables de meurtre et de violence. De là le sens nouveau pris en gallois par le celtique *dîrêid*, d'abord « composition » et qui, en gallois, où on l'écrit *dirwy*, veut dire « amende. »

La composition pour meurtre est le corollaire du droit de vengeance, et ne peut exister sans lui. Or, le droit de vengeance ne peut être exercé sans l'emploi de la force par les simples particuliers, et l'emploi de la force pour se faire justice a été interdit par le droit romain à l'époque où la Gaule et la Grande-Bretagne ont été conquises.

La *lex Cornelia de sicariis*, due à Sylla, 81 avant Jésus-Christ, punissait du bannissement tout homme libre qui s'était promené en portant une arme avec l'intention de tuer quelqu'un, quand même il n'avait donné la mort à personne, et à plus forte raison si son projet avait été exécuté (1). Cette loi

---

(1) « Lege Cornelia de sicariis et veneficiis tenetur qui hominem occiderit... quive hominis occidendi furtive faciendi causa cum telo ambulaverit » (Marcien, cité dans le *Digeste*, l. XLVIII, t. 8, *ad legem Corneliam*, proemium ; cf. Rein, *Das criminal Recht der Römer*, p. 409-414).

fut complétée par d'autres, notamment par celles que fit voter Jules César ou Auguste, auteurs, l'un ou l'autre, de la *lex Julia de vi publica* et de la *lex Julia de vi privata*. La première assimile au brigandage et punit de l'exil l'acte de tout homme libre qui, se faisant accompagner d'hommes armés, pratique une saisie mobilière (1) ou immobilière (2). Sous l'Empire, la confiscation de tous les biens devint l'accessoire de l'exil, qui, d'abord transformé en déportation dans un lieu déterminé, fut ensuite, peu à peu, remplacé par la peine de mort (3).

Voilà pourquoi Strabon, vers l'an 20 de notre ère, raconte que les Gaulois, jadis si belliqueux, vivent aujourd'hui en paix (4) et qu'ils ont déposé les armes (5).

La violence sans armes était elle-même défendue par la *lex Julia de vi privata*. Cette loi punissait de la confiscation du tiers des biens tout homme libre qui, de son autorité privée, se faisant accompagner d'hommes sans armes, pratiquait une saisie immobilière (6).

---

(1) « Qui possimo exemplo convocata seditione villas expugnaverint et cum telis et armis bona rapuerint » (Marcianus au *Digeste*, l. XLVIII, t. 6, *Ad legem Juliam de vi publica*, fr. 3, § 2).

(2) « Qui hominibus armatis possessorem domo agrove suo aut navi sua dejecerit » (*Ibid.*, § 6; cf. Rein, *Das criminal Recht der Römer*, p. 752 et suiv.).

(3) Rein, *ibid.*, p. 916.

(4) « Νυνὶ μὲν οὖν ἐν εἰρήνῃ πάντες εἰσί » (Strabon, l. IV, c. 4, § 2; édit. Didot, p. 162, l. 48).

(5) « Καταθέμενοι τὰ ὅπλα » (*Ibid.*, c. 1, § 2, p. 147, l. 52).

(6) « Si quis aliquem dejecit ex agro suo, hominibus congregatis

La confiscation du tiers des biens était une amende, *mulcta*. Les amendes se multiplièrent sous l'empire romain, et, en Grande-Bretagne, le mot celtique *dīréid, *dirwy*, qui avait primitivement désigné la composition payée aux parents du mort, prit le sens du latin *mulcta*, « amende payée à l'Etat. » Il conserva ce sens dans le droit gallois du moyen âge. Il s'oppose au *camlwrw* payable au roi en cas de crimes moins graves. Le *camlwrw*, amende moins élevée que la *dirwy*, est, par exemple, dû par le créancier gallois qui, voulant se faire payer, pratique une saisie mobilière sans autorisation, contrairement aux *leges Juliae de vi privata et de vi publica* citées page 95. Le *camlwrw* n'était que de trois vaches, tandis que la *dirwy* se montait à douze (1).

Au départ des Romains, la composition pour meurtre fut rétablie en Grande-Bretagne, mais alors un nouveau mot désigna le prix du corps, ce fut *galanas*; et la *galanas*, au lieu d'être fixe, devint variable, fut plus ou moins élevée, suivant la dignité de la personne tuée; cela ne l'empêchait pas d'être cumulée avec le prix de l'honneur, appelé

---

sine armis » (Ulpien au *Digeste*, l. 48, t. 7, *Ad legem Juliam de vi privata*, fr. 5 ; cf. fr. 1).

(1) « Qui namum pro debito sine licentia ceperit, totum debitum amittet et tres vaccas camlury domino reddet » (*Leges Wallicae*, l. II, c. 7, §§ 2, 3 ; cf. c. 17, §§ 6, 7. Aneurin Owen, *Ancient Laws and Institutes of Wales*, in-f°, p. 784, 823; in-8°, t. II, p. 778, 841.

en ce cas par les Gallois *saraad* (1). *Saraad* dérive de *sar*, mot gallois et irlandais dont le sens est « injure et offense, » mais qui n'appartient pas à la langue technique du droit irlandais. Le gallois *saraad* est le même mot que *sarugad*, qui veut dire « injure » en irlandais. Un tiers de la *saraad* et de la *galanas* revient au roi et à ses officiers, deux tiers à la famille du mort.

L'Irlande a conservé le sens primitif du mot *díreid*, composition pour meurtre, payée à la famille du mort ; l'idée que ce mot exprime en Irlande a été un des éléments du droit gaulois avant la conquête romaine. Cette conquête a ôté aux familles le droit de venger les meurtres par la mort des meurtriers, ou de laisser la vie aux meurtriers en acceptant d'eux le payement de la composition ; elle a imposé aux Gaulois le système moderne de la vindicte publique exercée par les magistrats.

§ 6. — *Prix gradué de l'honneur. Première partie : L'honneur des rois en Irlande.*

A côté du prix du corps, *díreid*, *dire*, le droit celtique connaissait le prix de l'honneur, en irlandais *enech-lann*, *lóg-eneich*. La plus ancienne mention du prix de l'honneur se trouve aux environs de l'année 700 dans la Collection canonique irlan-

---

(1) Voyez les textes cités par Ferdinand Walter, *Das alte Wales*, p. 138.

daise : « Le Synode irlandais a dit : Quiconque aura osé voler ou ravir les biens d'un roi ou d'un évêque, ou commettre contre eux un délit quelconque, qui soit à leur égard acte de mépris, payera le prix de sept femmes esclaves, ou fera pénitence pendant sept ans sous les ordres d'un évêque ou d'un scribe monastique (1). » Ailleurs on attribue cette décision à saint Patrice (2). Il faut y distinguer deux éléments : l'un appartient au droit celtique, les sept femmes esclaves ou leur valeur dues au roi qu'on a gravement insulté ; à cet élément primitif s'est joint un élément nouveau qui est ecclésiastique, et dans lequel il y a encore deux parties à distinguer : 1° assimilation de l'évêque au roi ; 2° pour l'insolvable, substitution de la pénitence canonique à la composition, sur le pied d'une année de pénitence par femme esclave ; c'était un adoucissement au droit primitif qui, en cas de non-payement, laissait libre cours au droit de vengeance, et la vengeance royale c'était la peine de mort.

On peut lire le récit légendaire dans lequel un sujet du roi Conchobar, ayant dit étourdiment que

---

(1) Sinodus Hibernensis ait : Omnis qui ausus fuerit ea quae sunt regis aut episcopi furari aut rapere aut aliquid in eos committere, parvipendens dispicere, VII ancillarum pretium reddat aut VII annis peniteat cum episcopo vel scriba (*Die irische Kanonensammlung*, l. 48, c. 5; 2ᵉ édit. de Wasserschleben, p. 204). On trouve la même règle dans le *Livre d'Aicill* (*Ancient Laws of Ireland*, t. III, p. 106, l. 6-9).

(2) Wasserschleben, *Die Bussordnungen der abendländischen Kirche*, p. 141.

sa femme courait mieux que les chevaux du roi, fut arrêté, menacé de perdre la vie, et n'obtint grâce qu'en faisant courir avec les chevaux du roi sa femme alors enceinte. Sa femme, une fée, devança les chevaux de Conchobar, et, arrivée triomphante au but, elle accoucha ; une malédiction frappa le roi inhumain d'Ulster qui avait exigé ce jeu cruel, cette malédiction atteignit les guerriers barbares qui, par leur silence, avaient approuvé leur impitoyable roi : le châtiment du roi et des guerriers fut la maladie mystérieuse qui les rendit incapables de résister à l'ennemi lors de la guerre dont le récit est le sujet de la grande épopée irlandaise *Táin bó Cuailnge* (1).

Un tarif du prix de l'honneur en Irlande nous a été conservé par le traité intitulé *Crith gablach*.

Le prix de l'honneur du roi y est de sept femmes esclaves comme dans le droit canonique : « Cor- » mac a dit : Tu donneras à Cairbré, roi illustre, » la valeur d'un prisonnier en belles esclaves » au nombre de sept... Ce sera la compensation » d'avoir fait contre lui acte de violence, de l'avoir » insulté, d'avoir fait rougir ses joues (2). » Sept femmes esclaves sont l'équivalent de vingt et une vaches ou de trente-cinq bêtes à cornes de valeur

(1) *Cours de littérature celtique*, t. V, p. 320-325.
(2) Amail isber Cormac : « Béra[e] do rig clothach Coirbre lóg cimedu do cumhalaibh cáinibh co a VII ... coimdilius di-a diguin, di-a sarughudh, no gruaidhe gris » (*Ancient Laws of Ireland*, t. IV, p. 346, l. 9-12).

moyenne, en irlandais ancien *sêt*, plus tard *séd*. Une femme esclave de qualité moyenne vaut trois vaches ou trois bœufs de labour dont l'équivalent est cinq bêtes à cornes de valeur moyenne (1). Cette estimation de la femme esclave paraît avoir été usitée ailleurs qu'en Irlande. Dans l'*Iliade* il est question d'une femme esclave évaluée quatre bœufs, mais c'était une ouvrière hors ligne :

Πολλὰ δ' ἐπίστατο ἔργα, τίον δέ ἑ τεσσαράβοιον (2).

Cormac, auquel on attribue une forme de la règle de droit qui fixe à sept femmes esclaves le prix de l'honneur des rois, fut roi suprême d'Irlande au troisième siècle de notre ère. Il était fils d'Art, et petit-fils de Cond surnommé *Cétchathach*, c'est-à-dire « capable de tenir tête à cent guerriers. » Il aurait, dit-on, donné des leçons de droit à Cairbré ou Coirpré Lifechair son fils, et la règle qui fixe à sept femmes esclaves le prix de l'hon-

---

(1) Quand le payement se fait en bêtes à cornes de valeur moyenne, le créancier reçoit une partie en génisses ou en veaux d'un an et de deux ans, au lieu d'obtenir la totalité soit en vaches laitières ou pleines, soit en bœufs de labour (*Glossaire de Cormac*, au mot *Clithar sêt*. Whitley Stokes, *Three irish Glossaries*, p. 8-9. On trouvera des développements dans la traduction, p. 30. Dans le *Cours de littérature celtique*, t. V, p. xxviii, xxix, on a par erreur écrit *bêtes à cornes* au lieu de *vaches*.

(2) *Iliade*, XXIII, 705. Comparer le vers 885 du même livre, où un beau chaudron qui n'a pas encore vu le feu est estimé la valeur d'un bœuf. L'ouvrière du vers 705 valait donc quatre chaudrons neufs.

neur des rois aurait fait partie de son enseignement.

On retrouve cette règle dans le *Senchus Môr* et dans le tarif connu sous le nom de *Crith gablach*. Ce tarif distingue plusieurs sortes de rois. Le roi proprement dit, sans épithète, est le roi inférieur, celui qui commande à une seule cité, *tuath;* on l'appelle en irlandais *rî tûaithe*, quand on veut le distinguer des rois de rang plus élevé : *rî tûaithe = *ri-teutés*. Le prix de son honneur, son *enechlann*, est de sept femmes esclaves (1). Sept femmes esclaves étaient, dit le *Senchus Môr*, la valeur dont il pouvait disposer par legs en faveur d'une église, et, ajoute la glose, cette valeur égalait le prix de son honneur (2).

Suivant Giraud de Barry, qui écrivait à la fin du douzième siècle sa *Topographia hibernica*, il y avait en Irlande cent soixante-seize *cantaredus*. *Cantaredus* est le nom qu'il donne à la *tûath* irlandaise. On en comptait, dit-il, seize dans la province de Mide ou Meath attribuée au roi suprême d'Irlande, trente-deux dans chacune des cinq grandes provinces (3). Suivant un poème irlandais dont la date serait difficile à fixer, le nombre des *tûath*, appelées *tricha céd*, c'est-à-dire « trente centaines » dans ce document, aurait été en Irlande de cent quatre-

---

(1) *Ancient Laws of Ireland*, t. IV, p. 328.
(2) *Ibid.*, t. III, p. 42, l. 24, 30.
(3) *Topographia hibernica*, dist. III, c. IV ; édition donnée par Dimock, dans la collection du Maître des Rôles, t. V, p. 145.

vingt-quatre, huit de plus que ne dit Girard de Barry, savoir :

Meath.	18
Ulster.	35
Connaught.	30
Leinster.	31
Les deux provinces de Munster. .	70
Total. . . .	184 (1).

Les *túath* d'Irlande étaient bien moins importantes que les grands peuples gaulois soumis par Jules César, et qui, avec quelques autres moins notables, ont, au temps d'Auguste, donné leurs noms aux soixante cités dont Lyon était la capitale romaine ; mais à la plupart de ces grands peuples étaient subordonnés des peuples sujets dont les moins considérables pouvaient être comparables à la moyenne des *túath* irlandaises ; le nombre total des peuples de la Gaule barbare vaincue par César était de trois cent cinq, suivant Flavius Josèphe, qui paraît s'exprimer avec une rigoureuse exactitude (2),

(1) O'Conor, *Bibliotheca Ms. Stowentis*, p. 91-92. E. O'Curry, *Cath Mhuighe Léana*, p. 106-108, note. Sur l'équivalence des expressions *tuath* et *tricha céd*, voir Sullivan et O'Curry, *On the manners*, t. I, p. ccxxix, note 413 ; t. III, p. 502 (note 560), 603. *Tricha céd* ou « trente fois cent », c'est probablement trois mille feux. Suivant Giraud de Barry, au passage cité dans la note précédente, le *cantaredus* comprend cent villages : « Tanta terrae portio, quanta centum villas continere solet. » — On établit la concordance entre les deux expressions, en attribuant trente feux en moyenne à chaque village.

(2) *De bello Judaico*, c. 16, édit. Didot, p. 119, l. 11-12.

de trois cents seulement si l'on s'en rapporte à Plutarque (1), de quatre cents si l'on accepte l'assertion d'Appien (2). Tous deux ont remplacé par un nombre rond le chiffre plus précis de Josèphe. Chaque cité, au temps d'Auguste, était une agglomération de cinq peuples en moyenne, dont un dominant et quatre sujets. Les plus petits des trois cent cinq peuples subjugués par les armes et par la politique de César pouvaient bien n'avoir pas un territoire beaucoup plus vaste que certaines *tùath* irlandaises.

Les 176 *cantaredus* ou *tùath* de Giraud de Barry devaient chacune contenir en moyenne 478 kilomètres carrés, c'est-à-dire 84,252 kilomètres carrés (3) divisés par 176. C'est un peu plus de deux fois la superficie moyenne d'un canton français, 184 kilomètres carrés, c'est-à-dire 528,571 (4) divisés par 2,865. Ce n'est guère plus du quart de la contenance moyenne du territoire de chacun des trois cent cinq peuples de la Gaule barbare : 1,822 kilomètres carrés, c'est-à-dire 555,700 kilomètres carrés (5) divisés par 305. Chacun de ces peuples occupait

(1) Plutarque, *César*, 15, édit. Didot, p. 852, l. 43, 44.
(2) Appien, *De rebus Gallicis*, c. 2 ; édit. Didot, p. 24.
(3) Contenance de l'Irlande d'après *Ritter's geographisch-statistisches Lexicon*, 1883, t. I, p. 770.
(4) Contenance de la France, d'après le même dictionnaire, t. I, p. 552.
(5) Levasseur, *La population française*, t. I (1889), p. 102. M. J. Beloch, *Die Bevolkerung der griechisch-römischen Welt* (1886), p. 460, ne met dans la Gaule barbare que 535,000 kilomètres carrés.

une superficie moyenne un peu supérieure à celle de notre arrondissement français moyen : 1,460 kilomètres carrés, c'est-à-dire 528,571 divisés par 362. Mais quelques-uns devaient avoir un territoire bien moins étendu. Certains petits rois gaulois pouvaient ressembler à leurs confrères d'Irlande.

Voici quelle était, en temps de paix, la semaine d'un roi irlandais de *tùath* :

Le dimanche, dit le *Crith gablach*, il boit de la bière avec ses sujets, aux yeux desquels le mérite d'un roi dépend de la libéralité avec laquelle il distribue le précieux breuvage. Le lundi il donne audience aux plaideurs, le mardi il joue aux échecs, le mercredi il regarde ses chiens chasser; il consacre le jeudi à ses devoirs conjugaux, le vendredi il fait une promenade à cheval, le samedi il rend ses jugements (1). Mais ces jugements lui sont dictés par son juge ou *brehon*, en sorte que ni la solution des questions de droit et de fait, ni la rédaction ne lui donnaient grand'peine. C'était bien le cas de dire « Heureux comme un roi ! » Mais, en guerre, l'instable fortune reprenait ses droits.

---

(1) *Ancient Laws of Ireland*, t. IV, p. 334. — Les jugements rendus par le roi entre ses sujets pour meurtre, blessures ou toute autre affaire étaient purement arbitraux; on n'était pas obligé de prendre le roi pour juge, ni d'exécuter les sentences qu'il avait rendues. Voyez *Cours de littérature celtique*, t. V, p. 131, 132, l'exemple d'un arrêt solennellement rendu par le roi et auquel la partie condamnée refuse de se soumettre. Aucune peine ne châtie ce refus. A comparer ci-dessous le § 17.

La plupart des rois irlandais ont fini par une mort violente.

Au-dessus du roi de cité, *ri tuaithe*, s'élève immédiatement le roi de province, *ri cóiced*, littéralement « roi d'un cinquième de l'Irlande, » autrement dit *ruire* = *ro-airek-s*, c'est-à-dire « grand chef. » Le prix de son honneur est de vingt et une femmes esclaves, ou soixante-trois vaches, soit encore cent cinq bêtes à cornes de valeur moyenne, *séd*.

Le prix de l'honneur du roi suprême, roi des *ruire* = *ri ruirech* = *rix ro-airecon*, atteignait vingt-huit femmes esclaves, soit quatre vingt-quatre vaches, ou cent quarante bêtes à cornes de valeur moyenne, *séd*. Ainsi, l'honneur d'un roi de province valait celui de trois rois de cité, et l'honneur du roi suprême égalait celui de quatre rois de cité. Voilà ce qu'on lit dans le *Senchus Mór* (1). Cette doctrine paraît moins certaine que celle qui fixe le prix de l'honneur du roi de *túath*. Suivant le *Crith gablach*, l'honneur du roi suprême vaut en tout le double de l'honneur d'un roi de *túath*, soit quatorze femmes esclaves (2).

§ 7. — *Le prix de l'honneur. Seconde partie. La noblesse, sa hiérarchie, la plèbe en Irlande.*

Au-dessous des rois se plaçait la noblesse, *flaith*,

---

(1) *Ancient Laws of Ireland*, t. II, p. 224, l. 8, 9; p. 226, l. 13-17.

(2) *Ibid.*, t. IV, p. 330, l. 18, 19.

dont les membres, en Irlande, portaient le titre d'*aire*. La première catégorie des *aire* était composée de ceux qui avaient sous eux des vassaux. L'ensemble des vassaux d'un chef s'appelait *déis*, au génitif *désa*. Les chefs qui avaient des vassaux se divisaient en quatre classes : *aire forgill*, *aire tuise*, *aire ard*, *aire désa*. C'étaient eux qui formaient, à proprement parler, la noblesse, *flaith* : un passage du *Senchus Môr* dit que la *flaith* va de l'*aire désa* au roi (1). Les autres *aire* constituaient une sorte de noblesse inférieure entre la *flaith* proprement dite et le simple homme libre.

L'*aire forgill* ou « noble de témoignage, » c'est-à-dire celui des nobles dont le témoignage atteint la valeur la plus élevée, a, suivant le *Crith gablach*, quarante vassaux, *céile*, moitié libres, *sóer céile*, moitié serfs, *céile-gialna* ou *dóer céile* (2). Le prix de son honneur, dit la glose du *Senchus Môr*, est de six femmes esclaves ou *cumal* (3), une femme esclave de moins que pour un roi. C'est la traduction en grosse monnaie du chiffre indiqué ailleurs en petite monnaie par le texte du *Senchus Môr* : trente bêtes à cornes ou *séd*, savoir vingt-quatre génisses de deux ans, *samaisc*, et six vaches ; cinq bêtes à cornes de qualité moyenne valent une femme esclave. Ces trente bêtes à cornes sont la valeur

---

(1) *Ancient Laws of Ireland*, t. I, p. 230, l. 5, 6, 15, 16.
(2) *Ibid.*, t. IV, p. 326, l. 24.
(3) *Ibid.*, t. I, p. 76, l. 20-21.

que l'*aire forgill*, par son testament, peut valablement laisser à une Eglise. En règle générale, suivant le *Senchus Môr*, le prix de l'honneur d'un Irlandais détermine le montant de la portion de la fortune dont cet Irlandais a la faculté de disposer par legs en faveur d'une Eglise (1).

L'*aire tuise* ou « noble principal, » ainsi nommé parce qu'il précède en dignité ceux dont il va être question, a douze vassaux libres et quinze vassaux serfs, en tout vingt-sept, treize de moins que l'*aire forgill* (2). Le prix de son honneur est fixé à vingt bêtes à corne, *séd*, dont seize génisses de deux ans, *samaisc*, et quatre vaches : dix têtes de moins que lorsqu'il s'agit de l'*aire forgill* (3). En changeant de monnaie de compte, on aurait pu dire que son honneur valait quatre femmes esclaves, deux de moins que celui de l'*aire forgill*, trois de moins que celui du roi (4).

(1) *Ibid.*, t. III, p. 42, l. 23, 24, 28, 34. C'est par erreur que le *Crith gablach* (*ibid.*, t. IV, p. 328, l. 1, 2) dit quinze bêtes à cornes. — Faisons observer que, suivant la collection canonique irlandaise (l. XLI, c. 4, 2ᵉ édit., p. 158), le montant du legs qu'un *aire* (*princeps*) peut faire à une église est le même pour tous les *aire* sans distinction de classe, c'est le prix d'une femme esclave, *pretium ancillae*, c'est-à-dire exactement le montant du legs permis au *bó-aire* par le *Senchus Môr* (t. III, p. 42, l. 20) : cinq bêtes à cornes, de valeur moyenne, *séd*.

(2) *Ibid.*, t. IV, p. 324, l. 20-21.

(3) *Ibid.*, t. III, p. 42, l. 22, 23, 30, 33 ; t. IV, p. 326, l. 2.

(4) Suivant la glose du *Senchus Môr*, t. I, p. 76, l. 22, quatre femmes esclaves sont le prix de l'honneur de l'*aire ard*, lisez : *aire tuise*.

L'*aire ard* ou « haut noble, » haut relativement à l'*aire désa*, a sept vassaux de moins que l'*aire tùise*, c'est-à-dire qu'il en compte vingt, moitié libres et moitié serfs (1). Le prix de son honneur, inférieur de cinq bêtes à corne ou d'une femme esclave à celui de l'*aire tùise*, ne s'élève qu'à trois femmes esclaves ou quinze bêtes à cornes dont douze génisses de deux ans et trois vaches (2).

L'*aire désa* ou « noble de vassaux » doit, dit le *Crith gablach*, avoir dix vassaux, savoir cinq libres, cinq serfs (3). Le prix de son honneur est représenté aussi par le chiffre dix, dix bêtes à cornes, dont huit génisses de deux ans et deux vaches (4); le tout équivaut à deux femmes esclaves.

Au-dessous de l'*aire désa* viennent deux classes d'*aire* qui n'ont pas de vassaux, le *bó-aire*, le *óc-aire*.

Le *bó-aire* ou « noble de vaches » a douze vaches (5), le prix de son honneur est de cinq bêtes à cornes (6) ou une femme esclave, ou encore, si l'on veut, trois vaches (7). Une variété du *bóaire* est le *bruighfer* qui a vingt vaches, et pour lequel le prix de l'honneur s'élève à six bêtes à cornes (8).

---

(1) *Ancient Laws of Ireland.*, t. IV, p. 324, l. 4, 5.
(2) *Ibid.*, t. III, p. 42, l. 21, 22, 30, 32, 33; t. IV, p. 324, l. 8, 9.
(3) *Ibid.*, t. IV, p. 320, l. 25.
(4) *Ibid.*, t. III, p. 42, l. 21, 30, 31, 32; t. IV, p. 322, l. 10, 11.
(5) *Ibid.*, t. IV, p. 308, l. 21.
(6) *Ibid.*, t. III, p. 42, l. 20; t. IV, p. 308, l. 24-25.
(7) « Cuic seoit da teguid teora ba » (*Ibid.*, t. II, p. 152, l. 21).
(8) *Ibid.*, t. IV, p. 310, l. 5, 6, 16, 25; p. 312, l. 8-10.

L'*óc-aire* ou « noble débutant, » littéralement « jeune noble, » a sept vaches (1). Le prix de son honneur est de trois bêtes à cornes, c'est-à-dire de trois génisses âgées de deux ans (2).

Au-dessous des *aire* vient l'homme libre de condition inférieure, *midboth*, qui n'a rien, ou qui a moins de fortune que l'*óc-aire*. Son honneur est estimé une seule bête à cornes, c'est encore une génisse, mais cette génisse est âgée de moins de deux ans (3).

§ 8. — *Aspects divers de la hiérarchie. Valeur graduée du témoignage, importance graduée du cortège en Irlande.*

L'importance du prix de l'honneur est considérable. Le tarif du prix de l'honneur ne reçoit pas seulement son application quand il s'agit de fixer le montant de la composition. C'est à ce tarif qu'on se reporte quand on veut déterminer la valeur d'un témoignage, d'un serment, d'un cautionnement ou la capacité d'agir comme demandeur dans un procès. Le témoignage de l'homme libre de condition inférieure, *midboth*, est sans valeur dans une affaire dont l'intérêt dépasse le prix d'une génisse de moins de deux ans. Il ne peut ni cautionner ni

---

(1) *Ibid.*, t. IV, p. 304, l. 11.
(2) *Ibid.*, t. II, p. 224, l. 6-7; t. III, p. 42, l. 19-20; 31; t. IV, p. 306, l. 12-13.
(3) *Ibid.*, t. IV, p. 300, l. 2, 18.

agir comme demandeur, son serment n'est pas reçu quand il s'agit d'une somme plus élevée. En ce cas il faut qu'il recoure à l'intervention d'un *aire*. Le témoignage des *aire*, leur cautionnement, leur serment, leur capacité comme demandeurs, sont admis pour les valeurs suivantes :

Oc-aire	3	bêtes à cornes	(1).
Bô-aire	5	—	(2).
Aire dèsa	10	—	(3).
Aire ard	15	—	(4).
Aire tûise	20	—	(5).
Aire forgill	30	—	(6).
Roi de *tûath*	35	—	(7).

C'est le prix de leur honneur. Cet honneur se manifeste aussi d'une autre façon.

Quand le roi et les *aire* se promènent dans le territoire de la cité, ils ont droit à se faire accompagner par une suite, *dam*, dont l'importance dépend de leur dignité. Le nombre des personnes qui forment la suite d'un roi de *tûath* est de douze, suivant le *Crith gablach* (8), dont le tarif continue

---

(1) *Ancient Laws of Ireland*, t. IV, p. 306, l. 20.
(2) *Ibid.*, t. IV, p. 308, l. 29.
(3) *Ibid.*, t. IV, p. 322, l. 10-12.
(4) *Ibid.*, t. IV, p. 324, l. 9-10.
(5) *Ibid.*, t. IV, p. 326, l. 2-3.
(6) *Ibid.*, t. IV, p. 328, l. 1-3. *Au lieu de* : coic seot déac, *lisez* : tricha seot, cf. ci-dessus, p. 106.
(7) *Ibid.*, t. IV, p. 328, l. 26-28.
(8) *Ibid.*, t. IV, p. 328, l. 28-29.

ainsi : *aire-forgill*, neuf personnes (1) ; *aire-túise*, huit (2) ; *aire-ard*, sept (3) ; *aire-désa*, six (4) ; *bó-aire*. trois (5). Dans la glose du *Senchus Mór*, trois chiffres semblent un peu plus élevés : *aire-forgill*, douze personnes au lieu de neuf ; *aire-túise*, dix au lieu de huit ; *aire-ard*, huit au lieu de sept ; et l'*óc-aire*, auquel le *Crith gablach* n'attribue pas de suite, en a une de deux personnes (6). Le *midboth* ou roturier va tout seul faire visite à ses amis.

Les femmes ont théoriquement droit à la moitié de la suite qui accompagne leur maris (7). Mais elles prennent un peu plus de cette moitié. Suivant le *Crith gablach*, la moitié des douze personnes qui accompagnent le roi est de neuf : neuf personnes composent donc la suite de la reine (8). Pour la femme de l'*aire-forgill*, la moitié de neuf est de sept (9) ; pour la femme de l'*aire-túise*, la moitié de huit est de six (10) ; pour la femme de l'*aire-ard*, la moitié de sept est de cinq (11). Un système qui con-

(1) *Ibid.*, p. 328, l. 5.
(2) *Ibid.*, p. 324, l. 24, 25.
(3) *Ibid.*, p. 324, l. 13-14.
(4) *Ibid.*, p. 322, l. 12.
(5) *Ibid.*, p. 312, l. 6.
(6) *Ibid.*, t. II, p. 386, l. 21-27. Les chiffres donnés sont ceux de la demi-suite, savoir : *aire-désa*, trois ; *aire ard*, quatre ; *aire túise*, cinq ; *aire forgill*, six.
(7) *Ibid.*, t. II, p. 386, l. 6-15.
(8) *Ibid.*, t. IV, p. 328, l. 29.
(9) *Ibid.*, t. IV, p. 328, l. 5.
(10) *Ibid.*, t. IV, p. 324, l. 25.
(11) *Ibid.*, t. IV, p. 324, l. 14.

corde avec celui-là consiste à supposer que, pour les femmes, la suite afférente à chaque degré de la *flaith* est exactement la suite afférente aux hommes du degré supérieur. Dans ce système, qui est celui du *Senchus Môr* et de sa glose, la suite de la femme de l'*aire-forgill* est égale à la suite de l'*aire-tuise*, et, par conséquent, dix est la moitié de douze, et on va ainsi en descendant jusqu'à la femme du *bôaire*, dont la suite est celle de l'*ôc aire*, deux personnes, tandis que le *bôaire* se fait accompagner par trois personnes (1), par conséquent deux est la moitié de trois.

Quoi qu'on puisse penser de ces calculs, il est clair que la femme du *fermidboth* était, comme son mari, réduite à se promener seule dans le territoire de la *tuath*, où la reine et les femmes des *aire* attiraient les regards par leur suite, quand l'attrait de la beauté leur manquait.

§ 9. — *Suite du précédent. L'éducation des enfants en Irlande et en Gaule. Son tarif gradué en Irlande.*

Un autre usage celtique mettait en relief la supériorité des *aire* : c'était la coutume de faire élever les enfants hors de chez soi. Il en était ainsi pour les fils en Gaule au temps de César. C'est ainsi que doit être interprété le passage du *De bello Gallico*, l. VI, c. 18, § 3 : « Entre les mœurs des Gau-

(1) *Ancient Laws of Ireland*, t. II, p. 286, l. 16-27.

» lois et celles de la plupart des autres nations, il
» y a une autre différence : Tant que les fils ne
» sont pas assez forts pour exercer le métier des
» armes, les pères ne se laissent pas aborder pu-
» bliquement par eux ; si un fils encore enfant pa-
» raissait en public en présence de son père, ce
» serait une honte aux yeux des Gaulois (1). » On
a conclu de ce texte que, chez les Gaulois, les fils
restaient entre les mains des femmes jusqu'à leur
majorité. C'est une erreur contre laquelle proteste
la coutume irlandaise, et cette coutume celtique, dont un débris semble persister chez nous
sous la forme de l'internat, a été reconnue tout
récemment chez les populations du Caucase par
M. Kovalewsky :

« Il y a, » dit ce savant dans la revue *l'Anthropologie*, « une coutume étrange qui, chez les Tcher-
» kesses, est connue sous le nom d'*atalykat*. Elle
» consiste en ce que l'enfant nouvellement né ne
» reste pas dans la maison des parents, mais est
» confié aux soins d'une autre famille. La nourri-
» ture et l'éducation de l'enfant, lesquelles ne vont
» pas plus loin que de lui apprendre à manier son
» cheval et ses armes, sont à la charge de la fa-
» mille de l'*atalyk*, « tuteur », qui parfois aussi
» s'occupe de lui trouver une femme. Entre le tu-

---

(1) « In reliquis vitae institutis hoc fere ab reliquis differunt, quod suos liberos, nisi cum adoleverunt, ut munus militiae sustinere possint, palam ad se adire non patiuntur, filiumque puerili aetate in publico in conspectu patris assistere turpe ducunt. »

» teur et l'enfant confié à ses soins s'établissent
» les mêmes rapports que chez nous entre le père
» et le fils. Le caractère familial de ces rapports
» est reconnu par l'usage qui défend toute union
» entre la famille du tuteur et celle du pupille,
» étendant de cette façon à ces familles la règle
» exogamique qui est établie pour les rapports en-
» tre membres de la même famille et de la même
» confraternité. De notre temps, la coutume de
» confier à des mains étrangères l'éducation de
» l'enfant se perpétue de préférence dans les fa-
» milles princières et nobles, et ne s'applique ex-
» clusivement qu'aux garçons ; mais dans les an-
» ciens temps, cette coutume était générale et si
» sévèrement pratiquée, que la personne qui vou-
» lait être tuteur avait le droit de s'emparer par
» force de l'enfant et de l'emporter dans son *aoul*.
» Pendant tout le temps que le pupille reste dans
» la maison du tuteur, le père et la mère ne doi-
» vent pas, selon l'étiquette, s'informer de son sort,
» ni en général montrer la moindre inquiétude.
» Quand le pupille arrive à la majorité, c'est-à-dire
» quand il se montre capable de prendre part à la
» guerre, l'*atalyk* le conduit triomphalement à son
» père. Le père, après avoir comblé le tuteur de
» présents, reçoit le fils dans sa famille. Cet acte
» est précédé d'une cérémonie symbolisant le mau-
» vais vouloir de la famille à le laisser reconnaître
» pour fils. Bell, qui personnellement a été pré-
» sent à la remise du fils aux mains du père, ra-

» conte que la troupe de cavaliers qui recondui-
» sait le tuteur et son pupille subit une attaque
» simulée de la part de la jeunesse de l'*aoûl* pa-
» ternel. Quelques minutes se passèrent au milieu
» de coups de fusil tirés à poudre. Enfin l'*atalyk*
» réussit à se frayer un passage (1). »

En Irlande, cet usage s'étendait aux filles. Au temps de saint Patrice, le roi d'Irlande avait deux filles, et chacune était confiée à un druide (2).

Dans la noblesse irlandaise, l'éducation complète d'un fils coûtait une somme qui, pour les rangs inférieurs, égalait le prix de l'honneur du père, savoir :

Oc-aire, trois bêtes à cornes de valeur moyenne ou *séd* (3), c'est-à-dire par exemple trois génisses de deux ans (4). C'était le taux le moins élevé. Un *fer-midboth* n'aurait pu traiter à meilleur compte. Le tarif continue comme il suit :

Bô-aire, cinq *séd* (5) ou trois vaches (6);

(1) *L'Anthropologie*, t. IV, p. 268, 269. Cf. *Revue Celtique*, t. XV, p. 141.
(2) *Cours de littérature celtique*, t. I, p. 176-178. Whitley Stokes, *The tripartite Life of Patrick*, t. I, p. 92, 98-105; t. II, p. 315-317. Hogan, dans *Analecta Bollandiana*, t. II, p. 48-51.
(3) *Ancient Laws of Ireland*, t. II, p. 150, l. 19-20.
(4) *Ibid.*, t. II, p. 150, l. 10-11.
(5) *Ibid.*, t. II, p. 152, l. 16.
(6) *Ibid.*, t. II, p. 150, l. 12-13; comparez la *Collection canonique irlandaise*, l. XLI, c. 4, 2ᵉ édit. de Wasserschleben, p. 158, où le legs pieux permis au *princeps* est fixé au *pretium ancillae* (= trois vaches). En principe, le montant du legs pieux permis est égal au prix de l'honneur.

Aire dêsa, dix *séd* (1) ou six vaches (2) ;
Aire ard, quinze *séd* ou neuf vaches (3).

Pour les degrés supérieurs, le coût total de l'éducation des fils était un peu inférieur au prix de l'honneur du père.

Ainsi, pour le fils de l'*aire forgill*, l'éducation coûtait douze vaches, ou vingt *séd*, tandis que le prix de l'honneur du père s'élevait à trente *séd* ou dix-huit vaches. Le prix de l'honneur du roi atteignait trente-cinq *séd* ou vingt et une vaches, et l'éducation complète de son fils était tarifée à trente *séd* ou dix-huit vaches (4).

§ 10. — *La hiérarchie sociale en Gaule.*

Il n'y a pas lieu de soutenir que tous ces tarifs si précis dussent exister déjà dans la Gaule au temps de César. Mais quant aux traits généraux de la société dont ils sont l'expression, on les trouvait chez les Gaulois avant la conquête romaine.

« Il y a, » dit César, « deux espèces d'hommes
» qui sont comptés pour quelque chose et auquel
» on rend honneur… L'une ce sont les druides,
» l'autre ce sont les chevaliers (5). »

---

(1) *Ancient Laws of Ireland*, t. II, p. 154, l. 5. La correction faite dans la traduction, p. 155, l. 7, est excellente.

(2) *Ibid.*, t. II, p. 150, l. 13-14. Quatre vaches, sont une erreur évidente. Le texte est corrompu.

(3) *Ibid.*, t. II, p. 150, l. 14.

(4) *Ibid.*, t. II, p. 150, l. 14-16.

(5) « In omni Gallia eorum hominum, qui aliquo sunt numero

Le christianisme en Irlande a mis hors la loi les druides, les a remplacés par le clergé chrétien qu'il a élevé au niveau de la noblesse; il a conservé la même dignité aux *fili* ou *file* qui paraissent être une catégorie de druides laïcs et lettrés (1). Quant aux chevaliers, *equites*, de César, ils sont identiques aux *aire* de l'Irlande.

« La plèbe, » ajoute César, « est presque dans la
» situation des esclaves romains; elle n'ose jamais
» agir par elle-même, elle n'est admise à aucune
» assemblée publique. La plupart des plébéiens
» gaulois, écrasés par les dettes, par l'énormité
» des impôts ou par l'injustice d'hommes plus
» puissants, se placent dans l'esclavage, sous la
» domination des nobles qui ont sur eux les mêmes
» droits que le maître romain sur ses esclaves (2). »
La plèbe gauloise de César, c'est le *fer-midboth* de l'Irlande. Les plébéiens réduits à se mettre euxmêmes dans une situation subordonnée comparable à celle des esclaves romains, ce sont les vassauxserfs (*dóer-céle*) des textes irlandais. La convention qui les met dans cette position infime est le contrat de cheptel servile dont nous allons parler.

atque honore, genera sunt duo... De his duobus generibus alterum est druidum, alterum equitum » (*De bello Gallico*, l. VI, c. 13, §§ 1, 3).

(1) *Cours de littérature celtique*, t. I, p. 333 et suiv.

(2) « Plebes pone servorum habetur loco, quae nihil audet per se, nulli adhibetur concilio. Plerique, cum aere alieno, aut magnitudine tributorum, aut injuria potentiorum premuntur, sese in servitutem dicant nobilibus, quibus in hos eadem sunt jura, quae dominis in servos » (*De bello Gallico*, l. VI, c. 13, §§ 1, 2).

§ 11. — *La féodalité celtique et le cheptel.*

La féodalité celtique a pour base, non la concession de la terre, mais celle du cheptel. La terre est en théorie propriété de l'état, de la cité, du peuple. Le roi peut, comme magistrat, autoriser un citoyen à prendre possession d'une portion de territoire pour y établir sa demeure. Ce n'est pas comme suzerain féodal qu'il agit. Dans la pièce intitulée « Cause de la bataille de Cnucha, » on voit le roi suprême Cathair, qui régna au second siècle de notre ère (1), assigner à son druide une pièce de terre pour s'y construire une habitation ; il ne lui impose aucune redevance, aucun service, il ne lui concède pas cette terre en fief (2). Quand environ cinq siècles plus tard, Diarmait et Blathmaic, fils d'Aed Slâne, conjointement rois suprêmes (3), partagèrent l'Irlande entre les habitants et donnèrent à chacun neuf sillons de marais, autant de terre et autant de forêt (4), cette répartition ne se

---

(1) Mort en 122 suivant les Quatre Maîtres, en 167 suivant Tigernach.

(2) Voir cette pièce chez E. Windisch, *Kurzgefasste irische Grammatik*, p. 121, et la traduction dans le *Cours de littérature celtique*, t. V, p. 379.

(3) Ils régnèrent de 657 à 664 suivant les Quatre Maîtres, de 654 à 665 suivant Tigernach.

(4) « Au temps du roi Conchobar, » dit la pièce intitulée *Compert Conculainn*, « il n'y avait ni fossé, ni haie, ni levée de terre » autour de champ en Irlande. Il en fut ainsi jusqu'au temps des

FÉODALITÉ CELTIQUE ET CHEPTEL.   119

fit pas plus à titre de fief qu'en France le partage des biens communaux prescrit à la fin du siècle dernier par une loi révolutionnaire.

La plus ancienne forme du contrat qui produit la vassalité et qu'on peut appeler contrat féodal est le contrat de cheptel. Par le contrat de cheptel, le preneur reçoit du bailleur une ou plusieurs têtes de bétail et contracte en conséquence des obligations que ce contrat détermine. Le bétail est la plus vieille monnaie de compte. Chez les Germains, au temps de Tacite, le bétail était la seule richesse (1); les compositions pour crimes et délits s'acquittaient en chevaux et en bestiaux (2). Dans l'Inde brahmanique elles se payaient en vaches (3) et dans le droit arabe primitif c'était en chameaux (4). Chez les Grecs d'Homère, les belles

» fils d'Aed Slâne; il n'y avait jusque-là que des plaines unies.
» Alors le grand nombre des feux fut cause que les fils d'Aed
» Slane entreprirent de limiter les champs » (Windisch, *Irische Texte*, t. I, p. 136, l. 11-14). — « Au temps des fils d'Aed Slâne, » lisons-nous dans la préface de l'*Hymne de Colman*, « il y avait
» beaucoup d'hommes en Irlande; leur nombre était si grand,
» que chacun dut se contenter de trois fois neuf sillons, savoir :
» neuf de marais, neuf de terre, neuf de forêt » (Whitley Stokes, *Góidelica*, 2ᵉ édit., p. 121, l. 16-19). — Cf. *Cours de littérature celtique*, t. V, p. 34.

(1) « Ne armentis quidem suus honor aut gloria frontis; numero gaudent. Eaeque solae et gratissimae opes sunt » (*Germania*, c. 5).

(2) « Equorum pecorumque numero convicti multantur » (*Germania*, c. 12). « Luitur etiam homicidium certo armentorum ac pecorum numero » (*Ibid.*, c. 21).

(3) Dareste, *Etudes d'histoire du Droit*, p. 71.

(4) *Ibid.*, p. 64.

filles sont celles dont le mariage rapportera beaucoup de vaches à leur père, quand il les vendra à leur époux (1). Tout le monde sait que le latin *pecunia*, dérivé du primitif *pecu*, « bétail, » rappelle le souvenir de l'époque primitive où Rome ne connaissait pas d'autre monnaie de compte que les animaux domestiques : *in pecore tum consistebat*, dit Varron, *pecunia pastoribus*.

Le monde celtique est passé par cet état primitif auquel remonte le *Senchus Mór*, sauf la glose, et dont datent aussi tous les autres monuments les plus anciens du droit irlandais. Le chef celtique n'a pu disposer de la terre en faveur de ses vassaux tant que la propriété du sol a été considérée comme dépendant du domaine de la cité (2); il leur donnait des bestiaux, comme ont fait aussi les Germains. Le mot français *fief* est identique au bas latin *feuum* qui n'est qu'une forme latinisée du germanique *fehu*, en gothique *faihu*, en allemand moderne *vieh*, « bétail; » *fehu* est lui-même la notation germanique d'un primitif *pecu*, d'où le latin

---

(1) « Παρθένοι ἀλφεσίβοιαι » (*Iliade*, XVIII, 593).

(2) Des textes que j'ai cités (*Recherches sur l'origine de la propriété foncière*, p. 100 et suiv.), rapprocher le passage de Diodore de Sicile, l. V, c. 34. § 3, qui nous apprend que chez les *Vaccaei*, peuple celtique d'Espagne, on faisait tous les ans le partage des terres labourables (*Revue celtique*, t. XIV, p. 176). Ce texte est assez important pour être reproduit ici : Οὗτοι γὰρ καθ' ἕκαστον ἔτος διαιρούμενοι τὴν χώραν γεωργοῦσι, καὶ τοὺς καρποὺς κοινοποιούμενοι μεταδιδόασιν ἑκάστῳ τὸ μέρος, καὶ τοῖς νοσφισαμένοις τι γεωργοῖς θάνατον τὸ πρόστιμον τεθείκασι. Edition Didot, t. I, p. 275, l. 10-14.

pecus, pecudis, « tête de bétail, » et dont la racine est identique à celle de *pecus, pecoris*, « troupeau, bétail. » Le fief immobilier français date seulement des temps où la théorie antique de la vassalité, expulsée de Gaule par la conquête romaine, y a été ramenée par les Germains (1). Ceux-ci, en Gaule, ont trouvé établi le système impérial romain de la propriété foncière qui alors a changé les conditions de la vassalité primitive et lui a donné une base immobilière originairement inconnue.

Toutefois le mot *fief* a conservé dans le moyen âge français une acception conforme en une certaine mesure à sa valeur primitive et à son étymologie.

A côté du fief immobilier, qui joue un si grand rôle dans l'histoire de la France monarchique, le moyen âge français connaît le fief de soudée, qui consiste en une rente d'argent. Dans le contrat qui donne naissance à ce fief, l'argent prend la place des bestiaux, comme il l'a fait dans la composition pour crime telle que les lois germaniques les plus anciennes la réglementent. Les comptes du moyen âge nous offrent souvent un chapitre intitulé : *Fiefs*, et ce chapitre est consacré aux salaires ou honoraires en argent payés par le comptable comme

---

(1) Une trace du maintien de la vassalité en Espagne sous l'empire romain a été conservée par une inscription qui, aujourd'hui, appartient au musée de Berlin, *Corpus inscriptionum latinarum*, t. II, n° 2633; Bruns, *Fontes juris romani antiqui*, 4° édition, p. 245-246.

rémunération de divers services rendus à la personne dans l'intérêt de laquelle le compte est dressé. « Salaire » ou « honoraires » est encore un des sens du mot anglais *fee*, lequel est identique au gothique *faihu*, « bétail. » Les plus anciens salaires se payaient en bétail, et quand le salarié contractait un engagement dont la durée atteignait plusieurs années, le contrat de cheptel était la forme naturelle de la convention ; le salarié recevait une certaine quantité de bétail, à charge de livrer au bailleur une partie du croît et de lui rendre certains services. C'est du bétail que devaient avoir reçu les *clientes* et les *obaerati* dont l'Helvète Orgétorix était entouré en même temps que de ses dix mille esclaves, *familia*, quand, en l'an 60 av. J.-C., accusé de haute trahison, il comparut devant le tribunal de la cité et obtint par la terreur remise de l'affaire (1). Les hommes puissants qui, grâce à leur fortune, louaient des hommes à cette époque en Gaule, et qui, par ce moyen, s'emparaient de la royauté (2), avaient donné à ces hommes du bétail à titre de cheptel. La monnaie d'or et d'argent était alors récente en Gaule ; elle ne servait guère probablement que dans le commerce, où les relations avec les Grecs l'avaient introduite ; pour modifier les formes d'un contrat aussi ancien et aussi impor-

---

(1) *De bello Gallico*, l. I, c. 4, § 2.
(2) « Ab nonnullis etiam, quod in Gallia a potentioribus atque iis, qui ad conducendos homines facultates habebant, regna occupabantur » (*De bello Gallico*, l. II, c. I, § 4).

tant que le contrat féodal, il faut un long espace de temps qui ne s'était pas encore écoulé quand, en l'an 58 av. J.-C., César commença la conquête de la Gaule.

§ 12. — *Deux espèces de cheptel. Deux classes de vassaux.*

Le droit irlandais distingue deux espèces de cheptel : le cheptel servile et le cheptel libre ; d'où deux sortes de vassaux : les vassaux serfs, les vassaux libres. Ce sont les vassaux serfs, semble-t-il, que César appelle *ambacti ;* il donne aux vassaux libres le titre de *clientes.* Dans un passage du *De bello Gallico*, la formule *servi et clientes* paraît exprimer la même idée qu'ailleurs la formule *ambacti et clientes* (1). Autrefois, dit César, on brûlait aux funérailles des chefs, les *servi et clientes* « pour lesquels on savait que le mort avait eu de l'affection (2). » « Plus un chevalier est de haute » naissance et riche, » rapporte ailleurs César, « plus grand est le nombre des *ambacti* et des » *clientes* qu'il a autour de lui à la guerre (3). »

(1) Observation de M. E. Windisch, dans les *Comptes rendus de l'Académie royale des sciences de Saxe* (séance du 14 juin 1892), p. 159 de l'année 1892.
(2) « Quos ab eis dilectos esse constabat » (l. VI, c. 19, § 4).
(3) « In bello versantur, atque ut eorum quisque est genere copiisque amplissimus, ita plurimos circum se ambactos clientesque habet » (l. VI, c. 15, §§ 1, 2). Cf. « clientes et obaerati, » ci-dessus, p. 122.

Ambactus est par conséquent une sorte de *servus* qui se distingue du *servus* romain en ce qu'il est armé et en ce qu'il accompagne son maître à la guerre. C'est sous cette réserve qu'il faut admettre l'assertion de Festus, que *ambactus* est un mot gaulois signifiant *servus* et employé déjà avec cette valeur par Ennius (239-169 av. J.-C.) (1).

Quand le cheptel est libre, le preneur peut, en rendant le bétail qu'il a reçu, se dégager de toute obligation : « Si le preneur est dégoûté de son » marché, » dit le *Senchus Mór*, « il est maître de » restituer quand il lui plaît (2). » Quand, au contraire, le cheptel est servile, la règle générale est que le preneur ne peut se dégager sans rendre le

_____

(1) « Ambactus apud Ennium lingua gallica servus appellatur. » Holder, *Altceltischer Sprachschatz*, au mot *ambactus*, donne les textes où des glossateurs plus récents ont reproduit la doctrine de Festus. Comparez le texte grec suivant : « Ἐπάγονται δὲ καὶ, θεράποντας ἐλευθέρους ἐκ τῶν πενήτων καταλέγοντες, οἷς ἡνιόχοις καὶ παρασπισταῖς χρῶνται κατὰ τὰς μάχας. » Diodore de Sicile, l. V, c. 29, § 2 ; édition Didot, t. I, p. 271, l. 29-31. Les *Ambacti* faisaient partie de cette plèbe qui, suivant César, *nulli adhibetur concilio.* Cette exclusion des assemblées politiques avait une exception : la plèbe choisissait son général, tandis que le magistrat annuel, le *vergobretos*, était élu par l'aristocratie : « Ἀριστοκρατικαὶ δ' ἦσαν αἱ πλείους τῶν πολιτειῶν · ἕν δ' ἡγεμόνα ᾑροῦντο κατ' ἐνιαυτὸν τὸ παλαιόν, ὡς δ' αὕτως εἰς πόλεμον εἰς ὑπὸ τοῦ πλήθους ἀπεδείκνυτο στρατηγός. » Strabon, l. IV, c. 4, § 3 ; édition Didot, p. 164, l. 5-9. Vercingétorix, quand il se révolta contre les Romains, fut l'élu du peuple arverne contre l'aristocratie. *De bello gallico*, l. VII, c. 4.

(2) « Mad scith lais ocus is meisech athcur cip cuin ro-cara » (*Ancient Laws of Ireland*, t. II, p. 206, l. 7-8).

double de ce qu'il a reçu (1) ; s'il donne à la résolution du contrat une forme injurieuse au bailleur, le prix de l'honneur du bailleur peut être en outre exigé par ce dernier (2) ; le preneur n'a le droit de rompre le contrat par la simple restitution que si le bailleur a été exclu de la *flaith* pour manquement à ses devoirs.

« Il y a, » dit la préface du *Senchus Mór*, « qua» tre dignitaires de la cité qui de grands deviennent » petits ; ce sont : le roi, qui a rendu un faux ju» gement (3) ; l'évêque, qui s'est laissé tomber ; le » *file*, qui a trompé les gens ; l'*aire*, indigne, *ei*» *sindraic* ; ils ne remplissent pas leurs devoirs : » on ne leur doit pas de composition (4). » Un canon irlandais, attribué à saint Patrice, est ainsi conçu : « Quiconque, ayant un grade, est tombé, » se relèvera dégradé (5). »

---

(1) « Aithgin con diabul » (*Ibid.*, t. II, p. 318, l. 28 et dernière).
(2) *Ibid.*, t. II, p. 328, l. 21-23. Gilbert, *Facsimilés of national Mss. of Ireland*, partie III, pl. VIII.
(3) Sur les jugements des rois, voir plus haut, page 104 note, où l'on explique que ces jugements, quand ils étaient rendus entre particuliers, étaient arbitraux, et ne s'exécutaient pas sans le consentement des parties.
(4) *Ibid.*, t. I, p. 54, l. 7-10.
(5) « Quicunque sub gradu cecidit, sine gradu consurget » (Wasserschleben, *Die irische Kanonensammlung*, 2ᵉ édit., p. 30, note c ; cf. Haddan et Stubbs, *Councils and ecclesiastical documents relating to Great-Britain and Ireland*, t. II, p. 334, canon IX. Dans le Pénitentiel de Cummianus (c. 2, § 1), on lit : « Episcopi, presbyteri, diaconi fornicationem facientes degradari debent (Migne, *Patrologia latina*, t. LXXXVII, col. 983 B ; Wasserschle-

Comment l'*aire* devient-il « indigne, » *eisindraic?* La glose de la préface du *Senchus Môr* dit que c'est quand il commet un vol. Suivant le juriste qui a glosé le texte du *Senchus Môr*, au traité du cheptel servile, l'*aire* se rend indigne quand il fait un faux témoignage, *guforgell no guafiadhnuisi* (1), soit contre son vassal, soit contre toute autre personne ; alors il n'a plus droit au prix de son honneur, il est « sans valeur, » *anfoltach*, et « indigne, » *esinruic*. On a vu plus haut, p. 109, que la valeur du témoignage est égale au prix de l'honneur du témoin.

Le contrat de cheptel servile se forme par la remise au preneur : 1° des bestiaux qui sont le capital de la rente à servir par lui sous forme de diverses redevances et de certains services ; — on appelle ces animaux *turcreic*, c'est-à-dire « prix d'achat ; » — 2° des bestiaux qui constituent le prix de son honneur ; — on appelle ceux-ci bestiaux échangés, *séuit turclôidi* (2). — La règle est donnée formellement par le *Senchus Môr*, « prix de l'honneur de chacun, voilà ses *séuit turclôidi* (3). »

---

ben, *Die Bussordnungen der abendländischen Kirche*, p. 468).

(1) *Ancient Laws of Ireland*, t. II, p. 322, l. 18-19. La traduction rend *guforgell* par *false judgement;* c'est un contresens.

(2) « Seoit turcluide . i . is-ed tuillid in aigillne . i . seoit doberur a cloatar in daer-rath, is-i sin in aigillne » (*Ibid.*, t. II, p. 222, l. 12-13). « Bestiaux échangés, c'est-à-dire c'est ce qui mérite la » servitude, c'est-à-dire bestiaux qu'on donne et qui sont la cause » du contrat de cheptel servile; de là vient la servitude. »

(3) « Log enech cach-ain is-edh a seota turcluide » (*Ibid.*, t. II, p. 226, l. 13; cf. *Lebar Aicle*, *ibid.*, t. III, p. 334, l. 5, 6).

La conséquence évidente de la vente du prix de l'honneur par le preneur du cheptel servile était que le droit de se faire payer cette partie de la composition appartenait au bailleur du cheptel quand le preneur était tué ou victime d'un crime ou délit qui donnait lieu au payement d'une composition.

Le preneur du cheptel libre ne recevait que le tiers du prix de son honneur outre le bétail formant le cheptel ; il devait : 1° une rente en nature équivalente au tiers du capital reçu, en sorte qu'en Irlande l'intérêt était pour lui de trente-trois pour cent (1) ; 2° un travail physique non payé, *manchuine*, par exemple : concours à la construction ou à la réparation de la forteresse du chef, à la moisson des blés du chef, enfin à sa guerre ; 3° un acte d'hommage renouvelable tous les trois ans et qui consistait à se tenir debout devant le bailleur assis (2).

Le preneur du cheptel servile avait des charges analogues : travail physique, notamment

---

(1) « A trian cach seoit issi a somuini co cenn bliadna ; » littéralement : « Son tiers de chaque bête, voilà son revenu jusque » fin d'année » (*Ancient laws of Ireland*, t. II, p. 194, l. 17).

(2) *Ibid.*, t. II, p. 194, l. 3, 10-15. « Manchuine ocus ureirge » ... « Fer cacha somhuine do denum a duine no a meithle... no a » sluaighedh... Fer cacha somhuine gach tres bhliadhain dogres » don flaith .i. comeirghe do denumh ime, coin beit a suidiu. » Sur l'obligation de construire la forteresse du chef, cf. *ibid.*, t. I, p. 218, l. 27.

service de guerre (1), moisson (2); le bailleur nourrissait le preneur quand il l'occupait, et la redevance en nature était moins lourde; le plébéien, *fer midboth*, devait chaque année une génisse d'un an pour un cheptel servile de douze bêtes à cornes de valeur moyenne (3) : ce n'était qu'un intérêt d'un peu plus de huit pour cent par an. L'*óc-aire*, c'est-à dire le noble de dernière classe, recevait seize bêtes à cornes pour une rente annuelle d'un veau mâle de deux ans encore dépourvu de cornes (4). C'était un intérêt d'un peu plus de six et demi pour cent par an. Le *bóaire*, auquel on donnait trente bêtes à cornes, c'est-à-dire, en comptant cinq bêtes moyennes pour trois vaches, dix-huit vaches, devait fournir chaque année le dix-huitième de cette valeur, soit une vache d'intérêt (5); il avait donc à supporter un intérêt de cinq et demi pour cent seulement par an.

Outre le cheptel proprement dit, *turcreic*, ce plébéien, cet *óc-aire*, ce *bó-aire* avaient reçu du bailleur la totalité du prix de leur honneur : une jeune bête à cornes pour le plébéien, trois pour l'*óc-aire*, cinq (ou trois vaches) pour le *bóaire*, et, pour ce supplément de cheptel, ils ne devaient aucune rente. Le

---

(1) « Do fuba ocus do ruba » (*Ibid.*, t. II, p. 232, l. 18).
(2) « Moithle .i. do neoch is flaith cetgiallna. » *Ibid.*, t. I, p. 162, l. 16.
(3) *Ibid.*, t. II, p. 258, l. 14-16.
(4) *Ibid.*, t. II, p. 260, l. 1-3.
(5) *Ibid.*, t. II, p. 260, l. 9-10.

cheptel servile était donc beaucoup plus avantageux pour le preneur que le cheptel libre, seulement c'était une dégradation. Le preneur n'avait plus droit au prix de son honneur. Comme le plébéien de Gaule au temps de César, il n'était plus du nombre des hommes qui comptent et auquel on rend quelque honneur, *qui aliquo sunt numero atque honore* (1) ; il était le type de ces malheureux Gaulois qui, écrasés de dettes, *aere alieno*, se mettaient eux-mêmes en servitude sous la domination des nobles (2) ; l'obligation de faire la moisson du chef, de bâtir ou de réparer son fort, est ce qui a fait dire à César que la plupart des plébéiens gaulois étaient dans une position identique à celle de l'esclave romain : *in hos eadem omnia sunt jura quae dominis in servos* (3). Mais il y avait entre eux et l'esclave romain cette grande différence qu'ils étaient les compagnons de guerre du maître. Le texte irlandais est formel. Et César, qui emploie le mot *ambactus* comme synonyme de *servus*, dit que la puissance militaire des chefs gaulois dépend, entre autres choses, du nombre de leurs *ambacti* (4) ; sa doctrine est donc sur ce point d'accord avec la loi irlandaise. L'*ambactus* gaulois était un guerrier, maxime contraire aux règles du droit romain sur

---

(1) *De bello Gallico*, l. VI, c. 13, § 1.
(2) « Sese in servitutem dicant nobilibus. » *De bello gallico*, l. VI, c. 13, § 2.
(3) *De bello gallico*, l. VI, c. 13, § 2.
(4) *De bello Gallico*, l. VI, c. 15, § 2.

la condition des esclaves. De plus, il avait probablement comme le *dóer-céle* d'Irlande, le droit de quitter un maître avare et dur pour un maître plus libéral et plus doux, qui le mettait à même de rembourser sa dette envers le premier ; nous avons déjà cité le passage des *commentaires* où César se plaint de ces ambitieux riches qui employaient leur fortune à louer des hommes, et qui par ce moyen parvenaient à la royauté (1). L'*ambactus* était dans une certaine mesure un homme libre (2), mais il n'avait plus droit au prix de son honneur ; il lui manquait la considération et l'influence dont la mesure était donnée par le montant plus ou moins élevé du prix de l'honneur chez les membres de l'aristocratie (voy. ci-dessus, p. 109 et suivantes).

§ 13. — *Le prix de l'honneur dans la Bretagne française et dans le pays de Galles.*

La théorie irlandaise du prix de l'honneur paraît donc avoir existé en Gaule. L'expression celtique pour désigner cette partie de la composition signifie littéralement « prix du visage, » tel est le sens des mots *enech-lann, lóg enich* en irlandais ; et, comme nous l'avons dit, on l'explique par la rougeur que l'injure fait monter au visage de l'insulté. Cette expression s'emploie pour les hommes ; elle s'em-

---

(1) Voir ci-dessus, p. 122, note 2.
(2) Voir ci-dessus, p. 124, note 1.

ploie aussi pour les femmes dont la pudeur est atteinte soit par le viol, soit par le mariage. Le douaire rentre dans la théorie du prix de l'honneur ou du visage : prix du visage de la vierge, *lóg enich oige*, dit le *Senchus Môr* ; on conçoit de même le prix du visage de l'épouse : la déesse Liban, dans une pièce épique, parle du bracelet d'or qu'en l'épousant le dieu Manannan lui donna pour l'indemniser de l'avoir fait rougir ; ce bracelet avait été le douaire ou *morgen gabe* de la mariée (1).

Le prix du visage, *enep uuert* ou *guerth* en breton, se retrouve dans les monuments les plus anciens du droit breton en France. Un texte du onzième siècle est formel, il appartient au cartulaire de l'abbaye de Landévennec : une certaine Alarun donne à ce monastère une propriété appelée Caer Uuitcan qu'elle a reçue en douaire, *in ditatione* (lisez *dotatione*); c'est-à-dire, ajoute l'acte, en *enep guerth*, de son mari (2). Une charte du neuvième siècle offre la même formule avec une notation plus ancienne et le même sens. Deurhoiarn et Roiantken, sa femme, voulant assurer la paix de leur tombe, achètent une concession à perpétuité dans le vestibule du monastère de Saint-Maxence. Le prix de la concession est pour la femme une propriété que

---

(1) E. Windisch, *Irische Texte*, t. I, p. 225, l. 16. *Cours de littérature celtique*, t. V, p. 213.
(2) *Collection de documents inédits sur l'histoire de France publiés par les soins du Ministre de l'Instruction publique. Mélanges*, t. V, p. 572, n° 44.

Riuualt lui a donnée en *enep-uuert* (1). Riuualt est le père de son mari. Riuualt a fourni le douaire dû par Deurhoiarn, son fils, qui n'avait pas de fortune ; il a de même payé la composition due par Deurhoiarn à Noménoé pour meurtre d'un des hommes de ce prince (2). *Enep-uuert* s'écrivait *enebarz* au seizième, au dix-septième et au dix-huitième siècle, et on le traduisait par « douaire (3). » Cette expression appartient aussi au droit gallois où elle ne s'est pas spécialisée comme sur le continent français.

Enep, « visage, » s'écrit, en gallois, *gwyneb*; dans le *Code vénédotien*, c'est-à-dire dans la loi du Nord, *enep-uuert* est devenu deux fois *gwynebwarth*; c'est, dans ce code, le nom de la composition due au juge dont on a injustement attaqué la sentence (4); mais cette composition est appelée *sarhaet* dans le code de Gwent, c'est-à-dire du Sud-Est (5), et, dans le document latin, connu

---

(1) A. de Courson, *Cartulaire de Redon*, p. 184.

(2) *Ibid.*, p. 81.

(3) E. Lhuyd, *Archaeologia britannica*, t. I, p. 202 ; Grégoire de Rostrenen, *Dictionnaire français et celtique*, au mot DOUAIRE. Ce mot n'a pas été bien expliqué par Le Pelletier, *Dictionnaire de la langue bretonne*, col. 275. Voyez au contraire J. Loth, *Chrestomathie bretonne*, première partie, breton armoricain, p. 128, 259; Ernault, *Le Mystère de Sainte Barbe*, p. 282.

(4) *Code vénédotien*, l. III, préface, chez Aneurin Owen, *Ancient Laws and Institutes of Wales*, in-f°, p. 106; in-8°, t. I, p. 218.

(5) *Code de Gwent*, l. I, c. 13, § 9, in-f°, p. 315; in-8°, t. I. p. 644.

sous le nom de *Leges Howeli Boni* (1). *Sarhaet* est le terme ordinaire en droit gallois pour désigner toute composition qu'une injure motive.

Mais aux termes du Code vénédotien, c'est le *gwyneb-warth* que doit le portier du roi aux grands officiers de ce prince quand il refuse l'entrée du palais (2). Les Gallois traduisent *gwyneb-warth* par « honte du visage ; » mais dans ce composé, *warth*, « honte, » est une prononciation défectueuse de *werth*, « valeur, prix ; » comparez le breton *enebarz* pour *enep-uuert*.

Dans les deux cas précités, le *gwyneb-warth* gallois paraît avoir conservé le sens général de l'*enechlann* irlandais ; mais, habituellement, ce mot a pris, en droit gallois, un sens spécial ; il s'emploie exclusivement dans les dispositions législatives relatives aux femmes ; il ne désigne pas, comme son équivalent breton, le douaire, pour lequel le pays de Galles a une expression technique, *cowyll* ; il exprime les injures faites aux femmes par des actes immoraux, comme le rapt (3), la séduction suivie d'abandon (4), l'infidélité du mari (5). Les copistes écri-

---

(1) Livre I, c. 8, titre ; in-f°, p. 774 ; in-8°, t. II, p. 754.
(2) Livre I, c. 20, § 9, in-f°, p. 22 ; in-8°, t. I, p. 46.
(3) *Code Vénédotien*, l. II, c. 1, § 37 ; in-f°, p. 44 ; in-8°, t. I, p. 92.
(4) *Code de Gwent*, l. II, c. 29, § 42 ; in-f°, p. 367 ; in-8°, t. I, p. 754.
(5) *Code Vénédotien*, l. II, c. 1, § 9 ; in-f°, p. 39 ; in-8°, t. I, p. 84.
— *Code Dimétien*, l. II, c. 8, § 74 ; in-f°, p. 223 ; in-8°, t. I, p. 456.

vent ordinairement le second terme du composé *werth* et non *warth* quand il s'agit du droit des femmes, mais cette nuance orthographique paraît n'avoir, quoiqu'on en dise, aucune valeur étymologique.

Le droit breton et le droit gallois ont chacun et d'une manière indépendante restreint l'emploi de l'expression celtique qui, en Bretagne et en Galles, signifiait « prix du visage; » cela ne nous empêchera pas de conclure que cette expression a dû avoir chez eux, à l'origine, la même importance que l'expression irlandaise correspondante. Le composé irlandais *enech-lann* et le composé gallois et breton *enep-uuert* ont exactement le même sens; le premier terme est identique, *enep* = *enech*; la consonne finale est, dans le premier, le représentant gaulois; dans le second, le représentant irlandais d'un *q* primitif (1). Exprimer l'idée d'honneur par un mot signifiant « visage » et faire du prix de l'honneur un élément de la composition, c'est, quant à la forme et quant au fond, une doctrine celtique qui doit remonter à la plus haute antiquité.

§ 14. — *Le prix de l'honneur proportionné à la gravité de l'injure.*

Naturellement, le prix de l'honneur, qui dépend

— *Code de Gwent*, l. II, c. 29, § 27, 30; c. 39, § 47; in-f°, p. 365, 366, 385; in-8°, t. I, p. 748, 750, 788.

(1) Whitley Stokes, *Urkeltischer Sprachschatz*, p. 48.

de la dignité de la personne injuriée, dépend aussi de la gravité de l'injure. Un coup mortel donne à la famille du mort le droit d'exiger la totalité du prix de l'honneur. Pour une blessure qui cause simplement effusion de sang et qui a été faite dans un accès de colère, le blessé n'a droit qu'au quart du prix de l'honneur (1). Quand la blessure n'a produit que de l'enflure, il ne peut réclamer que l'indemnité dite *airer* (2) ; c'est le septième du prix de l'honneur (3) ; alors l'injure prend le nom d'*enech-ruice* (4) ou d'*enech-griss* (5). Ces mots veulent dire « honte de visage, » « rougeur de visage. »

§ 15. — *Rachat de la vie du coupable dans la loi salique, dans la loi des Douze Tables et en droit irlandais où le terme consacré* smacht *a aussi un sens différent.*

A côté du système de composition dont nous avons parlé jusqu'ici, il y en a un autre qui, au lieu d'être fondé sur la valeur légale de l'offensé, a pour base la valeur légale du coupable. La composition, dont le tarif est fixé d'après le second

---

(1) *Ancient Laws of Ireland*, t. III, p. 236, l. 20-21.

(2) *Ibid.*, l. 16-17.

(3) *Ancient Laws of Ireland*, t. I, p. 232, l. 27; t. II, p. 204, l. 23-24.

(4) *Ibid.*, t. I, p. 166, l. 18; t. II, p. 26, l. 9-12; p. 204, l. 22-23; p. 396, l. 30; p. 398, l. 11-12. (Cf. Glossaire de Cormac, chez Whitley Stokes, *Three Irish Glossaries*, p. 19.)

(5) *Ibid.*, t. II, p. 204, l. 23. (Cf. Glossaire de Cormac, *ibid.*)

système, s'appelle *smacht* en irlandais. La règle est donnée comme il suit par le livre d'Aicill : « Toutes
» les fois qu'on paye la composition appelée *smacht*,
» le payement se fait conformément à la condition,
» *aicned*, du payeur ; toutes les fois qu'il s'agit du
» prix de l'honneur *enechlann*, le payement se fait
» conformément à la condition du payé (1). »

On trouve aussi dans la loi salique des exemples de composition réglée d'après la valeur du coupable. L'expression technique dans ce document est *vitam redimere, se redimere*, « racheter sa vie, se racheter. » Doit racheter sa vie, celui qui enlève un prisonnier au magistrat appelé grafion (2). La même obligation incombe au grafion en cas de déni de justice ; il doit se racheter en payant le prix qu'il vaut : *Quantum valet se redimere* (3). S'il ne paye ce prix, il payera de sa vie, ce qui s'appelle *de vita componere* (4). Le meurtrier insolvable est traité selon ce système, il perd sa vie si aucun de ses parents ne veut le racheter : *Si eum in compositionem nullus voluerit redimere, de vita componat* (5).

---

(1) « Cach uáir is [s]macht ictar ann, is a ic fo aicned[h] inti icas ; ocus cach uair is enechlann, is a ic fo aicnedh inti ris i n-ictar. » *Ancient Laws of Ireland*, t. III, p. 496, l. 8-10.

(2) *Loi Salique emendata*, c. XXXIV, § 5 ; édition Hessels, col. 194, 196, 197.

(3) *Loi Salique*, mss. 1-4, c. L, § 4 ; édit. Hessels, col. 325-328.

(4) Hessels, col. 327-332 ; cf. *Loi Salique*, c. LVIII (LX de la *lex amendata*, § 6, Hessels, col. 370-377).

(5) *Loi Salique*, c. LVIII, § 6 ; Hessels, col. 374.

C'est aussi la doctrine de la loi des douze tables ; suivant cette loi romaine, le débiteur, c'est-à-dire en général le meurtrier — je ne dis pas l'assassin auquel s'applique la loi de Numa (1) — après avoir été mis en vente à trois marchés successifs et n'avoir pas trouvé d'acheteur, reste à la disposition des créanciers, c'est-à-dire des parents de sa victime qui pouvaient le tuer, le vendre comme esclave en Etrurie ou même partager son corps comme ils auraient partagé la composition : *partes secanto* (2). La composition irlandaise dite *smacht* paraît être la continuation d'un usage commun aux Celtes, aux Germains et aux Latins.

Le montant complet du droit, appelé *smacht* en irlandais, est de sept femmes esclaves (3), c'est exac-

---

(1) Voyez ci-dessus, p. 77-78.

(2) « Erat autem interea jus paciscendi, ac, nisi pacti forent, habebantur in vinculis dies sexaginta. Inter eos dies trinis nundinis continuis ad praetorem in comitium producebantur, quantaeque pecuniae judicati essent, praedicabatur. Tertiis autem nundinis capite poenas dabant aut trans Tiberim peregre venum ibant... Verba ipsa legis dicam... *Tertiis*, inquit, *nundinis, partis secanto* » (Aulu-Gelle, l. XX, c. 1, § 46-49). Chez les Gaulois, les meurtriers étaient gardés en prison pendant cinq ans, au lieu de soixante jours seulement, avant d'être mis à mort : on les brûlait en sacrifices aux dieux au lieu de les couper en morceaux pour partager ces débris sanglants entre les parents du mort : « Τοὺς γὰρ κακούργους κατὰ πενταετηρίδα φυλάξαντες ἀνασκολοπίζουσι τοῖς θεοῖς, καὶ μετ' ἄλλων πολλῶν ἀπαρχῶν καθαγίζουσι, πυρὰς παμμεγέθεις κατασκευάζοντες. » Diodore de Sicile, l. V, c. 32, § 6 ; éd. Didot, t. I, p. 273, l. 50-53.

(3) « Secht cumala do smacht ocus lan enechlann » (*Ancient Laws of Ireland*, t. III, p. 396, l. 5-6 ; t. IV, p. 232, l. 7). « Log

tement le prix du corps d'un homme libre *coirp-dire*. Le *smacht* peut en grand nombre de cas être réduit au septième, c'est-à-dire à une femme esclave ou à l'équivalent : cinq bêtes à cornes de valeur moyenne, *séd* (1). C'est ce qui arrive quand le débiteur est un serf : le prix de son corps est réduit à la valeur d'une femme esclave : telle est la composition qu'il doit payer pour racheter sa vie quand il a commis un meurtre (2). De là résulte qu'en droit irlandais le mot *smacht* présente quelquefois un sens ou douteux, ou qu'on ne peut déterminer sans une certaine attention. Le *smacht*, peine du faux jugement, *smacht na gu-breithi* (3), est évidemment de sept femmes esclaves ou trente-cinq bêtes à cornes, car ce ne sont pas les serfs qui jugent. Tel est aussi le *smacht* qu'un homme libre est obligé de payer au noble, *aire*, pour avoir porté

---

n-einiuch ocus secht cumula coirpdire, ocus leth secht cumula smachta do eagluis coirpdire » (*Ancient Laws of Ireland*, l. III, p. 70, l. 7-8).

(1) « A smachta.i.cuic seoit » (*Ibid.*, t. II, p. 20, l. 20-21). « Smacht gille sechtmaidh » (*Ibid.*, t. I, p. 276, l. 6-7; p. 278, l. 1, 10 ; t. II, p. 96, l. 3; cf. t. I, p. 164, l. 5-6; p. 170, l. 11, 14).

(2) *Ibid.*, t. III, p. 102 : « Masa inann daer marbtha ocus daer folaigh, cumal air i-sin marbadh ocus cumal air i-sin folach. Masa sain daer marbtha ocus daer folaigh, cumal ar daer marbtha i-sin marbadh. » *Ibid.*, t. III, p. 102, l. 9-12 : « Si le serf qui tue et le » serf qui cache le cadavre sont le même homme, il doit une » femme esclave pour avoir tué et une femme esclave pour avoir » caché. Si le serf qui a tué est différent du serf qui a caché, le » serf qui a tué doit, pour le meurtre, une femme esclave. »

(3) *Ibid.*, t. I, p. 162, l. 7.

un faux témoignage à propos d'un contrat ou ce noble était partie (1) ou pour avoir tué quelqu'un qui était placé sous la protection de ce noble (2), tandis que le *smacht* dû faute de service au bailleur par le preneur du cheptel servile (3), n'est que de cinq bêtes à cornes ou d'une femme esclave (4), comme celui que toute personne doit pour s'être servie d'une serpe dont elle n'est pas propriétaire (5) et pour avoir anticipé sur un champ voisin (6). On peut remarquer que, dans ces deux exemples, *smacht* veut dire non pas « rachat de la vie, » mais composition égale au prix que vaut la vie d'un serf, composition dont le montant est soit une femme esclave, soit son équivalent : cinq bêtes à cornes de valeur moyenne ou trois vaches.

Enfin, dans quelques textes juridiques relativement modernes, le mot *smacht* désigne abusivement une composition dont le chiffre varie : vingt vaches, dix vaches, huit vaches, cinq vaches (7). Sous

---

(1) « Secht cumala do smacht » (*Ancient Laws of Ireland*, t. III, p. 396, l. 5).

(2) « Secht cumala do smacht » (*Ibid.*, t. IV, p. 232, l. 7).

(3) *Ibid.*, t. I, p. 162, l. 11-19; t. II, p. 224, l. 26; p. 226, l. 19.

(4) « A smachtaib .i. in cumal » (*Ibid.*, t. II, p. 234, l. 6). « Acht na ceilsine in chumal » (*Ibid.*, t. II, p. 320, l. 19).

(5) « Ouic seoit in smacht (*Ibid.*, t. I, p. 170, l. 11).

(6) *Ibid.*, t. I, p. 164, l. 5-6. « Im smacht do mona .i. cuic seoit in-inad da cuailli dec .i. smacht fothaig, » « Pour le *smacht* de ton » gazon, c'est-à-dire cinq bêtes à corne pour une contenance de » douze perches, c'est-à-dire *smacht* d'anticipation. »

(7) *Ibid.*, t. II, p. 276, l. 16-26; t. I, p. 136, l. 27, 29; p. 138, l. 8.

la plume des hommes étrangers au droit, le mot *smacht* ne prend pas un sens bien précis. Dans le plus ancien manuscrit en langue irlandaise qu'on possède, — nous voulons parler des gloses du commentaire des psaumes conservé à la bibliothèque ambrosienne de Milan, VIII° siècle, — l'accusatif pluriel *smachtu* explique les mots *conditiones pacis* (1), veut dire, par conséquent, « compositions » en général. Dans les gloses irlandaises de Würzburg, neuvième siècle, *smacht* a été employé pour exprimer la dureté des dispositions pénales de l'ancienne loi judaïque dont le chrétien s'affranchit. Ainsi saint Paul rappelle dans l'épître aux Galates le temps où il était ardent défenseur des traditions paternelles ; le glossateur explique par le génitif singulier *smachta* le génitif pluriel latin : *paternarum mearum traditionum* (2).

Un peu plus bas, dans la même épître, le glossateur commentant le texte de la Vulgate, fait dire à saint Paul que, si l'on se soumet aux prescriptions pénales de la loi judaïque, on commet un péché équivalant à l'idolâtrie ; or, « se soumettre aux prescriptions pénales de la loi judaïque, » c'est, dans le texte irlandais : *techt fo* SMACHTU *rechto*, littéralement « aller sous *peines* de droit (3). » La

---

(1) Page 135 c, édit. Ascoli, p. 564.
(2) Edition Whitley Stokes, p. 110 ; ms., f° 18 c, glose 18. Zimmer, *Glossae hibernicae*, p. 118.
(3) Edition Whitley Stokes, p. 115 ; ms., f° 19 d, glose 11. Zimmer, *ibid.*, p. 123.

même expression *smachtu rechto* ou *smachtu rechta* revient avec la même signification dans la glose de l'épître aux Thessaloniciens (1) et de l'épître aux Colossiens (2). *Smachtu*, dans le sens où il a été pris en ces trois endroits, pourrait être la traduction irlandaise du *poenas* de César, *De bello gallico*, l. IV, c. 13, § 5, étudié ci-dessus, p. 80-81.

Dans le morceau épique intitulé « Maladie de Cûchulain alité, » *Serglige Conculainn*, quand l'auteur veut parler d'une époque où l'Irlande n'avait pas de roi suprême, il dit que l'Irlande était sans pénalité imposée par un roi, littéralement « sans peine de roi, » *cen smacht rig* (3).

Ce sens vague du mot *smacht* dans divers textes n'empêche pas que *smacht* n'ait eu dans la langue la plus ancienne du droit irlandais un sens très précis et n'ait désigné la composition qu'un coupable devait payer pour racheter sa vie. Cette composition consiste soit en trente-cinq bêtes à cornes ou sept femmes esclaves pour l'homme libre, soit en cinq bêtes à cornes ou une femme esclave pour

---

(1) Edition Whitley Stokes, p. 150; ms., f° 26 a, glose 8. Zimmer, *Glossae hibernicae*, p. 157.

(2) Edition Whitley Stokes, p. 157; ms., f° 27 a, glose 24. Zimmer, *ibid.*, p. 164.

(3) Windisch, *Irische Texte*, t. I, p. 212, l. 21. Cette formule a été traduite par « autorité de roi suprême, » dans le *Cours de littérature celtique*, t. V, p. 186. La traduction d'O'Curry, *Atlantis*, t. I, p. 385, avait été *rule of a king*; M. Brian O'Looney l'avait reproduite chez Gilbert, *Fac-similés of national mss. of Ireland*, partie II, appendix IV B.

le serf; et, par extension dans les mêmes textes, *smacht* est le nom de toute composition fixée à cinq bêtes à cornes ou à leur équivalent, une femme esclave. Le principe juridique dont le mot *smacht* est l'expression en irlandais : *rachat de la vie*, appartient au droit germanique et au droit romain le plus ancien comme au droit celtique. Il remonte à l'antiquité la plus reculée. *Smacht* = *smactu-s* se rattache peut-être à la même racine que l'allemand *smach*, « honte, outrage, affront (1); » donner à la composition le nom de l'injure qu'elle compense est une métaphore naturelle.

§ 16. — *Autres ressemblances entre le droit irlandais et la loi salique. Le prix de l'homme libre, l'homme de quarante nuits, la saisie immobilière, la part du roi et du juge dans la composition, etc.*

Le tarif qui fixe à sept femmes esclaves le prix de la vie d'un homme libre et au septième de ce prix la valeur du serf paraît aussi dater d'une haute antiquité et avoir été commun aux Celtes et aux Germains. Dans les plus anciennes rédactions de la loi salique, trente sous d'or sont le montant de la composition due pour meurtre ou vol d'un esclave mâle ou femelle (2); or, sept fois trente font

---

(1) On suppose que le sens propre de l'allemand *Smach* est « acte de rapetisser, de rendre petit. » Kluge, *Etymologisches Wörterbuch der deutschen Sprache*, 5ᵉ édition, p. 329.

(2) *Lex Salica*, édit. Hessels et Kern, col. 55, art. 1, 6; col. 58,

deux cent dix ; deux cents sous d'or, montant de
la composition due pour meurtre d'un ingénu de
race franque, sont un nombre rond de sous d'or,
substitué au chiffre précis de deux cent dix sous
qu'aurait donné la conversion exacte en or du tarif
primitif celto-germanique, antérieur au remplacement des bestiaux et des esclaves par la monnaie
dans la comptabilité juridique (1).

Il y a d'autres points de détail sur lesquels le
droit germanique et le droit celtique offrent des
ressemblances qui peuvent difficilement être fortuites. Un de ces points de détail se rapporte à la
théorie de la composition, d'autres concernent des
matières juridiques d'ordre différent.

Ainsi, dans les rédactions les plus anciennes de
la loi salique, trente sous sont à la fois la composition due pour le vol ou le meurtre d'un esclave,
mâle ou femelle, — on l'a vu quelques lignes plus
haut, — et la composition qu'a droit d'exiger le
propriétaire d'un cheval, quand, sans le consentement de ce propriétaire, on est monté sur ce cheval et on a fait sur son dos une course quelcon-

art. 4 ; col. 60, art. 1 ; p. 425, art. 16. Cette composition fut ensuite
élevée à trente-cinq sous.

(1) Deux cents sous sont aussi la composition due pour meurtre d'un homme libre chez les Anglo-Saxons ; chez les Saxons,
c'est deux cent quarante sous. Grimm, *Deutsche Rechtsalterthümer*, 2ᵉ édit., p. 661.

que (1). Or, dans le *Senchus Môr*, cet usage abusif donne lieu au payement du *smacht*, c'est-à-dire de cinq bêtes à cornes, valeur de la vie d'un serf ou d'une femme esclave (2).

Parmi les détails où le droit des Celtes s'accorde avec le droit des Germains et qui nous font sortir du sujet principal traité dans ce chapitre, nous citerons d'abord l'usage irlandais et germanique d'appeler chaudière, *aeneum*, *caldaria*, *ketel* chez les Germains (3), *caire* en Irlande (4), l'épreuve de l'eau bouillante (5).

(1) « Si quis caballum alienum extra consilium domini sui caballicaverit, MCC dinarios, qui faciunt solidos triginta, culpabilis judicetur » (*Loi Salique*, c. XXIII, codex 1, et codex 2; édit. Hessels, col. 118, 119).

(2) « Foimrim eich buada .i. smacht; « pour avoir employé à » une course un bon cheval » (littéralement « un cheval de vic- » toire »), c'est-à-dire [demande du payement de la composition » dite] *smacht* » (*Ancient Laws of Ireland*, t. I, p. 234, l. 4, 5). « Aithgabail trise i n-imrim do eich » : « saisie avec délai » de trois nuits pour avoir employé ton cheval à une course » (*Ancient Laws of Ireland*, t. I, p. 166, l. 21). C'est le premier paragraphe d'un article suivi de cette glose : « a smacht uili for treise. » « La composition dite *smacht*, due en tous ces cas, donne lieu à une saisie avec délai de trois nuits » (*Ibid.*, p. 168, l. 6-7), et, dans la suite de la glose de ce article, *smacht* est plusieurs fois rendu par « cinq bêtes à cornes, » *cuic seoit*, p. 170, l. 1, 4, 5, 11, 18; p. 172, l. 4, 13, 14, 15, 20; p. 174, l. 11, 13; *cuic sed*, p. 170, l. 14; *cuic sét*, p. 170, l. 26.

(3) Hessels et Kern, *Lex Salica*, col. 571, 572, au mot *aeneum*; Grimm, *Deutsche Rechtsalterthümer*, 2ᵉ édit., p. 919-920.

(4) *Ancient Laws of Ireland*, t. I, p. 194, l. 23; p. 198, l. 18-21; t. IV, p. 284, l. 13-14; p. 288, l. 10; p. 294, l. 3.

(5) Voyez ci-dessus, p. 32.

L'importance du délai de quarante nuits dans la procédure franque comme dans la procédure irlandaise est un autre trait commun aux deux législations.

L'usage du délai de quarante nuits, en Irlande, est attesté par le *Senchus Mór* quand, dans le traité de la saisie mobilière, l'auteur anonyme emploie l'expression « homme de quarante nuits, » *fer cethracat aidche* (1). Lorsque la saisie mobilière est pratiquée contre l'homme de quarante nuits, cet homme a droit aux délais de procédure les plus longs possible : dix jours francs entre le commandement et la saisie, autant entre la saisie et l'enlèvement des objets que cette saisie a frappés, dix jours francs enfin pendant lesquels les objets saisis et enlevés restent en fourrière sans devenir la propriété du créancier.

L'homme de quarante nuits est celui qui, ayant déjà un premier procès, a pris envers le demandeur de ce premier procès l'engagement de comparaître devant arbitres. La coutume lui donne, pour ce premier procès, un délai de quarante nuits entre l'engagement de comparaître et la comparution. Le tiers qui, sans attendre l'expiration de ce délai, veut faire à ce plaideur un nouveau procès, commence, suivant l'usage, par une saisie mobilière ; mais il est obligé d'accorder au défendeur les délais les plus longs qu'admette la procé-

---

(1) *Ancient Laws of Ireland*, t. I, p. 194, l. 20.

dure irlandaise. Un nouveau procès doit être conduit en accordant le même traitement favorable au défendeur, quand celui-ci, pour le procès antérieur, doit se battre en duel, c'est-à-dire lorsqu'il est, comme s'exprime le texte légal, « homme sur qui tombe bataille, » *fer for a tuit rôi*, ou quand, également à l'occasion du procès précédent, le défendeur doit subir l'épreuve de l'eau bouillante,. c'est-à-dire lorsque, pour nous servir des termes juridiques irlandais, il est « homme sur qui est liée vérité, » c'est-à-dire ordalie, « de chaudron, » *fer for a nascair fir caire* (1). Cf. p. 32.

Le délai de quarante nuits appartient à la procédure franque comme à la procédure irlandaise. La formule 30 de Tours, qui date du sixième siècle, accorde à l'auteur d'un homicide un délai de quarante nuits pour prouver que, lorsqu'il a tué, il était en état de légitime défense (2). Un *placitum* de Clovis III, daté du 12 août et de l'an premier de ce roi, c'est-à-dire de 691 (3), donne au défendeur un délai de quarante nuits pour produire un acte de vente sur lequel ce défendeur

---

(1) *Ancient Laws of Ireland*, t. I, p. 194, l. 22, 23. Suivant la glose, pour que le défendeur ait le droit aux délais prévus, il faut que le duel et l'épreuve du chaudron aient lieu hors du territoire de la cité (p. 198, l. 16-21). C'est fort douteux.

(2) Zeumer, *Formulae Merovingici et Karolini aevi*, p. 153, l. 20; E. de Rozière, *Recueil général des formules*, t. II, p. 593.

(3) J. Havet, dans la *Bibliothèque de l'Ecole des Chartes*, t. LI (1890), p. 236-237, a proposé la date de 692 ; mais il m'a depuis dit qu'il avait changé d'avis.

prétend s'appuyer, et ce défendeur s'engage solennellement, *per fistuca visus est achrammisse*, à se représenter devant le tribunal du roi à l'expiration des quarante nuits (1). Mabillon, qui a le premier publié ce document (2), en conclut que les « nuits légales, » *noctes legitimæ*, dont il est question dans un *placitum* de Pépin le Bref en 759 (3), sont un délai de quarante nuits; il est dit, dans cet acte, que les deux parties se rendront au tribunal du roi pour produire leurs preuves *ad noctes legitimas* (4).

On trouve le délai de quarante nuits dans la loi salique. Celui qui revendique un esclave, un cheval ou un bœuf, et qui assigne le détenteur, doit lui donner un délai de quarante nuits avant de comparaître : *in noctis XL placitum faciant* (5). Le contumax condamné par un premier jugement a, pour purger sa contumace, un délai de quarante nuits : *de illa die in XL noctis in mallobergo iterum ei solem collocaverit* (6); ce sera seulement après l'expiration de ce délai que le contumax pourra être cité au tribunal du roi. La loi salique connaît

---

(1) Tardif, *Monuments historiques*, p. 23, col. 1, l. 11-12 de l'original. Pertz, *Diplomatum imperii*, t. I, p. 53, l. 32-34.

(2) Mabillon, *De re diplomatica*, édit. de Naples, p. 473.

(3) Et non 758; Sickel, *Acta Karolinorum*, t. II, p. 5, n° 16.

(4) Mabillon, *De re Diplomatica*, l. VI, n° 44, 1re édit., p. 493; édit. de Naples, p. 513-514.

(5) Hessels et Kern, *Lex Salica*, texte 1, c. 47, col. 298. Cf. c. 49 de la *Lex emendata*, ibid, col. 305.

(6) Hessels et Kern, *Lex Salica*, texte 1, c. 56, col. 361.

aussi d'autres délais que celui de quarante nuits, mais un capitulaire de Louis le Débonnaire, en 819, supprima ces délais et donna le caractère de loi générale aux usages francs qui, dans certains cas déterminés, mettaient un intervalle de quarante nuits entre l'assignation et la comparution en justice (1).

Dans ce délai de « quarante nuits, » il y a deux éléments à distinguer : le chiffre quarante et l'emploi du mot « nuit » là où suivant l'usage romain c'est par jour que nous comptons. Compter par nuits est une coutume celtique autant que germanique : « Les Gaulois, » dit César, « fixent tout » espace de temps par nombre de nuits et non par » nombre de jours (2). » Et, au sujet des Germains, Tacite s'exprime presque dans les mêmes termes : « Ils comptent non pas le nombre des jours comme » nous, mais le nombre des nuits (3). »

---

(1) « Judicatum est, ut ille, qui mannitur, spatium mannitionis suae per quadraginta noctes habeat. Borctius, *Capitularia regum Francorum*, 2ᵉ édition, t. I, p. 292, l. 13. Sur ce délai, voyez Pardessus, *Loi salique*, p. 599, qui n'a pas connu le diplôme mérovingien cité plus haut. Thonissen, *L'organisation judiciaire, le droit pénal et la procédure pénale de la loi salique*, p. 410, Thévenin, *Etudes sur les institutions germaniques, la procédure de la Lex salica par Sohm*, p. 83, note, ne se rendent pas compte de l'importance du délai de quarante nuits dans le droit mérovingien.

(2) « Galli spatia omnis temporis non numero dierum, sed noctium, finiunt » (*De bello gallico*, l. VI, c. 18, § 2).

(3) « Nec numerum dierum, ut nos, sed noctium computant. » Tacite, *Germania*, c. 11. Comparez Deloche, *Le jour civil et les*

Le droit canonique compte par jours suivant l'usage romain, même en Irlande. Ainsi, le pénitentiel irlandais de Vinnianus parle de pénitences qui durent « une semaine de jours » : *hebdomadam dierum* (1), « quarante jours : » *XL dierum* (2); et la collection canonique irlandaise appelle le carême, « jeune de quarante jours, » *jejunium... quadraginta dierum* (3).

Le glossateur du *Senchus mór* a donc commis un contresens quand il a prétendu expliquer les « quarante nuits » du texte légal par « carême, » *corgcis* (4); le « carême » c'est « quarante jours, » et non « quarante nuits. » D'ailleurs, les trois carêmes de la loi canonique irlandaise : 1° avant Pâques, 2° avant la Saint-Jean, 3° avant Noël, s'imposent à tout le monde (5), tandis que l'homme de quarante nuits, qui dans la procédure de la saisie jouit des plus longs délais qu'admette la loi, s'offre à nous comme une exception à l'état général de la société.

Le délai de quarante nuits, entre la date de

---

modes de computation des délais légaux en Gaule et en France depuis l'antiquité jusqu'à nos jours, in-4°, 1891.

(1) Wasserschleben, *Die Bussordnungen der abendländischen Kirche*, p. 109, § 7.

(2) Wasserschleben, *ibid.*, p. 110, § 9.

(3) Wasserschleben, *Die irische Kanonensammlung*, 2ᵉ édit., p. 34; l. XIII, c. 2.

(4) *Ancient Laws of Ireland*, t. I, p. 196, l. 2.

(5) Wasserschleben, *Die irische Kanonensammlung*, 2ᵉ édition, p. 187; l. XLVI, c. 11.

l'obligation de comparaître en justice et l'échéance de cette obligation, est donc un trait commun à la loi salique et à la loi irlandaise; ce trait commun doit remonter à l'époque où les Germains, sujets des Celtes, étaient soumis aux mêmes lois que leurs maîtres. On peut expliquer d'une manière analogue la ressemblance qu'offrent entre elles la loi salique et la loi irlandaise dans leurs prescriptions relatives à la saisie immobilière.

La saisie immobilière nous est offerte, par la loi salique, dans la procédure d'expulsion contre l'*homo migrans*. L'*homo migrans* est celui qui est venu s'établir dans une *villa* dont il n'est pas originaire; il lui faut le consentement de tous les habitants de la *villa*. S'il y a opposition, n'y eût-il qu'un seul opposant, l'*homo migrans* est expulsé. La procédure contre lui commence par *trois* commandements faits en présence de témoins, et chacun suivi d'un délai de *dix nuits*. Après l'expiration du troisième délai de *dix nuits*, c'est-à-dire au bout de *trente nuits*, le demandeur a le droit d'inviter le *grafio* ou comte à expulser l'*homo migrans*, et le *grafio* est tenu de faire droit à cette requête (1).

La requête au comte ou *grafio* et l'intervention du magistrat sont, dans la loi salique, des innovations; c'est une conquête de l'esprit juridique des Romains sur la législation des peuples primitifs.

---

(1) Loi salique, c. 45 du codex 1, c. 47 de la *Lex emendata*, édition Hessels et Kern, col. 280, 288.

Si donc nous retranchons la requête au comte et l'intervention de ce magistrat, la procédure contre l'*homo migrans* de la loi salique prendra un caractère archaïque qu'elle a perdu sous la plume de ses rédacteurs latins.

Ouvrons le tome IV des anciennes lois de l'Irlande, et nous y trouverons la procédure de la saisie immobilière telle qu'elle était pratiquée dans une des législations qui, en Europe, a le moins subi l'influence du droit romain ; nous y verrons que la procédure de la saisie immobilière comporte un délai de *trente nuits* divisé en *trois* périodes de *dix nuits* chacune (1), et qu'elle exige *trois* significations (2). C'est, quant aux traits généraux, la procédure prescrite par la loi salique pour l'expulsion de l'*homo migrans*. Même nombre de délais, même durée de chacun, même nombre de significations.

La principale différence entre la procédure irlandaise et celle de la loi salique est que la première, étant plus archaïque, est aussi plus solennelle. La loi salique exige que le demandeur, quand il fait chacune de ces trois significations, soit accompagné de témoins et formule le commandement par des

---

(1) En trois dizaines de droit « i teora dechmadaib dliged. » *Ancient Laws of Ireland*, t. IV, p. 18, l. 17-18. Ni le mot *jour*, ni le mot *nuit* ne sont dans le texte, qui parle seulement de dizaines ou plus littéralement dixièmes ; mais le mot *teora*[*tb*], « trois » est féminin, se rapportant au féminin *aidchib* « nuits » sous-entendu ; *laithib* « jours » neutre, exigerait *trib*. Cf. ci-dessus, p. 145-149.

(2) *Ibid*., t. IV, p. 18, l. 20 et suiv. ; p. 20, l. 1-4.

mots que lui dicte le législateur. Les témoins et la formule légale du commandement se retrouvent dans la loi irlandaise. La loi irlandaise dit au demandeur quels sont les termes dont il a dû se servir : « Tu lui demandas droit selon droit s'il y a justice. » Mais le nombre des témoins, qui n'est pas fixé dans la loi salique, l'est en Irlande avec une solennité caractéristique : un témoin au premier commandement, deux au second, trois au troisième. Enfin, les témoins, en Irlande, ne suffisent pas, le saisissant doit amener avec lui des chevaux, deux la première fois, quatre la seconde, huit la troisième. Ces chevaux sont attelés; la première fois il s'arrête avec eux à l'entrée de la propriété; la seconde fois, pénétrant dans la propriété, il les y dételle ; la troisième fois il s'avance avec les huit chevaux jusqu'à la maison construite dans la propriété, ou, s'il n'y a pas de maison, jusqu'à l'extrémité de la propriété. Au bout de trente nuits, le saisissant, — de plein droit et sans l'intervention du magistrat, — est devenu propriétaire du domaine saisi, à moins que le défendeur n'ait arrêté l'effet de cette procédure en répondant à une des significations, soit par une provocation en duel, soit par une saisie mobilière, soit par l'offre de comparaître devant arbitre avec engagement de se conformer au jugement qui sera rendu.

Ainsi la procédure de la saisie immobilière en Irlande diffère de la procédure de la saisie immobilière dans la loi salique en ce que : 1° elle se pratique sans autorisation de magistrat ; 2° elle est soumise à un formalisme beaucoup plus rigoureux. Ce sont deux caractères d'antiquité qu'a dû offrir aussi la loi des Francs-Saliens antérieurement aux rédactions qui nous sont parvenues. D'autre part, les deux lois présentent une concordance absolue quant au nombre des commandements, trois, et quant à la durée des trois délais qui les suivent, dix nuits chacun, en tout trente nuits.

La domination longtemps exercée par les Celtes sur les Germains explique cette concordance comme celle que nous avons constatée pour le délai de quarante nuits, comme l'accord que nous montre le sens des noms donnés à l'épreuve de l'eau bouillante en Irlande et dans les lois germaniques, puisque ces noms veulent dire chaudron (1).

Le même fait historique rend compte de l'identité de certains éléments fondamentaux dans le tarif franc et dans le tarif irlandais de la composition ; il fait comprendre pourquoi, dans les deux législations : 1° l'esclave ou le serf vaut le septième de l'homme libre (p. 142-143), 2° l'usage momentané du cheval d'autrui, sans consentement du propriétaire, donne à celui-ci le droit d'exiger une composition égale à la valeur d'un esclave ou d'un serf dans le tarif consacré par la loi (p. 144).

(1) Voyez ci-dessus, p. 32, 144, 146.

La règle germanique, qui attribue au roi une part de la composition : *frithus*, *fredum*, littéralement « paix, » et qui ne laisse que les deux tiers, *faidus*, en allemand *fehde*, « haine, » « contestation, » à l'offensé ou à sa famille (1), est étrangère au droit celtique primitif. Elle est cependant bien ancienne, puisqu'on la trouve déjà dans la *Germania* de Tacite (2). Dès la fin du première siècle de notre ère, l'Etat intervenait, chez les Germains, dans les querelles entre particuliers, et se faisait payer cette intervention, dans l'intérêt de la paix, *frithus*, en allemand moderne *friede*; déjà le droit perfectionné de l'Egypte (p. 9-11), de la Grèce et de Rome avait commencé la conquête de la Germanie, tandis que l'Irlande a conservé jusqu'au commencement du dix-septième siècle les règles du droit primitif.

Il y avait pourtant en Irlande quelque chose d'analogue au *fredum* : les honoraires du brehon (3), c'est-à-dire du juriste sur le rapport duquel le roi et l'assemblée du peuple rendaient la sentence. Ces honoraires sont déjà un usage homérique. Une des scènes, sculptées par Héphaïstos sur le

---

(1) Thonissen, *L'organisation judiciaire, le droit pénal et la procédure pénale de la Loi salique*, p. 208-211. Pardessus, *La Loi salique*, p. 652. Kluge, *Etymologisches Wörterbuch*, 5ᵉ édit., p. 101. Whitley Stoke, *Urkeltischer Sprachschatz*, p. 47.

(2) « Pars multae regi vel civitati, pars ipsi qui vindicatur vel propinquis ejus exsolvitur » (*Germania*, c. 12).

(3) Folad britheman. *Ancient Laws of Ireland*, t. I, p. 232, l. 1-2; p. 234, l. 16.

bouclier qu'il fabrique pour Achille, représente un tribunal : au milieu de ce tribunal sont posés à terre deux talents d'or ; ils appartiendront à celui des juges, ou, plus exactement, des *arbitres*, qui aura proposé pour le procès la solution à laquelle ses collègues se rallieront (1). Ce sont les *épices* du juge rapporteur dont ici les honoraires et la fonction se confondent avec ceux du moderne avocat gagnant. Le droit moderne distingue deux rôles dont le droit primitif ne faisait qu'un.

Ainsi, de la composition payée par le coupable ou le simple débiteur, il y avait, dans le droit primitif grec et irlandais, une part qui restait comme honoraires au juge, ou, pour mieux dire, à l'arbitre. Une autre part revenait au maître irlandais, quand le gagnant était un vassal libre ou serf. En Irlande, le maître avait le tiers de la composition de son *fuidhir*, sorte de serf, quand celui-ci n'était pas tué ; et, quand le *fuidhir* était tué, la part du maître était le septième du prix du corps de la victime (2). La même règle existait probablement pour le preneur de cheptel servile ; il est certain que lorsque le preneur du cheptel libre était tué, le bailleur touchait le septième du prix de l'honneur qui aurait été payé à la famille

---

(1)   Κεῖτο δ' ἄρ' ἐν μέσσοισι δύω χρυσοῖο τάλαντα
Τῷ δόμεν, ὃς μετὰ τοῖσι δίκην ἰθύντατα εἴποι.
(*Iliade*, l. XVIII, v. 507, 508.)

(2) « Trian a beo coirpdire do breith do, ocus sechtmadh a marb coirpdiri » (*Ancient Laws of Ireland*, t. III, p. 132, l. 2-4).

dudit bailleur, si, au lieu du preneur, le mort eût été le bailleur (1).

Il y a donc, dans le droit primitif dont le droit irlandais et l'*Iliade* nous offrent les traits, quelques éléments qui, développés sous l'influence romaine, ont donné naissance au *frithus* ou *fredum* germanique, dont les lois galloises offrent l'équivalent : tiers de la *galanas* et de la *saraad* au roi.

§ 17. — *Usage de faire fixer par des arbitres le montant de la composition. Les druides en Gaule* (2).

Dans l'étude qui précède, on a vu, p. 37, 80, 104, 105, qu'en droit celtique le mot *arbitre*, dans une contestation entre particuliers, est plus exact que le mot *juge*. C'est une règle générale dans toutes les législations primitives que nous connaissons. Parlant du droit de la Géorgie, M. Dareste a dit : « Les juges ne sont que des arbitres » chargés de faire une tentative de conciliation. » C'est le droit criminel primitif (3). » Et à propos du droit danois : « La procédure primitive a été » une tentative de conciliation. Si elle n'aboutis-

---

(1) « Sechtmadh enechlainne do i fogail lain do denum re saor-ceile » (*Ibid.*, t. II, p. 204, l. 23-24). Ce septième est ce qu'on appelait *enech-gris* ou *enech-ruice*. Voir ci-dessus, p. 135.

(2) Une étude sur les druides se trouve dans le *Cours de littérature celtique*, t. I, p. 83-240. Le chapitre XV, p. 210-220 de cette étude est affecté aux attributions juridiques des druides. Nous reprenons ici le même sujet à un point de vue différent.

(3) Dareste, *Études d'histoire du droit*, p. 127.

» sait pas, la guerre recommençait entre les par-
» ties (1). » — « Lorsqu'un Russe est en procès
» avec un autre, » raconte un voyageur arabe du
dixième siècle, « il le cite au tribunal du prince,
» et tous deux se présentent devant lui; lorsque le
» prince a rendu sa sentence, on exécute ses or-
» dres. Si les deux parties sont mécontentes de
» son jugement, elles sont obligées par lui de dé-
» cider l'affaire par les armes. C'est celui dont le
» sabre est le plus tranchant qui a gain de cause (2). »
« Comme trait caractéristique de la procédure
» germanique, » dit M. Thonissen, « j'ai déjà plu-
» sieurs fois signalé la règle qui veut que, dans la
» plupart des cas, le jugement de condamnation
» reçoive l'assentiment du condamné. En échange
» de l'abandon du droit de vengeance de la part du
» demandeur, le défendeur s'engageait à se con-
» former à la décision des juges (3). » Cette règle
a existé à peu près partout. Une autre règle antique, que la loi salique a remplacé par une prescription plus moderne, c'est qu'aucun citoyen n'était
obligé de porter devant un juge quelconque ses
contestations avec un autre citoyen du même Etat.
Dans la loi salique, le titre premier donne à tout
plaignant le droit d'ajournement à comparaître devant le tribunal dit *mallum*; le défendeur qui,

(1) Dareste, *ibid.*, p. 317.
(2) *Ibid.*, p. 209.
(3) Thonissen, *L'organisation judiciaire, le droit pénal et la procédure pénale de la Loi salique*, p. 462.

après cet ajournement, *mannitio*, ne comparait pas, devra payer une amende de quinze sous. La loi des Douze Tables, antérieure de neuf siècles, débutait par une disposition plus énergique, elle permettait au demandeur de se saisir de la personne du défendeur, *manum endojacito*, et de l'amener de force devant le juge; ces règles de la Loi Salique et de la loi des Douze Tables sont inspirées par des principes juridiques étrangers aux conceptions légales des temps primitifs : rien de pareil en droit celtique.

Les druides, au premier siècle de notre ère, étaient de simples arbitres. Poseidônios nous a laissé un poétique tableau de leur pacifique intervention : « Souvent, » dit-il, « chez les Celtes les
» préparatifs d'une bataille sont commencés : les
» deux armées s'approchent l'une de l'autre, déjà
» les épées sont tirées, les lances abaissées vers
» l'ennemi, quand les druides, s'avançant dans
» l'intervalle encore vide, arrêtent les guerriers
» qui allaient s'entre-tuer; il semble voir des en-
» chanteurs calmer la fureur de bêtes féroces;
» ainsi, chez les Barbares les plus sauvages, la co-
» lère se soumet à la sagesse et le dieu de la
» guerre respecte la suprématie des Muses (1). »

---

(1) « Πολλάκις δ' ἐν ταῖς παρατάξεσι πλησιαζόντων ἀλλήλοις τῶν στρατοπέδων καὶ τοῖς ξίφεσιν ἀνατεταμένοις καὶ ταῖς λόγχαις προβεβλημέναις, εἰς τὸ μέσον οὗτοι προελθόντες παύουσιν αὐτούς, ὥσπερ τινὰ θηρία κατεπάσαντες. Οὕτω καὶ παρὰ τοῖς ἀγριωτάτοις βαρβάροις ὁ θυμὸς εἴκει τῇ σοφίᾳ καὶ ὁ Ἄρης αἰδεῖται τὰς Μούσας » (Diodore de Sicile, l. V, c. 31,

La civilisation grecque de l'époque homérique, environ huit cents ans avant Jésus-Christ, était, sur les points fondamentaux, à peu près identique à celle de la Gaule indépendante sept siècles plus tard, et elle aurait pu souvent donner le sujet de peintures analogues à celle que nous a laissée Poseidônios. Ulysse, de retour à Ithaque, tue, de concert avec Télémaque, son fils, les rivaux qui, le croyant mort, prétendaient à la main de Pénélope, sa femme. Il n'est nullement rassuré, quand il songe aux conséquences probables de l'audacieux massacre que lui a fait commettre sa colère de mari jaloux. « Si quelqu'un, » dit-il à Télémaque, « a dans le peuple ôté la vie à un homme qui laisse » derrière lui des vengeurs même en petit nombre, » il fuit, abandonnant parents et patrie (1); or, nous » nous avons mis à mort les jeunes gens les plus dis- » tingués d'Ithaque, ceux qui étaient le soutien de » l'Etat. J'appelle là-dessus ta sérieuse attention (2). »

En effet, les parents des morts se réunissent. Eupeithès, père d'une des victimes, prend la parole

---

§ 5; édit. Didot, t. I, p. 273, l. 9-15). A comparer Strabon, l. IV, c. 4, § 4, où il est dit des Druides : « πολέμους διήτων πρότερον καὶ παράττεσθαι μέλλοντας ἔπαυον. » Edition Didot, p. 164, l. 25, 26. Sur l'origine de ces passages où les deux auteurs résument un morceau perdu de Poseidônios, voy. Müllenhoff, *Deutsche Altertumskunde*, t. II, p. 310.

(1) Cf. l'épisode de Théoclymène, ci-dessus, p. 84, 85.

(2) Καὶ γάρ τις θ' ἕνα φῶτα κατακτείνας ἐνὶ δήμῳ
ᾧ μὴ πολλοὶ ἔωσιν ἀοσσητῆρες ὀπίσσω
φεύγει, πηούς τε προλιπὼν καὶ πατρίδα γαῖαν.
. . . . (*Odyssée*, l. XXIII, v. 118-122.)

et conseille une vengeance immédiate : « Hâtons-
» nous, » s'écrie-t-il, « agissons, avant qu'Ulysse,
» par une fuite rapide, ne gagne soit Pylos, soit la
» divine Elide où dominent les Epéens, car alors
» nous serions à jamais déshonorés et dans l'ave-
» nir les hommes ne cesseraient de se raconter
» notre honte (1). » Une partie des parents suit le
conseil d'Eupeithès, et, le prenant pour chef, se
rend devant la maison d'Ulysse ; celui-ci, prévenu,
sort, accompagné de douze autres guerriers, et un
combat commence ; la première victime est Eupeithès, tué d'un coup de javelot par Ulysse. Alors
intervient, non pas un druide, mais, sous les traits
du sage Mentor, la déesse de la sagesse, Athéné,
qui s'offre comme médiatrice : « Habitants d'Itha-
» que, » s'écrie-t-elle, « cessez une guerre désas-
» treuse et terminez au plus vite votre querelle
» sans qu'il y ait plus de sang versé (2)... Et toi,
» descendant des dieux, fils de Laerte, Ulysse aux
» mille ressources, arrête ! finis une guerre égale-
» ment funeste aux deux parties, crains que le fils
» de Kronos, que Zeus à la voix immense ne s'ir-
» rite contre toi (3). » Puis Athéné fit conclure un
traité de paix entre Ulysse et les parents de ceux
qu'il avait tués (4).

(1) *Odyssée*, l. XXIV, v. 430-433.
(2) *Odyssée*, l. XXIV, v. 531-532.
(3) *Odyssée*, l. XXIV, v. 542-544.
(4) Ὅρκια δ' αὖ κατόπισθε μετ' ἀμφοτέροισιν ἔθηκεν.
(*Odyssée*, l. XXIV, v. 546.)

L'*Odyssée* ne nous raconte pas quelles furent les clauses de ce traité. Il était inutile de les énoncer. On peut affirmer sans crainte d'erreur qu'Ulysse prit l'engagement de payer la composition, τὰ ὑποφόνια (1), qu'il devait pour les meurtres si nombreux qu'il avait commis ; mais on en déduisit ce dont les prétendants étaient débiteurs envers lui pour les actes de pillage qu'ils avaient commis chez lui en son absence, pour les festins qu'ils avaient faits à ses dépens sans son aveu ; le tout avait été évalué vingt bœufs par tête de prétendant. Cette somme lui avait été offerte au nom des prétendants, avant qu'il les tuât (2), et il avait refusé de l'accepter ; elle lui restait due après leur mort. Or, une fois cette somme retranchée de la composition pour meurtre, celle-ci devait être réduite à un chiffre très bas (3).

Ce qui est surtout remarquable dans le récit homérique, c'est l'intervention d'une déesse, c'est la menace qu'elle adresse à Ulysse, quand elle lui dit que, s'il veut continuer la guerre contre les parents des prétendants morts, il excitera contre lui la colère toute-puissante de Zeus. Dans son

---

(1) Voyez ci-dessus, p. 86.
(2) Τιμὴν ἀμφὶς ἄγοντες ἐεικοσάβοιον ἕκαστος.
(*Odyssée*, l. XXII, v. 57.)
(3) En supposant que la composition pour meurtre aurait été de vingt et un bœufs par tête de prétendant, c'est-à-dire l'équivalent du prix du corps celtique (cf. ci-dessus, p. 90, 100), Ulysse n'aurait dû qu'un bœuf par tête de prétendant tué.

rôle de pacificateur, Mentor, sous les traits duquel Athéné se cache, est le représentant des dieux à Ithaque, comme sept siècles plus tard les druides en Gaule.

On sait d'où venaient les druides. Les Belges, accompagnés de quelques Celtes, de *Parisii* (1), par exemple, avaient fait la conquête de la Grande-Bretagne au deuxième siècle avant notre ère (2). Ils y avaient trouvé et avaient soumis les *Góidel*, c'est-à-dire une population celtique plus anciennement installée dans cette île et, chez cette population, un sacerdoce enseignant qui se recrutait parmi ses élèves, c'étaient les druides. Les druides, vaincus avec leurs compatriotes, firent à leur tour la conquête de leurs vainqueurs, les Gaulois de Grande-Bretagne ; puis, non contents de ce succès, ils étendirent leur domination sur les Gaulois du continent (3). Au même moment, la Grèce, assujettie à la domination politique des Romains, imposait à ses maîtres barbares la poésie de ses fables religieuses, ses méthodes littéraires et sa philosophie :

> Græcia capta ferum victorem cepit et artes
> Intulit agresti Latio (4).

---

(1) Ptolémée, l. II, c. 3, § 10 ; édit. Didot, t. I, p. 98, l. 4-5.
(2) *De bello gallico*, l. II, c. 4, § 7.
(3) *De bello gallico*, l. VI, c. 13, § 11.
(4) Horace, *Epistulae*, l. II, 1, 156-157.

Deux siècles après, on voyait sortir de Jérusalem, alors placée sous l'autorité d'un *praeses* romain, une religion qui, à Rome, a fait tomber des autels les dieux nationaux, et qui a imposé aux vainqueurs sa domination spirituelle.

L'importation en Gaule du druidisme, né chez les *Gôidel* en Grande-Bretagne, a été comme la conquête de Rome par la littérature et les arts de la Grèce et par le christianisme, une revanche pacifique des vaincus.

Les druides sont devenus en Gaule, comme Mentor à Ithaque, les arbitres des procès. « chaque année, à date fixe, » dit César, « ils siègent en- » semble comme juges dans le territoire des Car- » nutes en un lieu consacré, et là, de toutes parts, » tous ceux qui ont des procès se réunissent » pour leur demander de rendre des jugements » auxquels ces plaideurs se soumettent. » « *Tous* ceux qui ont des procès, » OMNES *qui controversias habent*(1), est une expression qu'il ne faut pas prendre dans un sens absolu. *Tous*, OMNES, veut dire « beaucoup de monde. » Si *tous* ceux qui avaient eu des procès les avaient fait juger par les druides, César n'aurait pu nous apprendre qu'avant lui il y avait presque tous les ans entre les Gaulois des

---

(1) *De bello gallico*, l. VI, c. 13, § 10. Au passage de César, cf. Strabon, l. IV, c. 4, § 4, qui, parlant des druides, dit : « Πιστεύονται τάς τε ἰδιωτικὰς κρίσεις καὶ τὰς κοινάς, ὥστε καὶ πολέμους διῄτων πρότερον, καὶ παρατάττεσθαι μέλλοντας ἔπαυον, τὰς δὲ φονικὰς δίκας μάλιστα τούτοις ἐπετέτραπτο δικάζειν. » Edition Didot, p. 164, l. 24-27.

guerres causées par le désir chez les uns d'usurper les droits d'autrui, et par la volonté chez les autres de maintenir leurs droits en repoussant violemment d'injustes agresseurs (1).

Omnis, *tout*, n'a pas toujours un sens absolu ; chez César, on voit Divitiacus prononcer un discours où il dit que les *Aedui*, dans leur guerre toute récente contre les Germains, ont perdu toute leur noblesse, tout leur sénat, tous leurs chevaliers, ou, pour parler autrement, tous leurs cavaliers (2) : cela ne les empêchait pas de fournir au même moment à César une partie de sa cavalerie (3), et d'avoir encore quelques nobles, comme Divitiacus (4), Dumnorix (5), Liscus (6), enfin Eporedorix qui avait commandé l'armée des *Aedui* dans leur guerre contre les *Séquani* avant l'arrivée des Germains et d'Arioviste, leur roi (7). Quand donc César dit que *tout* le monde, omnes, en Gaule allait près de Chartres se faire juger par les druides,

----

(1) « Hi, cum est usus atque aliquod bellum incidit (quod ante Caesaris adventum fere quotannis accidere solebat), uti aut ipsi injurias inferrent aut inlatas propulsarent » (*De bello gallico*, l. VI, c. 15, § 1).

(2) « Omnem nobilitatem, omnem equitatum, omnem senatum » (*De bello gallico*, l. I, c. 31, § 6).

(3) « Equitatumque omnem ad numerum quatuor millium, quem ex omni provincia et Aeduis atque eorum sociis coactum habebat » (*De bello gallico*, l. I, c. 15, § 1).

(4) *De bello gallico*, l. I, c. 3, 16, 18-20, etc.
(5) *De bello gallico*, l. I, c. 3, 9, 18-20, etc.
(6) *De bello gallico*, l. I, c. 16, 18.
(7) *De bello gallico*, l. VII, c. 67, 7.

cela veut dire « beaucoup de monde, » et cela n'empêche pas que les contestations entre Gaulois qui sont mentionnées dans le *De bello gallico* n'aient toutes échappé à la juridiction druidique.

Un exemple caractéristique est la rivalité de Cotus et de Convictolitavis qui, tous deux, se prétendent régulièrement élus à la magistrature suprême chez les *Aedui* l'an 52 avant J.-C. Le second a été élevé à cette fonction avec le concours des prêtres, *per sacerdotes*, c'est-à-dire par l'intervention des druides, et cependant il faut une décision arbitrale de César pour assurer le succès de ce protégé du clergé (1) ; si César n'avait interposé son autorité, une guerre civile commençait (2).

Quand on avait soumis aux druides un procès et que, voulant exercer le droit incontestable alors de tout plaideur malheureux, on refusait d'obéir à la sentence, on était, par eux, exclus des sacrifices. « Celui que cette exclusion avait frappé, » dit César, « était rangé dans la catégorie des impies
» et des scélérats : tout le monde s'éloignait de lui,
» évitait sa rencontre et sa conversation, de crainte
» des fâcheuses conséquences que pourrait avoir
» son contact; quelque fût son droit, ses deman-
» des en justice [au tribunal druidique] étaient
» repoussées [par les druides] ; il ne pouvait préten-

---

(1) *De bello gallico*, l. VII, c. 33.
(2) « Fore, uti pars cum parte civitatis confligat » (*De bello gallico*, l. VII, c. 32, § 5).

» dre à aucun honneur (1). » Cette pénalité semble donner à la juridiction druidique, avec une sanction redoutable, une majesté que ne pouvait obtenir aucun arbitrage séculier; mais son effet doit avoir été qu'aucune question réellement grave n'était portée devant le tribunal des druides. Ainsi, la grande affaire en Gaule, à l'arrivée de César, était la rivalité des *Arverni* et des *Aedui*, qui se disputaient l'hégémonie de la Celtique; la solution de cette difficulté si importante était confiée au hasard des batailles et non à la sagesse des druides; de là l'intervention d'Arioviste d'abord, des Romains ensuite, finalement la conquête.

§ 18. — *Les druides sacrificateurs et bourreaux. Ces deux fonctions, distinctes à nos yeux, n'en faisaient qu'une alors.*

Quand les druides prononçaient contre quelqu'un l'interdiction des sacrifices, la gravité de cette décision avait deux causes : la première était que les druides avaient acquis, en Gaule, le monopole des sacrifices humains (2); la seconde était que, sui-

---

(1) « Si qui aut privatus aut populus eorum decreto non stetit, sacrificiis interdicunt. Haec poena apud eos est gravissima. Quibus ita est interdictum, hi numero impiorum ac sceleratorum habentur, his omnes decedunt, aditum sermonemque defugiunt, ne quid ex contagione incommodi accipiant, neque his petentibus jus redditur neque honos ullus communicatur » (*De bello gallico*, l. VI, c. 13, § 6, 7).

(2) « Φιλόσοφοί τέ τινές εἰσι καὶ θεόλογοι περιττῶς τιμώμενοι οὓς

vant la doctrine reçue, chaque victime humaine, régulièrement sacrifiée, assurait, par une sorte d'échange la conservation d'une vie humaine à celui qui fournissait la victime (1); rien donc ne paraissait plus utile que les sacrifices humains, surtout en temps de guerre ou d'épidémie.

Cette doctrine religieuse explique la cruauté des Gaulois envers les prisonniers de guerre, qu'ils immolaient aux dieux, comme le rappelle Tite-Live dans un discours qu'il met dans la bouche du consul Cn. Manlius, et qui aurait été prononcé l'an 187 avant J.-C. On reprochait à Cn. Manlius d'avoir attaqué les Gaulois d'Asie sans l'autorisation du Sénat. Il répondit, raconte Tite-Live, qu'il ne comprenait pas comment ses accusateurs pouvaient prendre les intérêts de ces irréconciliables ennemis du nom romain, qui, en Asie Mineure, s'étaient rendus odieux à tous leurs voisins. « Quand il font des prisonniers, » dit-il, « c'est à » peine si les parents de ces malheureux ont le

---

Δρουίδας ὀνομάζουσι... Ἔθος δ' αὐτοῖς ἐστι μηδένα θυσίαν ποιεῖν ἄνευ φιλοσόφου.» (Diodore de Sicile, l. V, c. 31, § 2, 4; édit. Didot, t. I. p. 212, l. 43-45; p. 213, l. 2-3). — « Ἔθυον δὲ οὐκ ἄνευ Δρυϊδῶν » (Strabon, l. IV, c. 4, § 4; édit. Didot, p. 164, l. 52). — « Druides... sacrificia publica ac privata procurant » (*De bello gallico*, l. VI, c. 13, § 4).

(1) « Qui sunt affecti gravioribus morbis quique in praeliis periculisque versantur, aut pro victimis homines immolant, aut se immolaturos vovent, administrisque ad ea sacrificia Druidibus utuntur, quod, pro vita hominis nisi hominis vita reddatur, non posse deorum immortalium numen placari arbitrantur » (*De bello gallico*, l. VI, c. 16, § 2, 3).

» temps d'offrir une rançon, les pauvres pères ap-
» prennent que des victimes humaines ont été sa-
» crifiées et que leurs enfants ont été immolés
» aux dieux (1). »

Vingt ans plus tard, dans le récit des événements de l'année 147 avant notre ère, copié probablement chez Polybe par Diodore de Sicile, nous voyons un général gaulois, vainqueur d'Eumène, roi de Pergame, réunir dans un même lieu tous ses prisonniers de guerre ; il choisit les plus jeunes et les plus beaux, qui, une couronne sur la tête, sont sacrifiés aux dieux, — c'est-à-dire brûlés, — il fait tuer les autres à coups de javelots (2) — ce qui était une forme moins solennelle du sacrifice. — Diodore fait observer que, parmi les prisonniers tués à coups de javelot, il y en avait que le général gaulois connaissait personnellement et dont il avait été l'hôte; mais que l'amitié ne put leur faire obtenir grâce (3). Quant à ceux qui furent brûlés, l'écrivain grec se demande si, parmi les dieux, il en est un qui puisse trouver agréables de pareils honneurs (4).

(1) « Cum vix redimendi captivos copia esset, et mactatas humanas hostias immolatosque liberos suos audirent » (Tite-Live, l. XXXVIII, c. 47, § 12).

(2) « Τούς τε γὰρ τοῖς εἴδεσι καλλίστους καὶ ταῖς ἡλικίαις ἀκμαιοτάτους καταστέψας ἔθυσε τοῖς θεοῖς, τοὺς δὲ ἄλλους πάντας κατηκόντισε » (Diodore de Sicile, l. XXXI, c. 13; édit. Didot, t. II, p. 499).

(3) « Πολλῶν μὲν ἐν αὐτοῖς γνωριζομένων διὰ τὰς προγεγενημένας ἐπιξενώσεις, οὐδενὸς δὲ διὰ τὴν φιλίαν ἐλεουμένου » (Ibid.).

(4) « Εἴ γέ τις τῶν θεῶν δέχεται τὰς τοιαύτας τιμάς » (Ibid.).

Poseidônios, au commencement du premier siècle avant notre ère, trouva le même usage en Gaule. Il constate que, dans ce pays, « les malfaiteurs, » — c'est-à-dire les meurtriers qui ne peuvent racheter leur vie, — « sont tenus en prison » pendant cinq ans, » — évidemment pour donner à leurs parents tout le temps de recueillir une rançon, s'ils le veulent ou le peuvent ; — « puis, » attachés à des pieux en l'honneur des dieux, » ils sont brûlés avec d'autres offrandes sur d'im- » menses bûchers (1). » Il ajoute : « Les Gaulois » se servent aussi des prisonniers de guerre » comme de victimes en l'honneur des dieux. Quel- » ques-uns d'entre eux tuent avec les hommes les » animaux pris à la guerre, ils leur ôtent la vie » soit en les brûlant, soit en employant un autre » genre de supplice (2) ; » c'est Diodore de Sicile qui, copiant Poseidônios, nous donne ces détails.

Un autre écho de Poseidônios se trouve chez Strabon. Après avoir raconté comment les druides, frappant un homme d'un coup d'épée dans le dos, prétendaient deviner l'avenir par les mouvements

---

(1) « Τοὺς γὰρ κακούργους κατὰ πενταετηρίδα φυλάξαντες ἀνασκολοπίζουσι τοῖς θεοῖς καὶ μεθ' ἄλλων πολλῶν ἀπαρχῶν καθαγίζουσι, πυρὰς παμμεγέθεις κατασκευάζοντες » (Diodoro de Sicile, l. V, c. 32, § 6 ; édit. Didot, t. I, p. 273, l. 50-53). Cf. p. 137, note 2.

(2) « Χρῶνται δὲ καὶ τοῖς αἰχμαλώτοις ὡς ἱερείοις πρὸς τὰς τῶν θεῶν τιμάς. Τινὲς δὲ αὐτῶν καὶ τὰ κατὰ πόλεμον ληφθέντα ζῶα μετὰ τῶν ἀνθρώπων ἀποτείνουσιν ἢ κατακαίουσιν ἤ τισιν ἄλλαις τιμωρίαις ἀφανίζουσι » (Diodore de Sicile, l. V, c. 32, § 6 ; édit. Didot, t. I, p. 273-274).

convulsifs du mourant, il ajoute : « Ils avaient en-
» core, » dit-on, « d'autres espèces de sacrifices
» humains ; tantôt ils tuaient les hommes à coups
» de flèches ou les crucifiaient dans des endroits
» sacrés ; tantôt, construisant un colosse de foin
» et de bois, ils y entassaient des bestiaux, des
» animaux sauvages de toute espèce et des hom-
» mes qu'ils brûlaient ensemble tout entiers (1). »

Ces sacrifices étaient souvent le résultat d'un
vœu. « Un de leurs dieux est Mars, » dit César (2). —
Il s'agit probablement du *Teutalis*, ou *Toutatis*, appelé *Teutates*, par Lucain. Ce dieu, auquel suivant ce
poète on offrait des sacrifices humains (3), est assimilé à Mars par deux inscriptions latines contem-
poraines de l'empire romain (4). — « Quand ils ont
» décidé de livrer bataille, » continue César, « ils

---

(1) « Ἀλλα δὲ ἀνθρωποθυσιῶν εἴδη λέγεται · καὶ γὰρ κατετόξευόν τινας, καὶ ἀνεσταύρουν ἐν τοῖς ἱεροῖς, καὶ, κατασκευάσαντες κολοσσὸν χόρτου καὶ ξύλων, ἐμβαλόντες εἰς τοῦτον βοσκήματα καὶ θηρία παντοῖα καὶ ἀνθρώπους, ὡλοκαύτουν » (Strabon, l. IV, c. 4, § 5 ; édit. Didot, p. 164, l. 53-p. 165, l. 3). « Alii inmani magnitudine simulacra habent, quorum contexta viminibus membra vivis hominibus complent, quibus succensis circumventi flamma exanimantur homines » (*De bello gallico*, l. VI, c. 16, § 4). Ces deux passages, l'un de Strabon, l'autre de César, et les deux extraits de Diodore de Sicile, V, 32, cités ci-dessus, p. 169, semblent avoir Poseidônios pour source. Cf. K. Müllenhoff, *Deutsche Alterthumskunde*, t. II, p. 182.

(2) « Martem bella gerere » (*De bello gallico*, l. VI, c. 17, § 2).

(3) Lucain, *Pharsale*, I, 444-445.

(4) *C. I. L.*, t. III, n° 5320 ; t. VII, n° 84. La première de ces inscriptions a été trouvée dans l'empire d'Autriche à Sekkau en Stirie ; la seconde en Angleterre, comté de Herdford.

» font ordinairement vœu de lui donner ce qu'ils
» prendront à la guerre, et, lorsqu'ils sont vain-
» queurs, ils lui sacrifient tout ce qui a vie; de
» ce qui n'a pas vie ils font un grand tas qu'ils lui
» consacrent » et auquel personne n'ose toucher (1).

Cet usage gaulois ne diffère pas beaucoup de la coutume romaine du triomphe, dont trois éléments essentiels, jusque vers la fin de la république, ont été une offrande à Jupiter capitolin, le sacrifice d'animaux et la décapitation des prisonniers, souvent nombreux, qui avaient figuré dans le cortège (2). Vercingétorix, après quatre ans de captivité, eut la tête tranchée l'an 48 avant J.-C., aussitôt que fut terminée la cérémonie des triomphes de César où il figura. Les autres prisonniers, qui avaient été avec lui un des ornements de la pompe triomphale, subirent comme lui le dernier supplice, sauf la reine égyptienne Arsinoë, dont la grâce fut arrachée à César par la pitié populaire (3).

L'histoire romaine ne commence qu'avec Fabius Pictor, au troisième siècle avant Jésus-Christ. Si nous pouvions remonter plus haut que Fabius Pic-

(1) « Huic cum proelio dimicare constituerunt, ea, quae bello ceperint, plerumque devovont : cum superaverunt, animalia capta immolant, reliquasque res in unum locum conferunt. Multis in civitatibus harum rerum extructos tumulos locis consecratis conspicari licet... » (De bello gallico, l. VI, c. 17, § 3, 4).

(2) Mommsen et Marquardt, Handbuch der römischen Alterthümer, 2ᵉ édition, t. I, p. 129; t. V, p. 585.

(3) Dion Cassius, l. XLIII, c. 19, § 4; cf. l. XL, c. 41, § 3.

tor, ce que nous trouverions certainement dans les textes relatifs aux triomphes, ce serait, au lieu de la décapitation profane, le sacrifice humain ; et les documents les plus anciens nous apprendraient qu'à Rome, dans les premiers siècles, les prisonniers qui avaient fait partie du cortège du vainqueur étaient immolés à Jupiter Capitolin comme les animaux qui avaient figuré avec eux dans la cérémonie. Mais dans les documents relativement modernes qui nous sont parvenus, les prisonniers sont mis à mort après le triomphe sans que les pontifes interviennent, sans qu'à cet acte cruel soit associée une idée religieuse. Chez les Gaulois, la conception antique est maintenue à l'époque historique, et le supplice du prisonnier de guerre, comme celui du meurtrier insolvable et du voleur (1), est considéré comme un acte religieux ; il s'accomplit par le ministère des druides sous la forme d'un sacrifice en l'honneur des dieux.

§ 19. — *Le druidisme, incompatible avec les principes fondamentaux du droit romain classique, est supprimé par la conquête romaine.*

La conquête romaine fit cesser, en Gaule, les sacrifices humains (2). Un sénatus-consulte de

---

(1) « Supplicia eorum, qui in furto aut in latrocinio aut alia qua noxia sint comprehensi, gratiora dis immortalibus esse arbitrantur » (*De bello gallico*, l. VI, c. 16, § 5).

(2) « Καὶ τούτων δ' ἔπαυσαν αὐτοὺς Ῥωμαῖοι, καὶ τῶν κατὰ τὰς θυσίας

l'année 97 avant notre ère les avait prohibés (1).
D'ailleurs, il était de principe en droit romain
que, sauf le cas de légitime défense, aucun homme
libre ne pût être mis à mort sans l'ordre du magistrat. Les prescriptions de la *lex Cornelia de sicariis* contre le meurtre ne faisaient pas exception
pour l'homicide commis sous forme de sacrifice.
Les druides qui auraient osé faire un sacrifice humain auraient été, en vertu de cette loi, condamnés à la déportation et à la confiscation des biens
pendant les premiers temps de l'empire romain, à la
peine de mort un peu plus tard (2). Cette loi paraît

καὶ μαντείας ὑπεναντίων τοῖς παρ' ἡμῖν νομίμοις » (Strabon, l. IV, c. 4,
§ 5; édit. Didot, p. 164, l. 48-50). « Nec satis aestimari potest
quantum Romanis debeatur, qui sustulere monstra, in quibus hominem occidere religiosissimum erat » (Pline, l. XXX, § 13).
Denys d'Halicarnasse, l. I, c. 38, édit. Didot, t. I, p. 27, l. 21, 22,
parle au présent des sacrifices humains en Gaule. Il termina son
Archéologie romaine en l'an 8 avant Jésus-Christ; Strabon écrivit
son livre IV vers l'an 19 après Jésus-Christ. La suppression des
sacrifices humains en Gaule se place entre ces deux dates.

(1) « DCLVII demum anno Urbis, Cn. Cornelio Lentulo, P. Licinio Crasso consulibus, senatus consultum factum est, ne homo
immolaretur » (Pline, l. XXX, § 12).

(2) « Legis Corneliae de sicariis et veneficis poena insulae deportatio est et omnium bonorum ademptio. Sed solent hodie capite puniri, nisi honestiore loco positi fuerint, ut poenam legis
sustineant » (Marcien, *Institutiones*, l. 14, passage reproduit au
Digeste, l. XLVIII, t. VIII, ff. 3, § 5). Marcien vivait au commencement du troisième siècle de notre ère. Cf. Rein, *Das criminal
recht der Römer*, p. 420, 421. Les druides ne pouvaient être compris parmi les *honestiores*. Depuis Auguste, la pratique de leur
religion était interdite aux citoyens romains. « Dryidarum religionem..... civibus sub Augusto interdictam » (Suétone, *Claude*,

avoir été mise en vigueur en Gaule sous Auguste, après l'an 8 avant Jésus-Christ, où Denys d'Halicarnasse publia ses *Antiquités romaines*. Un débris du vieux rite subsista quelque temps : au milieu du premier siècle de notre ère, les druides, réfugiés au fond des forêts, faisaient des simulacres de sacrifices humains; ils enlevaient quelques gouttes de sang à des hommes qui jouaient le rôle de victimes et ne s'en portaient pas plus mal. Le texte par lequel nous apprenons cette transformation du rite antique est la *Chorographie*, de Pomponius Méla, qui écrivait sous Claude, vers l'an 44 de notre ère (1).

Déjà Tibère, qui régna de 14 à 37, avait, par un sénatus-consulte, supprimé le druidisme (2). On a émis l'hypothèse que le sénatus-consulte dont il s'agit ici est celui qui est mentionné dans le *Digeste* au titre *Ad legem Corneliam de sicariis et veneficis*; on y lit que la peine prévue par cette loi, — c'est-à-dire l'interdiction de l'eau et du feu, remplacée, sous l'empire, par la déportation et par la confiscation des biens, — sera infligée à qui-

---

c. 25). Un druide ne pouvait donc acquérir droit de cité romaine sans une sorte d'abjuration.

(1) « Manent vestigia feritatis jam abolitae, atque, ut ab ultimis caedibus temperant, ita nihilominus, ubi devotos altaribus admovere delibant » (Mela, l. III, § 18 ; édition Teubner-Frick, p. 59, l. 20-22).

(2) « Tiberii principatus sustulit Druidas eorum et hoc genus vatum medicorumque per senatus consultum » (Pline, l. XXX, § 13).

conque aura célébré de mauvais sacrifices (1). Pomponius Méla, en 44, nous montre les druides cachés soit dans des cavernes, soit au fond des bois (2). Ils se cachent pour échapper au châtiment qui menace les ministres d'un culte proscrit par les lois, et dont les pratiques sont cependant bien adoucies.

Suivant Suétone, la religion druidique aurait été complètement abolie par Claude (3) qui régna de l'an 41 à l'an 54 et qui probablement aurait pris contre cette religion des mesures nouvelles postérieurement à l'année 44 où écrivait Pomponius Méla. Quand Auguste, mort en l'an 14 de notre ère, avait interdit la pratique du culte druidique aux citoyens romains, il s'était conformé, comme le firent Tibère et Claude, aux principes du gouvernement romain tels qu'ils sont énoncés par le discours apocryphe que Dion Cassius met dans la bouche de Mécène et dans lequel ce der-

---

(1) « Ex senatus consulto ejus legis poena damnari jubetur qui mala sacrificia fecerit, habuerit » (Modestinus, *Pandectae*, l. XII, cité au *Digeste*, l. XLVIII, t. VIII, ff. 13).

(2) « Docent multa nobilissimos gentis *clam* et diu vicenis annis aut in *specu* aut in *abditis saltibus* » (Pomponius Mela, l. III, § 19; édit. Teubner-Frick, p. 59, l. 26-28). A comparer Lucain, *Pharsale*, l. I, v. 453, 454 :

...Nemora alta remotis
Incolitis lucis...

Lucain a écrit vers l'an 60 de notre ère.

(3) « Dryidarum religionem apud Gallos dirae immanitatis et tantum civibus sub Augusto interdictam penitus abolevit » (Suétone, *Claude*, 25; édit. Teubner-Roth, p. 161, l. 12-14).

nier, en l'an 29 avant J.-C., aurait indiqué à Auguste quelle ligne de conduite devait suivre le fondateur de l'empire. Ce discours, suivant Dion Cassius, aurait reçu l'approbation d'Auguste, et, en fait, sa doctrine est bien celle qui a servi de base à la politique impériale :

« Rends aux dieux, toujours et partout, le culte
» consacré par l'usage de Rome, et contrains les
» autres à faire de même. Quant à ceux qui ado-
» rent les dieux étrangers, donne-leur ta haine et
» des châtiments... Ce genre de culte provoque des
» conjurations, des assemblées, des associations,
» choses dangereuses dans une monarchie... La di-
» vination est nécessaire; il faut que tu établisses
» des aruspices et des augures qui seront consul-
» tés par qui le voudra. Mais il ne convient pas
» qu'il y ait des magiciens; s'ils disent quelquefois
» la vérité, le plus souvent ils débitent des men-
» songes, et donnent aux gens le désir des inno-
» vations (1). »

Ainsi, on a exagéré l'importance qu'aurait eu, avant la conquête romaine, le rôle des druides

---

(1) « Τὸ μὲν θεῖον πάντῃ πάντως αὐτός τε σέβου κατὰ τὰ πάτρια καὶ τοὺς ἄλλους τιμᾶν ἀνάγκαζε · τοὺς δὲ δὴ ξενίζοντάς τι περὶ αὐτὸ καὶ μίσει καὶ κόλαζε... Κἀκ τούτου καὶ συνωμοσίαι καὶ συστάσεις ἑταιρεῖαί τε γίγνονται ἅπερ ἥκιστα μοναρχίᾳ συμφέρει... Μαντικὴ γὰρ ἀναγκαία ἐστίν, καὶ πάντως τινὰς καὶ ἱερόπτας καὶ οἰωνιστὰς ἀπόδειξον, οἷς οἱ βουλόμενοί τι κοινώσασθαι συνέσονται. Τοὺς δὲ δὴ μαγευτὰς πάνυ οὐκ εἶναι προσήκει · πολλοὺς γὰρ πολλάκις οἱ τοιοῦτοι τὰ μέν τινα ἀληθῆ, τὰ δὲ δὴ πλείω ψευδῆ λέγοντες νεοχμοῦν ἐπαίρουσιν » (Dion Cassius, l. LII, c. 36, § 1-13; édition d'Immanuel Bekker, t. II, p. 25-26).

comme juges, et ce rôle est terminé sous l'empire romain ; il disparaît avec leurs fonctions sacerdotales et avec leur enseignement qu'a supplanté peu à peu l'enseignement gréco-romain, installé à Autun par la politique romaine, dès le règne de Tibère, à l'usage des plus nobles familles de Gaule (1). Dans la seconde moitié du premier siècle de notre ère, les druides gaulois ne sont plus que des médecins empiriques et des devins (2), c'est-à-dire de vulgaires sorciers (3), comme aujourd'hui ceux d'Irlande.

§ 20. — *La vengeance est un devoir imposé par le droit primitif aux parents les plus proches du mort.*

L'usage de la composition a été général ; cependant on trouve quelques traces d'une doctrine juridique très ancienne, qui n'admet pas la compo-

---

(1) « Nobilissimam Galliarum subolem liberalibus studiis ibi operatam » (Après Jésus-Christ, 21. Tacite, *Annales*, l. III, c. 43). — A comparer, Méla, l. III, § 19 : « [Druides] docent multa nobilissimos gentis clam et diu viconis annis, aut in specu, aut in abditis saltibus. » Après Jésus-Christ, 44. — L'enseignement d'Autun menait aux plus hautes dignités de l'empire, et en attendant, les élèves comme les professeurs y habitaient des maisons saines et commodes. Celui des cavernes et des forêts druidiques était dangereux au point de vue de l'hygiène, ne pouvait conduire à rien et fut bientôt abandonné. Sur la suppression des druides en Gaule, voy. *Revue celtique*, t. XII, p. 316.

(2) « Hoc genus vatum medicorumque » (Pline, l. XXX, § 13).

(3) « Druidae, — ita suos appellant magos, » (Pline, l. XVI, § 249).

sition pour le meurtre, et qui impose comme devoir, aux parents les plus proches du mort, l'exercice du droit de vengeance dans toute sa rigueur, par l'application de la loi du talion au meurtrier (1). On attribue à un des derniers rois sassanides de Perse, septième siècle de notre ère, une parole terrible : « Celui qui ne tue pas le » meurtrier de son père est un enfant illégi- » time (2). » Dans la Grèce des temps héroïques, la vengeance, dit M. Dareste, « appartient aux » parents de la victime, ou plutôt elle s'impose à » eux comme une obligation. » Toutefois, cette obligation comportait des tempéraments : un sacrifice aux dieux, et le payement de la composition pouvaient tout arranger (3). Mais encore, au dernier siècle, il n'en était pas ainsi chez les Ossètes, peuple iranien du Caucase : « Tout meurtre avait pour con- » séquence nécessaire la guerre entre deux famil- » les, guerre de tous contre tous, indéfiniment pro- » longée jusqu'à extermination. La vengeance était » une obligation religieuse. Le corps de la victime » était apporté en cérémonie dans la maison. Tous » les parents se frottaient de son sang le front, » les yeux, les joues et le menton, et s'enga- » geaient par serment à remplir leur devoir. Après » avoir accompli l'acte de vengeance, le vengeur

---

(1) Leist, *Alt-arisches jus gentium*, p. 423 et suiv.
(2) R. Dareste, *Etudes d'histoire du droit*, p. 114.
(3) R. Dareste, *Les plaidoyers politiques de Démosthène*, t. I, p. v-vi; cf. Leist, *Graeco-Italische Rechts-geschichte*, p. 323-324.

» se rendait sur la tombe de son parent et décla-
» rait solennellement l'acte qu'il venait de com-
» mettre pour obéir à la coutume et à la religion.
» Aucune composition n'était admise, si ce n'est
» pour les simples blessures, les injures peu gra-
» ves et les vols (1). »

Chez les premiers Romains, comme chez les Ossètes, la vengeance du meurtre était un devoir religieux. Un exemple de l'application de cette doctrine nous est offert par la légende de Romulus et de Tatius. Des parents de Tatius, roi des Sabins, associé à Romulus, ont dépouillé et tué des ambassadeurs envoyés à Rome par les habitants de *Laurentum*. Tatius ayant refusé toute réparation, la vengeance est exercée contre lui, il est tué par les parents des ambassadeurs. Romulus jugea que la mort de Tatius et celle des ambassadeurs se compensaient; mais les dieux n'approuvèrent pas cette façon de penser; ils envoyèrent une épidémie qui ôtait la vie aux hommes; ils frappèrent de stérilité les bestiaux et les champs; pour calmer la colère céleste, il fallut punir du dernier supplice les meurtriers des ambassadeurs et les meurtriers de Tatius (2).

---

(1) Dareste, *Etudes d'histoire du droit*, p. 146. Cf. Kovalewsky, *Coutume contemporaine et loi ancienne*, p. 237 et suiv. Sur le devoir de vengeance dans la littérature épique irlandaise, voyez *Cours de littérature celtique*, t. V, p. xxx, 450, 458, 459, 498.

(2) Plutarque, *Romulus*, c. 23, 24 ; édit. Didot, p. 37, 38 ; cf. Tite-Live, l. I, c. 14.

Le crime des uns et les représailles exercées par les autres ressortissaient du droit des gens et non du droit privé, puisque, dans les deux cas, chaque coupable appartenait à une autre cité que sa victime ; l'exercice de la vengeance du premier et du second meurtre rentrait donc dans la compétence des pouvoirs publics. On a vu, p. 83, qu'en pareille circonstance, dans la Gaule indépendante, l'Etat auquel le coupable appartenait, le faisait arrêter et mettre à mort, tandis que, dans le cas de meurtre d'un concitoyen, l'Etat laissait le coupable libre d'échapper par la fuite et abandonnait aux parents du mort l'exercice du droit de vengeance. Il y a donc ici concordance entre le droit celtique et le droit de Rome sous les rois.

Voici un point sur lequel les deux législations se contredisent.

Une loi de Numa paraît avoir attribué à l'Etat le châtiment de tout meurtrier, même citoyen de Rome, quand celui-ci avait agi avec préméditation et que la victime était un homme libre. On connaît le texte : *Si quis hominem liberum dolo* [*malo*] *sciens morti duit*, PARICIDAS *esto ;* PARICIDAS est le meurtrier d'un égal, *par ;* son châtiment était la peine du talion, c'est-à-dire la peine de mort, infligée par ordre du magistrat, et le supplice du coupable était considéré comme un acte religieux (1). Numa avait enlevé à la famille le droit

---

(1) Moritz Voigt, *Leges Regiae*, p. 63 ; *Abhandlungen der phi-*

d'exercer la vengeance, de crainte que, par une transaction avec le meurtrier, elle ne provoquât la colère divine. Le droit d'accepter une composition pour meurtre n'était maintenu que dans les cas où le meurtre n'était pas prémédité : *Si quis imprudens occidisset hominem;* alors le coupable pouvait être remplacé par un bélier qu'on sacrifiait à Janus, et le devoir religieux était rempli (1).

Le droit celtique, à l'inverse du droit romain, ne fait jamais intervenir le magistrat pour assurer le châtiment du meurtre commis par un citoyen contre son concitoyen ; en ce cas, quelles que soient les circonstances aggravantes ou atténuantes, il ne distingue pas, et il admet sans exception pour les parents de la victime le droit d'accepter la composition.

Mais dans la théorie celtique de la composition il reste une trace de la rigueur du droit primitif, c'est l'expression de meurtre « nécessaire, meurtre de nécessité, » *marbad dethbire* en irlandais.

Pour déterminer qui est débiteur de la composition, il faut d'abord distinguer si le meurtre a

---

lologish-historischen Classe der Königlich-Sächsischen Gesellschaft der Wissenschaften, t. VII, p. 617. On a dit plus haut, p. 78, n. 1, que le sens traditionnel du mot *paricidas*, « meurtre du père, » est déjà connu de Plutarque. Mais, malgré de hautes autorités, il nous paraît fort peu vraisemblable que ce sens traditionnel soit le sens primitif.

(1) Moritz Voigt, *Ibid.*, p. 64 et suiv., 618 et suiv. Leist, *Graeco-italische Rechtsgeschichte,* p. 324-325.

été « de nécessité » ou non, *dethbire* ou *indethbire*. Le meurtre « de nécessité » est celui qui n'a pas été prémédité, ou qui prémédité, a une cause légitime : devoir de vengeance. Le meurtre qui n'est pas de nécessité est celui que ne motive pas le devoir de vengeance et qui est le résultat d'une volonté préalable provoquée par le désir du gain (1).

Lorsque le meurtre a été « de nécessité, » le meurtrier n'est pas seul débiteur de toute la composition. Des sept femmes esclaves qui forment le prix de la composition, il ne doit à lui seul que la femme esclave dont la famille du défunt a droit d'exiger la valeur à titre de restitution, *aithgin*. La dette du reste de la composition se partage entre lui et ses parents les plus proches, par exemple son fils ou son père; c'est-à-dire qu'une partie

---

(1) « Cid is dethbirius ann, ocus cid is inndethbirius ?
» Ised dethbirius ann cinta anfoit, ocus indethbire torbuidh.
» Issed is indethbirius ann cinta compruite ocus gin tuillimh. » (*Ancient Laws of Ireland*, t. III, p. 68, l. 12-14). « Qu'est-ce que la
» nécessité ? Qu'est-ce que le défaut de nécessité ? Il y a nécessité
» de crime, quand la préméditation existe : il n'y a pas néces-
» sité quand l'auteur du crime a en vue un profit. Il n'y a pas
» nécessité de crime quand l'intention de le commettre était ar-
» rêtée d'avance, et que la victime ne méritait pas le traitement
» qu'elle a subi. » — « Isedh is cin indeithbire sunn cin comh-
raite. Isedh is cin deithbire ann isin corus fine, cin anfoit ; no
indeitbire torbha. » (*Ancient Laws of Ireland*, t. IV, p. 248,
l. 25-26). « Est crime commis sans nécessité, le crime prémédité.
» Le crime est de nécessité dans le droit de famille et quand il
» n'a pas été prémédité ; il n'est pas de nécessité quand il est
» de profit. »

de la composition est à la charge des parents qui, au cas de son décès, seraient ses plus proches héritiers (1). Voir ci-dessous, p. 86 ; cf. p. 92.

(1) « Ma marbadh dethbire, cinmotha IIII gona duine in corusa fine, cia tarrustar fair, cin co tarrustar, is a ic dia fine amuil comruinnit cro, ocus icuidh-som cumal aithgina ocus cutruma fria mac no fria athuir do na se cumaluibh dire » (*Ancient Laws of Ireland*, t. III, p. 68, l. 15-18). — « Quand il y a meurtre de né-
» cessité, sans compter les quatre meurtres du droit de famille,
» que le meurtrier ait quelque chose ou rien, la composition doit
» être payée par la famille, comme elle partage succession ; le
» meurtrier paye la femme esclave de restitution, et supporte
» également, avec son fils ou son père (lisez avec la *geilfine*, et à
» défaut de *geilfine* avec toute la famille), la charge des six
» femmes esclaves qui forment le surplus de la composition »
(cf. *ibid.*, t. IV, p. 246, l. 2-3). — « Madh marbhadh dethbire, cenmotha na ceithre gona duine dethbire in corusa fine .i. guin in mic derbhfine, guin dalta na fine, guin mic faosma, guin mic mna fine, cia tarrustar fair, gi ni tarrustar, is ic dia fine amhuil comrannat cro, ocus icaigh som cumal aithgena, ocus cutruma fri mac no athair do na sé cumala dire » (*ibid.*, t. IV, p. 244, l. 20-25).
— « S'il y a meurtre de nécessité, sans compter les quatre meur-
» tres de nécessité du droit de famille, savoir : 1° meurtre de fils
» de *derbhfine*, 2° meurtre d'élève de la famille, 3° meurtre de fils
» adoptif, 4° meurtre de fils de femme de la famille (c'est-à-dire
» de neveu par sœur), que le meurtrier ait quelque chose ou rien,
» la composition doit être payée par la famille comme elle par-
» tage succession. Le meurtrier paye la femme esclave de resti-
» tution, et supporte également avec son père la charge de six
» femmes esclaves qui forment le surplus de la composition. »
Ces deux textes sont identiques, si ce n'est que le premier est plus complet que le second. Il contient l'énumération des cas où le droit de vengeance existe. Comparez les passages suivants :
« Acht cumae atait ceithre gona duine deithbire nad ellnet coimge laime » (*ibid.*, p. 252, l. 17-18). « Il y a quatre meurtres nécessaires d'homme qui ne souillent pureté de main. » — « Di-

Si le meurtre n'est pas nécessaire, c'est-à-dire s'il a été prémédité, et si, en outre, il n'est pas motivé par le devoir de vengeance, la composition tout entière est due par le meurtrier seul. Son fils, son père peuvent, comme le reste de ses proches parents, être mis en demeure de contribuer à la dépense, mais ce n'est qu'après épuisement des ressources du meurtrier.

Ainsi le devoir de vengeance rend le meurtre « nécessaire ; » c'est la théorie antique.

Au meurtre, que le devoir de vengeance rend « nécessaire, » conformément à une vieille doctrine qui semble avoir été commune à toute l'humanité, les juristes irlandais ont assimilé le meurtre non prémédité (1), c'est-à-dire le meurtre ἀκούσιος, qui, chez les Athéniens, est puni de l'exil sans conférer aux parents du mort le droit de tuer le meurtrier tant que celui-ci ne rentre pas en Attique (2), ce meurtre qui, à Rome, suivant une loi de Numa, est expié par le sacrifice d'un bélier (p. 181); mais le meurtre non prémédité, c'est-à-dire qui a été commis dans une rixe, dans un accès de colère, ou qui est le résultat involontaire

---

gail dalta na fine. i. In dalta ocus in gormac » (*Ibid.*, p. 254, l. 15-16). « Vengeance d'élève de la famille. [GLOSE] : L'élève et le fils de la sœur. » — « In digail fir derbhfine » (*Ibid.*, p. 256, l. 10). Voir enfin p. 248, l. 15-18).

(1) « Cin anfoit » (*Ancient Laws of Ireland*, t. IV, p. 248, l. 26).

(2) Leist, *Graeco-italische Rechtsgeschichte*, p. 326 et suiv. Cf. ci-dessus, p. 86, 87.

d'une imprudence, d'un défaut de précaution, n'est pas, à proprement parler, « nécessaire; » le meurtre « nécessaire, » dans le sens précis du mot, est celui qui est imposé au meurtrier par le devoir sacré de la vengeance ; et comme le devoir de la vengeance s'imposait à tous les proches parents, par ordre de parenté, les plus proches parents supportaient toutes les conséquences de l'acte que ce devoir exigeait. Ce principe a été étendu en Irlande aux conséquences du meurtre non prémédité qui a été assimilé au meurtre motivé par le devoir de vengeance, et la composition a été en partie due par la famille dans les deux cas.

Comment, dira-t-on, un meurtre qui en venge un autre donne-t-il lieu au payement de la composition? Evidemment, pour le premier meurtre que le meurtre nécessaire a vengé, une composition est déjà due à la famille de la première victime, mais cette composition peut être moins élevée que la composition due pour la victime à qui l'accomplissement du devoir de vengeance a ôté la vie ; dans ce cas, l'auteur du second meurtre doit la différence entre les deux compositions ; c'est cette différence qui est supportée concurremment avec lui par ses parents les plus proches.

§ 21. — *La famille irlandaise, la famille attique.*

En principe, on ne tient compte que de la parenté par les hommes. On distingue la famille en quatre groupes : les *geilfine, derbfine, iarfine, indfine* (1). La *geilfine* se compose de cinq personnes : père, fils, petit-fils, frère, et l'intéressé (2) ; la *derbfine* de quatre ou neuf si l'on compte à nouveau les cinq premiers ; les quatre ne sont nommés nulle part, ce sont probablement : grand-père, oncle paternel, neveu (fils du frère), cousin germain ou cousin au quatrième degré dans la ligne paternelle ; la *iarfine* consiste en treize personnes, si l'on y comprend les neuf déjà nommés, ou en quatre seulement, probablement : arrière-grand-père ou bisaïeul, grand-oncle, petit-neveu, cousin issu de germain ou cousin au sixième degré; dans l'*indfine*, il y a, suivant que l'on calcule d'une manière ou de l'autre, dix-sept personnes ou quatre ; les quatre seraient : trisaïeul, arrière-grand-oncle, arrière-petit-neveu, cousin au huitième degré (3).

Le devoir de vengeance est imposé aux deux

---

(1) « It cetheora fine ata nesom conbeirat cinaid cacha bunadaig : gelfine ocus derbfine, iarfine ocus indfine » (*Ibid.*, t. I, p. 260, l. 1-3). Comparez le canon XXIX de saint Patrice : *De consanguinitate in conjugio.* « Intelligito quid Lex loquitur, non minus nec plus : quod autem observatur apud nos, ut quatuor genera dividantur, nec vidisse dicunt nec legisse » (Haddan and Stubbs, *Councils and ecclesiastical documents relating to Great Britain and Ireland*, t. II, p. 338).

(2) Cf. *Ancient Laws of Ireland*, t. I, p. 238, l. 8-9.

(3) Sur la famille irlandaise, voir *Ancient Laws of Ireland*, t. IV, p. 282-295 ; sur le nombre de dix-sept personnes qui composaient cette famille, *ibid.*, t. I, p. 182, l. 23, 27 ; p. 272, l. 23. La saisie contre les parents s'appelait *inbleoguin*, substantif dérivé du verbe *inblegim*, *ibid.*, t. III, p. 22, l. 12.

premières sections seulement, auxquelles sont ajoutés : 1° le père nourricier dont on a tué l'élève, 2° le père adoptif dont on a tué le fils adoptif (l'élève et le fils adoptif sont assimilés aux fils); 3° l'oncle maternel, quand le fils de la sœur a été tué : le fils de la sœur est mis sur le même pied que le neveu fils du frère (1). Les élèves sont ceux qui, par le contrat d'éducation, sont pourvus d'un père nourricier, *aite*, qui a sur eux une partie des droits d'un père (2). Le fils adoptif, qu'on appelle en irlandais *mac foesma*, « fils de protection, » constitue, dans la langue du droit irlandais, un groupe additionnel appelé *fine taccuir*, « famille convenable, bonne (3). » Les fils de la sœur sont ce que la même langue technique désigne par le nom de *glasfine*, « famille grise et bleue, » parce que, dit-on, le père est un étranger qui est arrivé en

---

(1) « Na ceithre goua duine dethbire in corusa fine .i. guin in mic derbfine, guin dalta na fine, guin mic faosma, guin mic mna fine » (*Ancient Laws of Ireland*, t. IV, p. 244, l. 20-22). Le mac faosma ou fils adoptif de ce texte doit être distingué du *gormac* du second des textes qui suivent. Ce gormac est le *mac mna fine*, fils d'une femme de la *fine*, c'est-à-dire neveu par une sœur. « Fuilit ceithre daine is deithbir do guin... Digail fir derb-fine » (*Ancient Laws of Ireland*, t. IV, p. 252, l. 19, 20, 22; p. 256, l. 8, 10). « Digail dalta na fine .i. i n dalta ocus in gormac » (*Ibid.*, p. 254, l. 15, 16).

(2) Le père nourricier a droit de correction, et il est responsable, en certains cas, des crimes commis par son élève. *Ancient Laws of Ireland*, t. II, p. 178.

(3) *Ancient Laws of Ireland*, t. IV, p. 284, l. 26; p. 288, l. 14.

Irlande sur la mer grise et bleue (1); il n'a par conséquent pas de famille en Irlande; il ne peut donc donner une famille à son fils, et celui-ci est considéré comme faisant partie de la famille de sa mère. Si cette explication du mot *glas fine* était prise à la lettre, elle exclurait ceux des neveux par les sœurs dont le mari est Irlandais.

Mais ne nous arrêtons pas à ces assimilations par lesquelles des personnes étrangères à la famille y pénètrent, en acquièrent partiellement du moins les droits et les devoirs. Ce qu'il est surtout important de faire remarquer ici, c'est que le degré le plus éloigné auquel le devoir de vengeance s'étende, en droit irlandais, est le quatrième suivant le mode de compter du droit romain; passé les cousins germains, cette obligation n'existe plus.

Le droit attique, sans être sur ce point exactement le même que le droit irlandais, présentait avec lui une ressemblance frappante. Il distinguait, comme le droit irlandais, deux groupes des parents les plus proches. Nous l'apprenons par une loi de Dracon (septième siècle avant J.-C.). Le premier groupe comprend : le père, le frère et le fils ; ce sont eux dont le consentement est néces-

---

(1) *Ancient Laws of Ireland*, t. IV, p. 284, l. 19 ; p. 290, l. 6, 7. Il a l'*orba niad*, « héritage de nièce, » le *fearand gormeic*, « la terre de *gormac*, » c'est-à-dire de fils de sœur, *meic seathar*, *ibid.*, l. 7-8.

saire pour la validité d'une transaction relative à la composition due pour un meurtre non prémédité. C'est la *geilfine* irlandaise, moins ~~la femme et~~ le petit-fils. Le second groupe s'arrête au degré de cousin germain, ἀνέψιος, et ne le comprend pas ; mais il renferme tous les parents jusqu'à ce degré. C'est la *derbfine* irlandaise, moins les cousins germains. Ce second groupe, dans la loi de Dracon, a le droit d'interdire au meurtrier l'entrée des lieux publics et sacrés (1).

Le droit irlandais et le droit attique semblent deux rédactions légèrement différentes d'une coutume primitive commune aux Celtes et aux Hellènes, qui distinguait deux catégories parmi les parents auxquels elle attribuait le devoir de vengeance. Ces deux catégories sont réduites à une seule dans la loi russe du onzième siècle. Cette loi impose le devoir de vengeance : 1° au père, au fils et au petit-fils ; 2° au frère, à l'oncle et au neveu (2). C'est la *geilfine* irlandaise, plus l'oncle et le neveu ; c'est la *derbfine*, moins le cousin germain ; c'est la réunion en un seul groupe des deux groupes que distingue la loi de Dracon. Cette doctrine des juristes russes offre, avec la loi irlandaise et avec la loi celtique, une idée commune qui consiste à limiter aux parents les plus proches, et

---

(1) Dareste, *Les plaidoyers civils de Démosthène*, t. I, p. 274, note 28; t. II, p. 56. Leist, *Graeco-italische*, p. 718.

(2) R. Dareste, *Etudes d'histoire du droit*, p. 213.

à peu près aux mêmes parents, le devoir terrible de la vengeance (1).

§ 22. — *Qui est débiteur de la composition. Distinction entre le crime qui est nécessaire et celui qui ne l'est pas.*

Cette exposition terminée, revenons à une question posée au § 20. Par qui la composition est-elle due? Il y a deux hypothèses à distinguer. La composition est-elle réclamée pour meurtre nécessaire (1° dans le sens rigoureux du mot, c'est-à-dire pour meurtre obligatoire ; 2° pour meurtre non prémédité)? est-elle réclamée pour toute autre cause?

Ordinairement, la composition n'est pas demandée pour meurtre nécessaire. Elle est demandée pour une blessure qui n'a pas été mortelle, pour un coup, pour une insulte, pour un tort quelconque fait à autrui, enfin pour un meurtre prémédité que le devoir de vengeance ne motive pas ; dans tous ces cas, la composition est due en totalité par le coupable ; sa famille n'est débitrice qu'à son défaut, et elle peut se décharger de toute dette en livrant le coupable soit à l'offensé vivant, soit à la famille de la victime, si cette victime a perdu la vie (2). C'est l'abandon noxal. De cette règle, il y

---

(1) Sur la vengeance privée voyez Leist, *Graeco-italische Rechtsgeschichte*, p. 286-423 ; *Alt-arisches Jus Gentium*, p. 423-433.

(2) « A roga don fine inné a dilsiugh fein do donat ocus in

a une formule irlandaise qui peut être traduite :
« chacun pour son crime ; » *cach rob in a-chinaid* (1).
Et la conséquence de cette maxime a été exprimée
par deux brocards : « Que chacun meure pour son
crime (2) ; » « chacun meurt pour ses crimes pré-
médités quand il ne trouve pas le montant de la
composition (3). » C'est en vertu de ce principe
que les druides, en Gaule, brûlaient les voleurs,
les brigands et les autres criminels (4).

Mais quand la famille ne pouvait livrer le coupable, elle devenait débitrice de la composition,
déduction faite de l'avoir de ce malheureux. C'était
la *geilfine* (p. 186) qui premièrement devait la composition ; d'abord le fils, puis le père à défaut
du fils, puis le frère à défaut du père ; enfin, quand
la *geilfine* ne pouvait parfaire le montant de la

---

feronn do beth acu, nó ine in feronn do berad i-sin cinuid. »
(*Ancient Laws of Ireland*, t. IV, p. 246, l. 25-26). « La famille a le
choix ou de livrer le coupable en propriété au plaignant, ou de
donner la terre. » Le mot *feronn* « terre » dans cette phrase qui
appartient à la glose remplace les mots *diobhadh* et *orba*, c'est-
à-dire « succession du texte, » *ibid.*, l. 14, 15.

(1) Glossaire de Cormac, au mot *Mogheime*. Whitley Stokes,
Three irish glossaries, p. 30. A comparer le brocard : « cach cin
co cintach » (*Ancient Laws of Ireland*, t. III, p. 342, l. 28).

(2) « Badhadh cach in a chinaidh » (*Ancient Laws of Ireland*,
t. IV, p. 250, l. 16).

(3) « Eiblidh cach in a cintaibh comraite in tan na faghaibh
éiric » (*Ibid.*, l. 17). Cf. ci-dessus, p. 91, 92.

(4) « Supplicia eorum, qui in furto aut in latrocinio, aut in ali-
qua noxia sint comprehensi gratiora dis immortalibus esse arbitrantur » (*De bello gallico*, l. VI, c. 16, § 5).

composition, la charge de le compléter retombait sur la *derbfine*. Si la *derbfine* n'était pas assez riche, on pouvait s'adresser à la *iarfine*, puis, à défaut de celle-ci, à l'*indfine*; enfin, en cas d'insuffisance des ressources de la famille, si le coupable était vassal d'un noble, ce noble devenait responsable; à défaut de ce noble, était responsable toute personne qui donnait au coupable lit, vêtement, nourriture; enfin, quand l'offensé ou la famille du mort ne pouvait, à l'aide de ces responsabilités diverses, recouvrer tout ce qui lui était dû, ils avaient la ressource de s'adresser au roi (1). Il y avait en Irlande un brocard qui peut se traduire ainsi : « Pour tout homme sans chef, allez jusqu'au » roi (2). »

(1) On ne pouvait pratiquer la saisie contre le roi; on exerçait la saisie dans trois maisons de la *túath* du coupable (Ancient Laws of Ireland, t. I, p. 248, l. 26-28).

(2) Ancient Laws of Ireland, t. IV, p. 240, 242; cf. t. I, p. 238, l. 8-9, 24-29; p. 240, l. 1-13. Suivant le *Senchus Mór*, après s'être adressé à la *derbfine*, peut mettre la *iarfine* et la *indfine* en demeure de payer ce qui manque de la composition. Ancient Laws of Ireland, t. I, p. 260, l. 1-3; p. 274, l. 12-13 : « It cotheora » fine ata nesom combeirat cinaidh cacha bunadaig : geilfine ocus » derbfine, iarfine ocus indfine. » La saisie pratiquée contre la *geilfine* comportait un délai de cinq nuits. La saisie contre les parents plus éloignés exigeait un délai double (Ancient Laws of Ireland, t. I, p. 246, l. 20-21; p. 248, l. 23-25). Sur cette charge de la famille cf. une lettre du brehon Jacques O'Scyngin, 1571 :

« Magnifico seu ingenuo viro ac in partibus Connaciae praeoptato domino precedenti Eduarrdo militi Ffliton et suis commilitonibus, ego Jacopus O'Scingin, licet indignus, considero, quod jure divino filius non reportat iniquitatem patris et e contra, et

Ces règles, qui sont données par des textes de droit civil irlandais dont la date ne peut être déterminée d'une façon rigoureuse, se retrouvent à peu près exactement, sauf quelques différences de détail, dans la « Collection canonique irlandaise » qui date des environs de l'an 700 de notre ère. Cette compilation attribue à un concile irlandais la décision suivante : « Le crime de chaque homme
» méchant viendra d'abord sur sa fortune ou sur
» ses troupeaux, puis il viendra sur ses régions
» (*lisez* ses parents et son chef); si cet homme n'a
» pas de région, son crime viendra sur son roi; si
» cet homme n'a pas de roi, son crime viendra sur
» la personne qui a donné des armes et des vête-
» ments au coupable ; à défaut de cette personne,
» le crime viendra sur celle qui a donné à cet
» homme la nourriture et le lit. Si, enfin, on ne
» peut rien tirer de tout ce monde et si cet homme
» commet un crime contre une église, cette église
» se fera payer par le plus grand roi de la pro-
» vince où elle est située (1). »

eciam jure civili delictum unius non causat in alio defectum juxta id, quod dicit rubrica, ne filius pro patre, neque pater pro filio, neque uxor pro marito, nec maritus pro uxore. Sed nos accepimus ab arbitris qui dicuntur judices seculares, a quibus accepimus jure consuetudinario, quod omnes doberent condempnari usque ad quartam generationem, non solum in recta linea, sed eciam in collateralibus » (J.-T. Gilbert, *Fac similés of national Mss. of Ireland*, partie IV, livraison 1, n° XVI). Rapprochez le canon XXIX de Saint-Patrice, cité p. 186, n. 1.

(1) Livre XLII, c. 30. Wasserschleben, *Die irische Kanonensammlung*, 2ᵉ édit., p. 170.

La responsabilité du roi n'est pas spéciale au droit irlandais. On la trouve dans l'Inde : un code brahmanique oblige le roi à indemniser le volé, quand il ne peut retrouver et faire rendre l'objet soustrait (1). La responsabilité du roi n'est qu'une forme de la responsabilité de la commune ou du canton qui se rencontre dans un grand nombre de vieilles législations (2). Celle des parents est aussi de droit commun dans les législations primitives ; elle a certainement existé en Gaule comme la faculté pour les parents d'échapper à cette responsabilité en livrant le coupable. On trouve dans la loi salique les mêmes principes.

« Le titre LVIII de la loi salique traite du cas
» où le meurtrier se trouve dans l'impossibilité de
» payer intégralement le *wergeld*. L'insolvable et
» douze conjurateurs doivent jurer qu'il ne possède
» ni sur la surface de la terre, ni dans les entrail-
» les de la terre autre chose que ce qu'il offre à
» titre de composition... Il somme ensuite ses pro-
» ches parents de payer à sa place. Si les parents
» sont, à leur tour, hors d'état de fournir la somme
» requise, le coupable est livré à son créancier.
» Celui-ci le présente publiquement à quatre as-
» semblées judiciaires, et, si personne ne vient
» le racheter en payant le *wergeld*, le créancier

---

(1) Dareste, *Etudes d'histoire du droit*, p. 78-79.
(2) Dareste, *Etudes d'histoire du droit*, p. 23, 24 (Israélites), 167, 168 (Tchèques), 184, 191 (Polonais), 232, 233 (Slaves du Sud), 413 (Loi Salique).

» acquiert sur son débiteur droit de vie et de
» mort (1). »

Cette dernière disposition légale est identique à celle de la loi des Douze Tables qui veut que le débiteur soit mis en vente à trois marchés, puis que, s'il n'a pas trouvé preneur, il soit livré aux créanciers.

Le droit pour les parents d'abandonner le coupable et d'échapper ainsi au payement de la composition n'existe pas en Irlande lorsque la composition est due pour un meurtre nécessaire. En ce cas, la dette de la composition, — sauf la femme esclave de restitution due par le meurtrier seul, — est supportée par chacun des membres du groupe des parents les plus proches du meurtrier, c'est-à-dire par la *geilfine*, à laquelle appartiendrait la composition si c'eût été le meurtrier qui eût été tué. Chacun des membres de la *geilfine*, le meurtrier compris, paye la même somme (2). A défaut de *geilfine*, la composition est payée par le reste de la famille dans la même proportion qu'elle par-

---

(1) Thonissen, *L'organisation judiciaire, le droit pénal et la procédure pénale de la Loi Salique*, p. 171.

(2) « Da marbhta é, do beradh gach fer do cuiger na geilfine urrannus da coirpdire; côir no deisidhe in cin deithbire marbhta do biadh aigi, ciamadh ar cuiger na gelfine do dechsadh. » « S'il » était tué, chacun des cinq de la *geilfine* aurait une part de la » composition; il est juste que la peine du meurtre nécessaire » soit supportée par lui, quoique elle atteigne les cinq de la *gel-* » *fine* » (*Ancient Laws of Ireland*, t. IV, p. 248, l. 15-18; cf. t. I, p. 248, l. 8, 9).

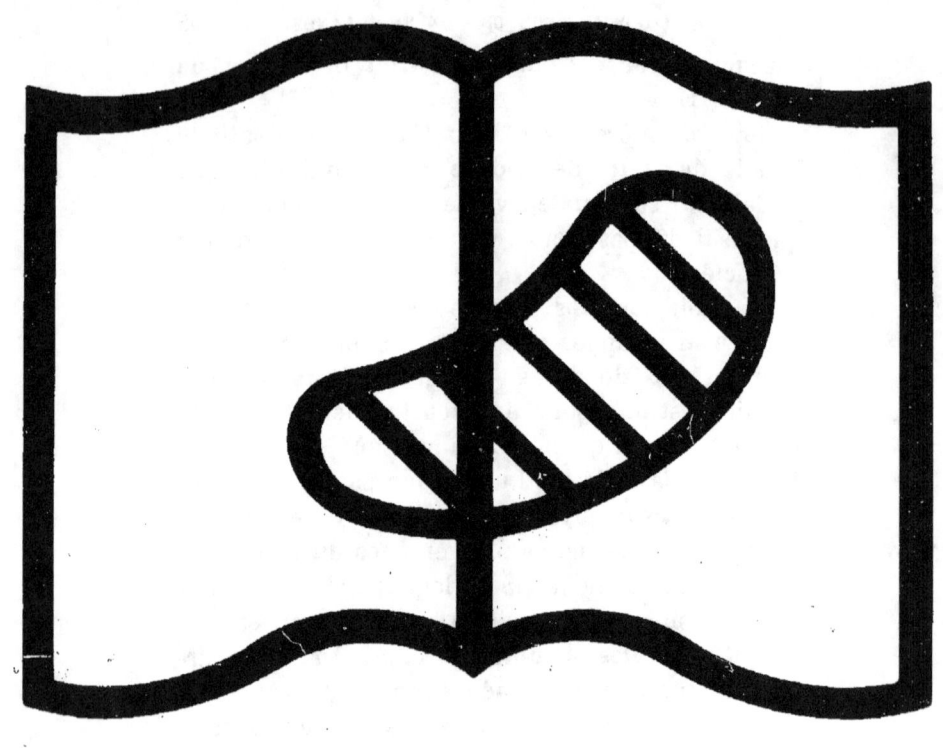

Original illisible
NF Z 43-120-10

tagerait une succession (1). Cette proportion est celle-ci : trois quarts ou douze seizièmes pour la *deirbfine*, trois quarts d'un quart ou trois seizièmes pour la *iarfine*, un quart d'un quart ou un seizième pour la *indfine* (2). Telle est la loi du partage en matière de succession comme lorsqu'il s'agit de répartir la dette de la composition due pour un meurtre nécessaire (3).

En résumé, lorsque la composition est due pour un meurtre qui n'était pas nécessaire, la famille peut échapper à l'obligation de payer la composition en abandonnant la fortune et la personne du meurtrier. Quand le meurtre était nécessaire, le payement de la composition est en totalité obligatoire pour la famille, sauf la portion afférente au meurtrier qui, outre la femme esclave de restitution, doit supporter sa quote-part 1° dans les six femmes qui complètent le prix du corps, 2° dans le prix de l'honneur.

---

(1) « Is ac îc dia fine, amhuil comrannat crô » (*Ancient Laws of Ireland*, t. IV, p. 244, l. 24).

(2) « Masa geilfine do-dibastur ann, teora cethramthana dibaid geilfine do deirbfine, cethruimthi d'iarfine, ocus d'indfine, teora cethramthana na cethramthana d'iarfine, ocus a cethramthu d'indfine » (*Ancient Laws of Ireland*, t. III, p. 330, l. 7-10). « Si » la *geilfine* est éteinte, trois quarts de la succession de la *geilfine* » vont à la *deirbfine*, et un quart se partage entre la *iarfine* et » l'*indfine*, savoir trois quarts du quart à la *iarfine*, un quart de » ce quart à l'*indfine*. » Cf. ci-dessus, p. 186.

(3) On a vu plus haut, p. 92, comment la créance de la composition pour meurtre se répartit entre les membres de la *geilfine*.

Quand le crime nécessaire n'est pas un meurtre, la famille n'est obligée de contribuer qu'après épuisement des ressources du criminel, le reliquat de la dette se partage comme se partagerait une succession lucrative que pourrait laisser le meurtrier (1). La situation de la famille, quand le crime nécessaire n'est pas un meurtre, est la même que lorsque le crime, étant un meurtre, n'est pas nécessaire. La raison pour laquelle, même en cas de solvabilité du meurtrier, la famille contribue à la composition due pour meurtre nécessaire, est, disent les jurisconsultes irlandais, que la famille aurait touché une part de la composition si c'eût été le meurtrier qui eût perdu la vie. Mais si le meurtrier n'eût reçu qu'une blessure, la composition lui aurait appartenu en totalité (2).

(1) « Cach cin dethbire do dena duine cinmotha marbadh, dia tarrustur fair, is a éiric uadha fein co ro thochaither a innile ocus a tir inn; ani bis fair cin eiric is a ic dia fine amuil comrainnit cro » (Ancient Laws of Ireland, t. III, p. 68, l. 7-11). « Tout crime
» de nécessité que commet un homme, sauf meurtre, donne lieu,
» si cet homme est solvable, à payement de composition par lui
» jusqu'à épuisement de ses meubles et immeubles; ce qu'il doit
» [pour crime de nécessité] sauf la composition [pour crime de
» nécessité qui n'est pas un meurtre] est à payer par sa famille
» comme elle partage succession. » On trouve la même règle, ibid., t. IV, p. 244, l. 14-19.

(2) « Cidh armadh fair aonar dechsad gach cin dogni duine cenmotha marbadh, madh di-am-be oga a ic? Nin : Ar cidh fris aonar do gnither olc cenmotha marbadh, is fris aonar icfaither. Gach marbadh imurro dogni, ni hé aonar icfus cia beith oga, acht téis for fine, ocus is-e in fàt òn : ar cidh eisimh no cidh a mac no marbhtha, is fine uile nò beradh coirp dire nechtar de,

§ 23. — *Des meurtres pour lesquels la famille ne peut exiger la composition. Le meurtre du voleur.*

Il y a un certain nombre de meurtres pour lesquels aucune composition n'est due.

En droit irlandais, on a le droit de tuer le voleur en cas de flagrant délit quand il ne dit pas son nom, quand on ne sait pas qui il est et qu'on ne peut l'arrêter (1). En droit indo-européen, le meurtre du voleur est licite quand il y a flagrant délit. Au moyen âge, on trouve cette règle, en Islande (2), chez les Tchèques (3), en Géorgie (4), et il y est seulement apposé certaines restrictions chez quelques peuples, par exemple dans le droit russe et dans le droit norvégien qui exigent que le

---

ocus ni ba a mac no athair *tantum* » (Ancient Laws of Ireland, t. IV, p. 244, l. 26-29; p. 246, l. 1-3). « Pourquoi serait-ce sur lui
» seul que viendrait tout crime sauf meurtre si le criminel a de
» quoi payer? En voici la raison : si on lui faisait du mal sans
» le tuer, ce serait à lui seul qu'on payerait. Au contraire, quand
» il commet un meurtre [nécessaire], ce ne sera pas lui seul qui
» payera, lors même qu'il aurait de quoi, mais la dette atteindra
» aussi sa famille, et en voici la raison : Si c'eût été lui ou son
» fils qui eût été tué, la famille tout entière aurait reçu la com-
» position, ce n'aurait pas été son fils ou son père seulement. »

(1) « Slán in gataide do marbad can slaindiud, can aithne, can caomachtu astaidhe in uair denma fogla » (Ancient Laws of Ireland, t. III, p. 464, l. 13-14).

(2) Dareste, *Etudes d'histoire du droit*, p. 355.

(3) Dareste, *ibid.*, p. 167.

(4) Dareste, *ibid.*, p. 127.

voleur soit surpris dans la maison ou dans l'enclos du volé (1), tandis que dans l'ancien droit des Perses tout vol était puni de mort (2).

La Loi des Douze Tables permet de tuer 1° tout voleur de nuit, 2° le voleur de jour qui se défend avec un javelot [ou avec une autre arme] quand on veut l'arrêter ; elle prohibe le meurtre du voleur de jour qui ne fait pas usage d'arme (3). Il y a dans le droit français moderne une disposition qui offre une grande analogie (4). Mais la Loi des Douze Tables avait une clause additionnelle qui faisait disparaître à peu près complètement cette restriction au droit absolu de tuer le voleur en cas de flagrant délit : cette clause portait qu'en cas de vol manifeste, *furtum manifestum*, — c'est-à-dire que lorsque le voleur était surpris soit au moment où il commettait son crime, soit avant qu'il ne se

---

(1) Dareste, *ibid.*, p. 216, 337.
(2) Dareste, *ibid.*, p. 116.
(3) « Si nox furtum factum est, si im occisit, jure caesus esto; si luci, nisi se telo defendit ne occidito. » Moritz Voigt, *Die XII Tafeln*, t. I, p. 716; t. II, p. 560, 604. M. Voigt met ce texte à la table VII. Il a été placé à la table VIII, par Brüns, *Fontes juris romani antiqui*, 4ᵉ édition, p. 29. Cf. Leist, *Graeco-italische Rechtgeschichte*, p. 304, note. *Alt-arisches jus civile*, p. 403; *Alt-arisches jus gentium*, p. 311.
(4) Code pénal, art. 329 : « Sont compris dans les cas de nécessité actuelle de défense les deux cas suivants : 1° si l'homicide a été commis... en repoussant pendant la nuit l'escalade ou l'effraction des clôtures, murs ou entrée d'une maison ou d'un appartement habité, ou de leurs dépendances ; 2° si le fait a lieu contre les auteurs de vols ou de pillages exécutés avec violence. »

fût dessaisi de la chose volée, — il était adjugé comme esclave au volé qui, par conséquent, acquérait sur lui droit de vie et de mort. Aussi Gaius a-t-il dit : « La peine du vol manifeste était capi-
» tale, suivant la Loi des Douze Tables ; le voleur,
» quand il était homme libre, était adjugé au volé (1). »
Gaius ajoute que les jurisconsultes ses prédécesseurs s'étaient demandé si, malgré cette adjudication, le voleur restait homme libre ou s'il devenait esclave. Il est évident que la seconde hypothèse est la vraie. La sentence qui adjugeait le voleur comme esclave au volé donnait au volé droit de vie et de mort sur le voleur.

De la comparaison entre ces diverses législations civilisées et barbares, il y a lieu de conclure qu'en Gaule, au temps de César, le volé qui arrêtait son voleur, soit au moment du vol, soit quand ce voleur était encore nanti de l'objet volé, avait le droit de lui ôter la vie, et c'est ce qui explique la mort des voleurs brûlés et offerts en sacrifice aux dieux par les druides (2).

La législation romaine de l'Empire, c'est-à-dire la législation prétorienne, était bien moins rigou-

---

(1) « Poena manifesti furti ex lege XII Tabularum capitalis erat, nam liber verberatus addicebatur ei cui furtum fecerat. Utrum autem servus efficeretur ex addictione, an adjudicati loco constitueretur, veteres quaerebant » (Gaius, *Institutiones*, l. III, § 189).

(2) *De bello gallico*, l. VI, c. 16, § 5 : « Qui in furto... sint com-
» prehensi. » Ces mots semblent impliquer le cas de flagrant délit.

reuse contre le vol manifeste que la Loi des Douze Tables et elle remplaçait la peine de l'adjudication par celle du quadruple de la chose volée (1), tandis que, pour le vol non manifeste, la peine était du double comme déjà dans la Loi des Douze Tables.

Tel fut le droit que les Romains portèrent en Grande-Bretagne. Après leur départ, on revint à la sévérité antique. Un texte légal gallois émet l'hypothèse d'un voleur qui, sur le point d'être pendu (2), dénonce un complice. Ce témoignage d'un homme qui va paraître devant Dieu est tenu pour décisif. Le complice ainsi révélé est donc convaincu de vol, mais il a la faculté de se racheter du dernier supplice (3); car, dit le texte légal, on ne peut mettre à mort celui qui n'a pas été trouvé nanti de l'objet volé (4).

---

(1) « Quadrupli actio praetoris edicto constituta est » (Gaius, *Institutiones*, l. III, § 189).

(2) « Lleydyr urth ecroc » (*Code Vénédotien*, l. II, c. 4, § 11, dans *Ancient Laws and Institutes of Wales*, in-f°, p. 52; in-8°, t. I, p. 110. Cf. *Leges wallicae*, l. II, c. 11, § 3; *ibid.*, in-f° p. 822; in-8°, t. II, p. 839).

(3) « Y vot yn lleidyr gwerth » (*Code Vénédotien*, l. II, c. 4, § 11. *Ancient Laws and Institutes of Wales*, in-f°, p. 53; in-8°, t. I, p. 11). « Est ergo talis condempnandus non ad vitam vel membra perdenda, sed ad redemptionem sui faciendam » (*Leges wallicae*, l. II, c. 11, § 3; *ibid.*, in-f°, p. 822; in-8°, t. II, p. 839).

(4) « Ny chaffer dim yny law » (*Code Vénédotien*, l. II, c. 4, § 11. *Ancient Laws and Institutes of Wales*, in-f°, p. 53; in-8°, t. I, p. 110). « Kan ny dylyr dyenydu nep ny chafer dym ynylaw » (*Code Vénédotien*, l. III, c. 2, § 21; *ibid.*, in-f°, p. 119; in-8°, t. I, p. 244. Cf. F. Walter, *Das alte Wales*, p. 451).

En effet, être trouvé nanti de l'objet volé constitue une des circonstances aggravantes qui, suivant certains jurisconsultes romains, suffisent pour constituer le flagrant délit. Gaius, qui mentionne cette doctrine, la rejette (1); mais elle était admise chez les Gallois au treizième siècle. Le voleur trouvé nanti de l'objet volé avait, d'après la loi galloise, la faculté de se racheter ; quand, possédant les ressources nécessaires, il ne se rachetait point (2), il payait de sa vie cette économie. Alors la composition pour meurtre ne pouvait être réclamée au volé par les parents du voleur. Un texte légal l'affirme en ajoutant que la mort du voleur ne peut occasionner un procès entre deux familles (3).

La peine de mort contre le voleur a été maintenue dans le droit de plusieurs peuples quand par un progrès de la législation les tribunaux sont intervenus entre le voleur et le volé. Au moyen âge, les tribunaux russes (4), suédois (5), danois (6) et

---

(1) « Manifestum furtum esse dixerunt donec perferret eo, quo perferre fur destinasset; alii adhuc ulterius, quandoque eam rem fur tenens visus fuerit, quae sententia non obtinuit » (Gaius, *Institutiones*, l. III, § 184).

(2) « Lle y gallo ymprynu ac nat ymbrynno » (*Code Dimétien*, l. III, c. 3, § 15. *Ancient Laws and Institutes of Wales*, in-f°, p. 295; in-8°, t. I, p. 600).

(3) « Nibyd galanas am leidyr; ac ny byd llyssyant rwg dwy genedyl yrydiennydyaw » (*Code Dimétien*, l. III, c. 6, § 17. *Ancient Laws and Institutes of Wales*, in-f°, p. 302 ; in-8°, t. I, p. 614).

(4) Dareste, *Etudes d'histoire du droit*, p. 220.

(5) *Ibid.*, p. 298.

(6) *Ibid.*, p. 315.

norvégiens (1) prononçaient la peine de mort contre les voleurs ; c'était l'application de la loi donnée aux Athéniens par Dracon sept siècles avant Jésus-Christ (2), et l'ancien droit français était de même bien plus rigoureux à leur égard que notre Code pénal. Il n'y a donc pas lieu de s'étonner si l'on trouve dans les dispositions du droit celtique relatives au vol une dureté qui n'est plus dans nos mœurs.

Ce qu'il y a d'étrange, c'est que dans le droit irlandais du moyen âge, qui conserve les règles les plus dures de la pénalité primitive contre le vol, nous trouvons, à côté de cette rigoureuse sévérité, par une contradiction flagrante, les dispositions les plus douces du droit romain. Le droit romain du temps de l'Empire punissait le vol manifeste par une composition payable au volé et qui devait valoir quatre fois l'objet volé, *poena quadrupli* (3). Si le vol n'était pas manifeste, le voleur devait au volé deux fois la valeur de l'objet volé, *poena dupli* (4).

La *poena dupli* et la *poena quadrupli* ont pé-

---

(1) *Ibid.*, p. 340-341.

(2) « Draco leges, quibus Athenienses uterentur, primus omnium tulit. In illis legibus furem cujus modi cumque furti supplicio capitis poeniendum esse... Censuit sanxitque » (Aulu-Gelle, l. XI, c. 18, § 2-3; édit. Teubner-Herz, t. II, p. 46).

(3) « Poena manifesti furti quadrupli est... nec manifesti dupli » (*Institutes de Justinien*, l. IV, t. I, § 5). « Quadrupli actio praetoris edicto constituta est » (Gaius, *Institutes*, l. III, § 189).

(4) « Nec manifesti furti poena per legem [duodecim] tabularum dupli in rogatur, quam etiam praetor conservat » (Gaius, *Institu-*

nétré dans le droit canonique irlandais. Suivant le pénitentiel de Vinnianus, qui date probablement de la fin du cinquième ou du commencement du sixième siècle, le clerc voleur doit restituer au quadruple et jeûner au pain et à l'eau pendant un an (1). Cette disposition a été admise dans la « Collection canonique irlandaise (2). »

On attribuait à saint Patrice une autre règle, applicable à tout homme coupable de vol, soit dans une église, soit même dans une cité où seraient enterrés des corps saints. On devait tirer au sort laquelle des trois alternatives suivantes serait imposée au voleur : 1° avoir la main ou le pied coupé ; 2° rester en prison et y jeûner le temps que décideraient les juges, de plus restituer au simple l'objet volé ; 3° partir pour un pèlerinage, restituer au double, jurer de ne pas revenir avant d'avoir fait le pèlerinage et au retour devenir moine (3).

---

tiones, l. III, § 190. M. Voigt, *Die XII Tafeln*, t. I, p. 717 ; t. II, p. 561.

(1) « Si quis clericus furtum semel aut bis, i. e. furatus est ovem proximi sui aut suem aut aliquod animal, annum integrum peniteat cum pane et aqua per mensuram, et reddat quadruplum proximo suo. » (Vinnianus, § 25. Wasserschleben, *Die Bussordnungen der Abendländischen Kirche*, p. 113. Sur la date de ce pénitentiel, voir *ibid.*, p. 10).

(2) « Vinnianus dicit : clericus, si furtum fecerit, quadruplum restituat et annum integrum peniteat. » (l. XXIX, c. 8. Wasserschleben, *Die irische Kanonensammlung*, 2ᵉ édit., p. 101).

(3) *Collection canonique irlandaise*, l. XXIX, c. 7. Wasserschleben, *Die irische Kanonensammlung*, 2ᵉ édit., p. 101.

Cette rigueur terrible fut adoucie par un synode irlandais, qui décida que, pour un premier vol commis dans une église, le voleur ferait la pénitence imposée par le prêtre, et que, pour le second vol, le voleur restituerait au double ou au quadruple (1).

Ce qui dut faciliter dans le droit canonique irlandais, l'adoption de la peine romaine du double, c'est que cette peine, consacrée à Rome par la Loi des Douze Tables, et maintenue par l'édit du préteur, est aussi prononcée par l'Exode : « Si on » trouve chez le voleur l'animal vivant qu'il a » volé : bœuf, âne ou brebis, le voleur restituera » le double (2). » La Collection canonique irlandaise reproduit cette disposition en y ajoutant : « Si quelqu'un vole une valeur morte, *pecuniam* » *mortalem*, il restituera le double (3) ; » « valeur » morte, » c'est l'irlandais *marb. dil*, terme juridique employé dans les textes de droit civil irlandais pour désigner les meubles autres que les animaux vivants (4).

---

(1) *Collection canonique irlandaise*, l. XXIX, c. 6. Wasserschleben, *ibid.*, p. 101. Le texte canonique ne dit pas dans quels cas la peine du double sera élevée au quadruple.

(2) « Si inventum fuerit apud eum, quod furatus est vivens, sive bos, sive asinus, sive ovis, duplum restituet » (*Exode*, c. XXII, v. 4).

(3) « Si pecuniam mortalem quis furatus fuerit, duplum reddet. » (l. XXIX, c. 3. Wasserschleben, *ibid.*, p. 99).

(4) *Ancient Laws of Ireland*, t. II, p. 288, l. 3; p. 400, l. 28. Cette distinction entre le meuble vivant et le meuble mort se

Or, cette peine, la restitution du double de la chose volée, a pénétré du droit canonique dans le droit civil irlandais, non pas comme règle générale, il est vrai, mais dans un cas spécial. L'auteur du traité de la saisie, premier livre du *Senchus Môr*, prévoit le cas où, l'objet saisi ayant été laissé sous la garde du défendeur, celui-ci l'enlève, et, par exemple, dit la glose, le met dans l'enclos d'un de ces grands seigneurs chez lesquels le demandeur ne peut pratiquer la saisie. En ce cas, le défendeur encourt la peine, littéralement « la dette, » du vol, *fiach gaiti* (1), c'est-à-dire la restitution au double, *taisiuc diabul-aithgina* (2). Malgré la concordance de ce texte avec celui de la Loi des Douze Tables, qui concerne le vol non manifeste, cette disposition paraît moderne en droit celtique (3).

§ 24. — *Meurtre de l'adversaire en cas de duel.*

La peine du vol dans le droit celtique le plus ancien est la mort, et cette mort infligée par le

---

trouve en Gaule dans un passage du *De bello gallico*, l. VI, c. 17, § 3, 4, cité ci-dessus, p. 171.

(1) *Ancient Laws of Ireland*, t. II, p. 78, l. 19.

(2) *Ibid.*, p. 80, l. 8.

(3) La Loi des Douze Tables avait emprunté la peine du double à une loi de Solon, sixième siècle avant Jésus-Christ : « Is sua lege in fures, non, ut Draco antea mortis, sed dupli poena vindicandum existimavit. » Aulu-Gelle, l. XI, c. 18, § 5; éd. Teubner-Horz, t. II, p. 46. Cf. Leist, *Altarisches Jus civile*, p. 411.

volé ne donne pas lieu à payement d'une composition. On ne paye pas non plus la composition quand dans un duel engagé régulièrement on a tué son adversaire. Le duel est régulièrement engagé dans deux circonstances : 1° quand il a été précédé d'un contrat conclu avec le concours de la famille et qui a déterminé les effets du duel ; 2° quand il a pour cause le refus par le défendeur de laisser le demandeur procéder à une saisie dans les formes déterminées par la coutume.

Il a déjà été question, page 47, de la première de ces deux hypothèses. Dans cette hypothèse, les deux parties, s'exprimant à haute et intelligible voix devant témoins, déterminent les conséquences qu'aura la défaite pour le vainqueur et pour la partie vaincue, c'est-à-dire, par exemple, restitution d'un objet déterminé au plaignant, s'il est vainqueur, et abandon définitif de cet objet au défendeur si ce dernier obtient la victoire, en général fixation et de l'objet du litige et de la solution que donnera à la question litigieuse le résultat du combat (1).

(1) « Atait teora aimsera in-seagair éidechta la Feine : athgabail éidechta, tellach indligtech, comrug gen curu bel no gan elod cu n-dliged. » « Il y a trois temps où l'on réclame injustice chez les » Féné : saisie mobilière injuste, saisie immobilière illégale, duel » sans contrat des lèvres ou sans refus de faire droit » (Ancient Laws of Ireland, t. IV, p. 32, l. 3-5). « Comruc do cru do for nech cen trebuiro do coir o belaib aici, re aisec no re dlechtin do in neich im-a-rocair; no can elod do lecod im a câin dliged .i. apaid na troisci. » « Provoquer en duel quelqu'un sans lui donner

On a vu, p. 61 et 64, que le contrat par lequel le duel devient conventionnel n'est pas valable sans le consentement de la famille qui par ce consentement perd le droit à la composition pour meurtre. De même quand le duel a pour cause le refus par le défendeur de se soumettre aux conséquences de la procédure extra-judiciaire commencée par le demandeur, le demandeur qui veut être sûr d'éviter après le duel les réclamations de la famille du défendeur doit préalablement mettre cette famille en demeure d'acquitter la dette que le défendeur refuse de payer ; autrement, après avoir tué son adversaire, il s'expose à payer la composition pour meurtre (1).

Un duel régulier donnait au vainqueur la propriété du corps, des armes et des vêtements de son adversaire (2). Le corps lui appartenait, c'est-à-dire qu'il avait le droit de couper la tête du vaincu et de l'emporter chez lui comme un trophée : en Irlande, la légende épique et l'histoire offrent de nombreux exemples de ce procédé barbare (3) : la même coutume a dû exister en Gaule ; c'était

» par lèvres garantie de restitution ou rectification de la chose à
» propos de laquelle on le provoque, ou sans qu'il ait fait défaut
» malgré le bon droit du demandeur qui lui a signifié commande-
» ment ou qui a jeûné ». (Ibid., l. 12-14).

(1) Voyez ci-dessus, p. 64, n. 1.

(2) « Cach bail is diles fer comraic uile, is dilius a arm ocus a etach uilo » (Ancient Laws of Ireland, t. III, p. 302, l. 8-9).

(3) Cours de littérature celtique, t. V, p. 531, au mot : Têtes coupées.

l'usage à la guerre (1), et les usages primitifs ne font pas de distinction entre la guerre publique et la guerre privée : des deux, le duel est une forme adoucie (p. 37).

Le duel fut aboli en Gaule et en Grande-Bretatagne par la conquête romaine. Dans les lois du pays de Galles qui sont un mélange de vieilles coutumes celtiques, de droit romain et d'innovations postérieures à la domination romaine, le duel, quand il ne s'ensuit pas mort d'homme, est puni d'une amende, *dirwy*, de douze vaches au profit du roi et des officiers royaux (2); cf. ci-dessus, p. 94, 96. La mort d'homme en duel donne lieu au payement de la *galanas* dont le tiers appartient aussi au roi et à ses officiers (3), le reste revient à la famille du mort. Le total de la *galanas* pour un homme libre, *bonhedic*, est de 309 vaches deux tiers, savoir :

---

(1) Strabon, l. IV, c. 4, § 5; édit. Didot, p. 164, l. 38-48; cf. Tite-Live, l. X, c. 26, § 11.

(2) « Dirwy emlad a deleyr, sef eu emlad dyrchaf a gossot a guact a guely. » « Dirwy est due pour combat, or combat c'est » attaque, bataille, blessure et sang. » — « Sef yu messur y dirwy deudeg muv. » « Le montant de la *dirwy* est douze vaches » (The Venedotian Code, l. III, c. 1, § 12; *Ancient laws and Institutes of Wales*, in-f°, p. 108, note ; in-8°, t. I, p. 220, note). — « Tres sunt genera *dirwy scilicet unum de pugna*... Pro uno quoque earum duodecim vaccas domino reddet » (*Leges Wallicae*, l. II, c. 8, § 2. Ibid., in-f°, p. 784; in-8°, t. II, p. 773).

(3) *Code Dimétien*, l. II, c. 17, § 37; *ibid.*, in-f°, p. 250; in-8°, t. I, p. 510.

Principal........ 63 vaches (1).
Accessoires ou augmentations... 1° 60 —
                                 2° 80 —
                                 3° 106 — et 1/3 de deux (2).
Total. . . . 309 vaches et 1/3 de deux.

Par conséquent, la part du roi et de ses officiers dans la composition à payer par le meurtrier d'un homme libre était de cent trois vaches deux neuvièmes, et le duelliste ne fait pas exception parmi les meurtriers qui doivent cette amende, comme le reste de la composition.

Ainsi, le droit gallois prohibe le duel ; c'est là dans le monde celtique une disposition relativement moderne, due à l'influence des lois romaines, c'est un des bienfaits de la conquête romaine (3).

§ 25. — *Meurtre de la femme par le mari. Manières diverses d'entendre la condition de la femme et le régime de ses biens.*

Le droit de tuer, effet du vol ou conséquence

---

(1) *Code Dimétien*, l. II, c. 17, § 27 ; *Ancient Laws and Institutes of Wales*, in-f°, p. 249 ; in-8°, t. I, p. 508.

(2) *Code Dimétien*, l. II, c. 17, § 42. *Ibid.*, in-f°, p. 250 ; in-8°, t. I, p. 510.

(3) Les textes légaux gallois qui parlent du duel, et que cite F. Walter (*Das alte Wales*, p. 467, note 21), n'ont aucune valeur historique ; cf. *Leges Wallicae*, dans *Ancient Laws and Institutes of Wales*, in-f°, p. 870 ; in-8°, t. II, p. 921.

d'un duel régulier, était également chez les Gaulois, si nous en croyons César, un effet de la puissance maritale et de la puissance paternelle. Suivant lui, de plus, quand un père de famille de haute naissance meurt, et qu'on soupçonne ses femmes, ses parents réunis mettent ses femmes à la question comme des esclaves, et dans le cas où leur culpabilité est démontrée, les font périr par le feu après leur avoir fait subir toutes sortes de supplices (1).

On aurait tort de conclure de ce texte que, dans le monde celtique, la pluralité des femmes fût de règle et que tout mari pût disposer à son gré de la vie de sa femme sans s'exposer à l'exercice du droit et du devoir de vengeance par les parents de la morte, ou du moins sans avoir à payer aux parents de sa femme une composition comme tout autre meurtrier. Nous disons « sa femme » et non « ses femmes. »

Le droit commun indo-européen n'admet pas la polygamie. La monogamie est un de ses principes fondamentaux. Il exige que la femme soit de condition égale à celle de son mari ; il impose la fidélité conjugale à la femme ; il ne l'impose pas au

---

(1) « Viri in uxores, sicuti in liberos, vitae necisque habent potestatem ; et cum paterfamiliae inlustriore loco natus decessit, ejus propinqui conveniunt, et, de morte si res in suspicionem venit, de moribus in servilem modum quaestionem habent, et, si compertum est, igni atque omnibus tormentis excruciatas interficiunt » (César, *De bello gallico*, VI, c. 19, § 3).

mari (1) qui peut avoir, parmi ses esclaves femelles, le nombre de concubines qui lui convient. La maison d'Ulysse, à Ithaque, est un exemple typique de cette conception.

Ulysse, le héros homérique, n'a qu'une femme légitime, Pénélope, fille d'Icarios, roi d'une partie de l'Acarnanie (2). Pénélope lui est fidèle ; mais lorsque le héros refuse la composition de vingt bœufs par tête, qui lui est offerte au nom des prétendants ; lorsqu'il inflige le dernier supplice aux douze esclaves femelles qui ont cédé aux sollicitations de ces jeunes imprudents, il est facile de deviner la cause de cette impitoyable rigueur. Ces douze esclaves femelles étaient autant de concubines qu'Ulysse avait entretenues dans la maison conjugale, sous les yeux de Pénélope, et dont la coutume contraignait cette femme modèle à supporter la présence. Ces concubines ont été infidèles à Ulysse ; leur mort et celle de leurs complices est la vengeance qu'Ulysse tire de cet outrage à sa jalouse autorité (3).

(1) « In adulterio uxorem tuam si prehendisses, sine judicio inpune necares; illa te si adulterares, sive tu adulterarere, digito non auderet contingere, neque ius est. » Caton cité par Aulu-Gelle, l. X, c. 23, § 5 ; cf. Iwan Müller, article intitulé *Privat altertümer*, dans son *Handbuch der klassischen Altertumswissenschaft*, t. IV, p. 445 d. Rein, *Das criminal Recht der Römer*, p. 835-836.

(2) Strabon, l. X, c. 2, § 24 ; édition Didot, p. 396 ; cf. § 9. *Ibid.*, p. 388, l. 50-52 ; p. 389, l. 1-2.

(3) Sur la femme légitime et les concubines chez les Ossètes,

Le ménage de la plupart des grands seigneurs grecs et des grands seigneurs romains devait ressembler à celui d'Ulysse. A Rome, on distinguait deux catégories de femmes : 1° celles avec lesquelles il était licite de contracter mariage ; 2° celles avec lesquelles le mariage était prohibé. Les premières étaient celles avec lesquelles on avait le *connubium*. Originairement, le patricien romain n'eut le *connubium* qu'avec les patriciennes. Il ne l'obtint avec les plébéiennes qu'en l'an 445 avant notre ère (1).

Il était de principe à Rome que les enfants suivaient la condition de leur mère (2). C'était une règle fondamentale à laquelle il a été fait des dérogations successives, mais dont il est toujours resté certains débris. Les enfants que le maître avait de son esclave naissaient esclaves : leur père ne pouvait, même par l'affranchissement, effacer chez eux la tache de la servitude originaire et les élever au rang d'ingénus auquel les fils de la femme légitime avaient droit dès leur naissance. Les enfants que, dans les premiers temps de Rome, un patricien aurait eus d'une plébéienne seraient

---

voyez Kovalewsky, *Coutume contemporaine et loi ancienne*, p. 155-161 ; cf. p. 187, 201-203, où il constate que les fils de l'épouse légitime continuent seuls la famille, et que seuls ils héritent du père.

(1) Voir les textes cités par Marquardt, *Handbuch der römischen Alterthümer*, t. VII, 2ᵉ édit., p. 29.

(2) Moritz Voigt, *Römische Rechtgeschichte*, t. I, p. 779.

nés plébéiens comme leur mère. De même, seraient nés Latins, les enfants issus de l'union d'un citoyen romain avec une femme latine, tant que les Latins n'eurent pas le *connubium;* et les enfants qu'une femme étrangère, *peregrina*, avait d'un citoyen romain, naissaient étrangers, *peregrini*. De ces enfants dont la mère était une femme de condition inférieure à celle du père, aucun n'entrait dans la famille paternelle et n'avait droit à la succession de son père.

De cette conception antique, un débris subsiste dans le mariage de la main gauche contracté par les princes allemands. Les enfants qui doivent le jour à ces mariages ne peuvent succéder à leur père et n'entrent pas dans sa famille.

La conception indo-européenne du mariage est toute différente de la conception chrétienne qui impose aux deux parties une égale fidélité, et elle s'oppose aussi à la conception sémitique, qui nous montre à Constantinople le fils d'une femme esclave arrivant du droit de son père à la dignité la plus élevée du monde musulman.

La distinction que fait le monde gréco-romain entre la femme libre et la femme esclave, donne à la première un respect de soi-même que la femme sémite n'a pas connu dans l'antiquité. On peut comparer à ce sujet deux récits également légendaires, l'un romain, l'autre juif.

Voici le conte romain : Atepomaros, roi des Gaulois, faisant la guerre aux Romains, dit qu'il ne se retirerait pas tant que les Romains ne lui auraient pas livré leurs épouses. Les Romains, ayant reçu de leurs femmes esclaves l'offre de remplacer leurs maîtresses, envoyèrent ces femmes aux Gaulois, et bientôt les barbares, fatigués, s'endormirent. Une des esclaves, nommée Rétana, qui avait imaginé ce stratagème, se servit d'un figuier sauvage en guise d'échelle, monta sur le mur d'enceinte de Rome et alla prévenir les consuls qui, faisant une sortie, n'eurent pas de peine à vaincre les Gaulois (1). Voilà comment Aristide de Milet dut arranger l'histoire de Judith pour en faire un récit acceptable dans le monde romain du premier siècle avant J.-C.

Judith est veuve depuis trois ans quatre mois; son mari lui a laissé de l'or, de l'argent, des esclaves mâles et femelles, des troupeaux et des champs; elle est très pieuse et d'une remarquable beauté; elle va accompagnée d'une seule esclave trouver le général ennemi dans sa tente, passe quatre jours avec lui et, le dernier jour, après l'avoir enivré, elle le tue; au retour, elle est entourée de la considération universelle; à Rome, en Grèce, elle eût été fort compromise.

La théorie du mariage est chez les Celtes la même que chez les Grecs et chez les Romains.

---

(1) Plutarque, *Parallela minora*, c. 30; édition Didot, *Moralia*, t. I, p. 384-385; cf. *Fragmenta historicorum graecorum*, t. IV, p. 320.

L'épouse est unique, elle est, par sa naissance, de condition égale à son mari. Dumnorix, un des principaux personnages de la cité des *Aedui*, a épousé la fille d'Orgétorix, un des hommes les plus considérables de la cité des *Helvetii* (1). En Irlande, la femme du héros Cûchulainn est fille d'un des principaux personnages de l'île ; elle supporte sans se plaindre que son mari ait une concubine (2) et lui fasse, en outre, d'innombrables infidélités (3) ; elle n'admet pas que son mari épouse une déesse, elle veut d'abord tuer sa rivale, puis cède à la force ; mais la déesse, n'admettant pas le partage de la dignité d'épouse, retourne vers son premier mari, dieu comme elle. Tel est le sujet de la composition épique païenne intitulée « Cûchulainn malade et alité. »

Dans le morceau postérieur, mais également païen qui est intitulé *Boroma*, un roi de Leinster épouse la fille aînée du roi suprême d'Irlande, il n'est pas satisfait de ce mariage, va trouver son beau-père, lui dit : « Celle de vos filles que j'avais » eue est morte, donnez-moi l'autre. » Il obtient ce qu'il demandait. La sœur aînée, voyant arriver la cadette, meurt de douleur et le chagrin causé à la cadette par cette fin tragique fait encore mourir

---

(1) *De bello Gallico*, l. I, c. 9, § 3.
(2) *Cours de littérature celtique*, t. V, p. 171, 176-180. La concubine de Cûchulainn s'appelait Ethné Ingubé. Sa femme légitime était Emer.
(3) *Ibid.*, p. 45, 47, 117, 124, 162, 167.

celle-ci. Le roi d'Irlande considéra le roi de Leinster comme coupable d'un double meurtre; il entreprit contre lui une guerre où il fut vainqueur et à la suite de laquelle, pour venger la mort de ses filles, il imposa aux habitants de Leinster, à titre de composition, une redevance énorme (1). Ces faits paraissent dater du deuxième siècle de notre ère. Il est difficile de ne pas leur admettre une valeur historique puisque la redevance en question se payait encore au septième siècle.

Un canon de concile irlandais, qui a été inséré vers l'an 700 de notre ère dans la collection canonique irlandaise, blâme la polygamie chez les rois (2). Ce blâme atteste chez certains rois irlandais une pratique abusive dont un autre texte offre un exemple.

Le récit légendaire intitulé *Naissance d'Aed Sláné* nous apprend que le père de ce personnage, Diarmait mac Fergusa Cerbéoil, roi suprême d'Irlande, mort en l'an 564 ou 565 de notre ère, avait quatre femmes; mais deux d'entre elles, simples concu-

---

(1) *The Boroma*, publié par Whitley Stokes dans la *Revue Celtique*, t. XIII, p. 32 et suiv.; voyez spécialement p. 36-41. Une autre édition de ce document a été donnée par M. Standish O'Grady, *Silva Gadelica*, t. I, p. 359-390; avec la traduction, t. II, p. 401-424.

(2) « Quantam dignitatem acceperit rex, tantum timorem habere debet, multae enim mulieres animam ejus depravant, et animus ejus multitudine uxorum divisus maxime in peccatum labitur » (L. XXV, c. 6. Wasserschleben, *Die Irische Kanonensammlung*, 2ᵉ éd., p. 78).

bines, n'avaient pas le titre de reines, bien qu'elles lui eussent donné des fils : l'une, Eithné, était mère de Colman le Grand ; l'autre, Bréo, était mère de Colman le Petit. Les deux femmes qui portaient le titre de reines étaient : Mugain, qui n'avait pas d'enfant, et que le roi voulait répudier comme stérile ; Mairend, qui prétendait la supplanter. Le récit légendaire, après nous avoir donné le spectacle de leur rivalité, nous montre Mugain devenue tardivement mère par une sorte de miracle ; son fils, Aed Slâne, fut roi suprême d'Irlande, conjointement avec Colmand Righmidh qui appartenait à une autre famille (598-603) (1). Si Diarmaid a pu avoir deux femmes conjointement reines c'est qu'une d'entre elles, étant stérile, encourait la répudiation. En principe, le Celte, comme le Romain, comme le Grec, n'a qu'une épouse qui lui doit fidélité, quoique rien ne l'oblige à la payer de retour ; et, à cette doctrine qui a inspiré la légende grecque de Pénélope, on doit la légende celtique de Camma.

Tous ceux qui, chez nous, ont étudié l'histoire des Gaulois, connaissent les malheurs et l'héroïsme de la jeune et belle Camma, prêtresse d'Artémis et

---

(1) La pièce intitulée *Genemain Aeda Slâne* a été publiée par M. Windisch dans les *Comptes rendus de la classe de philosophie et d'histoire de l'Académie royale des sciences de Saxe*, 1884, p. 191-243. M. St. O'Grady l'a réimprimée dans sa *Silva Gadelica*, p. 82-84. (Cf. Hennessy, *Chronicon Scotorum*, p. 56, 66, 68 ; *Annals of Ulster*, t. I, p. 60, 76, 80).

femme de Sinatos, tétrarque de Galatie, c'est-à-dire un des quatre rois qui gouvernaient chacune des trois petites nations entre lesquelles se divisaient les Gaulois d'Asie Mineure. Elle n'avait pas eu d'autre époux que lui. Elle l'aimait passionnément. Il éprouvait pour elle le même sentiment. Elle inspirait à tous ses inférieurs l'affection par sa douceur et sa bonté, aux autres, l'admiration par l'éclat de sa beauté que relevait la splendeur du costume dans les cérémonies du culte de la vierge Artémis. Un parent de son mari, Sinorix, devint amoureux d'elle. Sinorix était tétrarque, comme Sinatos, mais plus puissant et plus riche. Cependant il reconnut que toute tentative, soit pour séduire Camma par la persuasion, soit pour s'emparer d'elle par la violence, serait inutile. L'amour de Camma pour Sinatos et sa fidélité conjugale étaient un obstacle insurmontable. Emporté par l'ardeur de sa passion, il résolut la mort de ce mari trop heureux; mais il n'avait ni motifs plausibles, ni assez de courage pour l'attaquer ouvertement; il employa la ruse et le tua par trahison.

Camma, dans sa douleur, eut recours aux consolations que la religion lui offrait. Elle se consacra au culte d'Artémis, — la déesse vierge. — Elle passait dans le temple presque tout son temps. Bientôt les prétendants à sa main affluèrent; parmi eux des grands seigneurs et même des rois; elle refusa de les recevoir. Enfin Sinorix se présenta; il eut l'adresse de pénétrer jusqu'à elle pour lui parler de son amour, de ses richesses, de sa puissance, qui lui donnait sur Sinatos la supériorité; et il eut l'audace d'avouer à Camma qu'il était l'assassin de l'époux tant regretté. « Mais, si je l'ai tué, » ajouta-t-il, « c'est par amour pour toi; ma » seule méchanceté est de t'avoir trop aimée. »

Camma le repoussa; il revint à la charge à plusieurs reprises, chaque fois en vain. Mais les refus qui lui étaient opposés n'avaient pas la forme dure à laquelle on aurait pu s'attendre. Camma, qui d'abord avait semblé ne songer qu'à venger son mari, paraissait s'adoucir; car ses parents et ses amis, cherchant à plaire au tout puissant Sinorix, employaient tous les moyens de persuasion et même presque de contrainte pour la décider à consentir à cette union. Elle finit même par leur dire qu'elle cédait et elle donna rendez-vous à Sinorix dans le temple pour faire en présence de la déesse la célébration solennelle de leur mariage.

Sinorix arriva à l'heure dite; toute la noblesse de Galatie, hommes et femmes, l'accompagnait. Camma alla au-devant de lui d'un air gracieux, lui tendit la main droite et le conduisit à l'autel de la déesse. Alors, accomplissant le rite traditionnel, elle saisit une coupe d'or pleine d'hydromel : après en avoir versé quelques gouttes par terre en l'honneur de la déesse, elle en but une partie et invita Sinorix à boire le reste. Celui-ci, arrivé au comble de ses vœux, acheva la coupe tout ravi.

Pendant qu'il buvait, Camma le regardait faire.

Avant l'arrivée des invités, elle avait, dans la coupe, mélangé à l'hydromel un poison mortel. Quand Sinorix eut fini, elle jeta un grand cri où les assistants distinguèrent le nom de son défunt époux; puis elle se prosterna au pied de l'autel. « Je prends à témoin la vénérable déesse, » dit-elle, « que si j'ai pu te survivre, cher Sinatos, c'est
» grâce à l'espérance que j'avais de voir arriver
» cette belle journée. Ma seule jouissance dans la
» vie était de penser que je te vengerais. Mainte-
» nant que je l'ai fait, je vais descendre pour te
» rejoindre dans le séjour des morts. Quant à toi,
» Sinorix, le plus scélérat de tous les hommes, au
» lieu de fête nuptiale, que tes amis et tes servi-
» teurs te préparent un tombeau. »

En entendant ces paroles, Sinorix sentait déjà le poison agir et imprimer à tout son corps les premières convulsions. Il sauta dans son char, croyant que le mouvement et les secousses le soulageraient. Mais il ne put les supporter, se fit mettre dans une litière et cessa de vivre le soir même. La nouvelle de sa mort arriva au temple d'Artémis vers la fin de la nuit. Camma était à l'agonie. On lui annonça que le meurtrier de son mari n'existait plus. Elle eut encore la force d'en exprimer sa joie, puis, la satisfaction empreinte sur ses traits, elle expira. Au défaut des parents de son mari qui ne savaient pas le nom du meurtrier, c'était elle qui s'était acquittée du devoir de vengeance.

Plutarque fut séduit par la beauté de ce joli roman. Il l'inséra deux fois dans ses œuvres morales, l'une dans son traité *Des vertus des femmes* (1), l'autre dans son petit livre *De l'amour;* ce dernier ouvrage donne Camma pour le modèle de la veuve de bonne naissance qui aimerait mieux, dit Plutarque, les embrassements d'un ours et les enlacements d'un serpent que la couche d'un nouveau mari (2). Polyen a aussi compris l'histoire de Camma dans le recueil d'anecdotes qu'il a intitulé *Stratagèmes* (3). Ce récit dramatique présente tous les caractères d'une composition fabuleuse, et nous ignorons s'il a dans la réalité historique un fondement quelconque. Nous ne savons même pas si Camma, Sinatos et Sinorix ont jamais existé. Mais les noms certainement celtiques de Sinorix et de Sinatos nous montrent que ce récit légendaire est celtique d'origine.

En voici un autre moins merveilleux et où la fable paraît n'avoir aucune part; c'est celui qui a rendu célèbre le nom de Chiomara. Polybe racontait qu'il avait rencontré cette femme à Sardes, et qu'il lui avait parlé. Ici donc les plus sceptiques sont obligés de croire; mais ce qu'on rapporte de Chiomara est beaucoup moins merveilleux que l'héroïsme de Camma.

---

(1) C. 20, édit. Didot, p. 318, 319.
(2) C. 21, 22, édit. Didot, p. 939.
(3) Polyen, l. VIII, c. 39; édit. Teubner-Woelfflin, p. 316-317.

Chiomara, Gauloise d'Asie comme Camma, était femme d'Ortiagon, roi des *Tolistobogii*. Elle fut faite prisonnière dans une guerre contre les Romains, en l'an 189 avant notre ère ; avec les autres captifs auxquels on avait conservé la vie, elle fut conduite dans le camp romain, près d'Ancyre, et elle y resta quelque temps sous la garde de soldats commandés par un centurion. Ce chef militaire, que Tite-Live donne pour un modèle d'avarice et de mauvaises mœurs, chercha d'abord à séduire Chiomara, et n'ayant pu y parvenir, il la viola. Ensuite il voulut, par un second manquement à ses devoirs de soldat, la vendre à son mari. Ortiagon accepta le marché, et une nuit, le centurion accompagné de Chiomara se rendit secrètement en un endroit convenu pour recevoir des envoyés d'Ortiagon la somme promise, et leur remettre la prisonnière dont le chef de l'armée romaine lui avait confié la garde. Quand il arriva au but, il trouva les envoyés d'Ortiagon avec un talent attique d'or, qui était le prix réglé d'avance, et il se mit à le peser avec une balance pour s'assurer qu'on ne le trompait point. Pendant qu'il était ainsi occupé, Chiomara donna en sa langue un ordre aux Gaulois qui venaient la chercher. Ceux-ci, obéissant, tirèrent du fourreau leur glaive, et l'un d'eux trancha la tête du centurion. Chiomara ramassa cette tête sanglante, l'enveloppa dans un pli de sa robe et, arrivant auprès de son mari, la fit rouler à ses pieds. « O ma femme, » s'écria Ortia-

gon, « quelle belle chose que la fidélité ! » « C'est
» vrai, » répondit-elle, « mais il y a quelque chose
» de plus beau encore ; des hommes qui vivent,
» un seul peut se vanter que je lui aie appartenu. »
La vengeance avait effacé sa honte, et ses contemporains lui témoignèrent une admiration respectueuse que la pureté de ses mœurs et la dignité de sa vie lui conservèrent jusqu'à sa mort (1).

Chiomara est la Lucrèce gauloise ; elle a subi la même insulte ; elle la venge par la mort du coupable, tandis que Lucrèce, ne pouvant supporter son déshonneur, s'ôte elle-même la vie, mais après avoir fait jurer à son mari, à son père et aux autres témoins de sa mort qu'elle sera vengée (2).

Toutes les Romaines n'étaient pas des Lucrèce, ni toutes les Gauloises des Camma et des Chiomara ; on le vit bien au siège de Gergovie (3). Mais il est beau pour un peuple d'avoir dans l'esprit un idéal de grandeur d'âme et de chasteté.

(1) Plutarque, *De mulierum virtutibus*, 22. *Moralia*, édit. Didot, p. 319. Cf. Tite-Live, l. XXXVIII, c. 19, 24.

(2) « Corpus est tantum violatum, animus insons, mors testis erit ; sed date dextras fidemque haud inpune adultero fore... Cultrum, quem sub veste abditum habebat, cum in corde defigit, prolapsaque in volnus moribunda cecidit » (Tite-Live, l. I, c. 58, § 7, 12).

(3) « Matres familiae de muro vestem argentumque jactabant et pectore nudo prominentes passis manibus obtestebantur Romanos, ut sibi parcerent... Nonnullae de muris per manus demissae sese militibus tradebant » (*De bello gallico*, l. VII, c. 47). Cf. *Cours de littérature celtique*, t. V, p. 117, 330.

L'épopée irlandaise entend le droit du roi Conchobar et le devoir de l'hospitalité d'une façon contraire aux lois les plus élémentaires de la pudeur (1); mais l'Irlandaise Derdriu, comme la Galate Chiomara, n'admet pas qu'une femme ait à la fois deux époux vivants (2). Derdriu et la femme du roi de Leinster, Mesgégra, aiment mieux mourir que d'épouser le meurtrier de leur mari (3), et sont ainsi des émules de la Galate Camma. Blathnat, femme de Cûroï, roi de Munster, livre son mari au héros Cûchulainn qui le tue, puis s'abandonne elle-même à Cûchulainn, mais elle paye de sa vie son crime héroïquement vengé par le poète Fercertné qui, l'entraînant avec lui dans un précipice, lui fait faire une chûte mortelle; et le grand guerrier d'Irlande, complice de Blathnat, expie aussi par la mort le meurtre de Cûroï. C'est Lugaid fils de Cûroï qui, après avoir tué le cocher de Cûchulainn, donne au héros lui-même le coup mortel, et finalement lui tranche la tête (4). Ainsi la littérature épique irlandaise connaît, comme les autres littératures, la fidélité conjugale et la pudeur féminine.

---

(1) Pour le droit du roi, voyez *Cours de littérature celtique*, t. V, p. 7, 8, 29, 49, 127; pour l'hospitalité, *ibid.*, p. 117, 118, 124, 161, 162, 167, 366, 367.

(2) *Cours de littérature celtique*, t. V, p. 235. Comparez les résultats de la bigamie du roi de Leinster, ci-dessus, p. 216.

(3) *Ibid.*, t. V, p. 236, 367-368.

(4) *Cours de littérature celtique*, t. V, p. 327, 328, 339-341, 345, 347.

Ce serait donc une injustice que de juger les Celtes des Iles-Britanniques par les textes antiques et du moyen âge, suivant lesquels il semblerait qu'en règle générale les femmes dans ces îles auraient été communes à plusieurs hommes (1). Les anciens peuvent avoir donné à des faits exceptionnels une importance exagérée. D'ailleurs les mœurs même les plus fréquentes (2) ne sont pas les modèles qu'une nation admire et qu'elle cherche à imiter.

(1) Pour la Grande-Bretagne : « Uxores habent deni duodenique inter se communes, et maxime fratres cum fratribus parentesque cum liberis; sed qui sunt ex his nati, eorum habentur liberi, quocum virgo quaeque deducta est » (César, *De bello gallico*, l. V, c. 14, § 4). De ce texte dérivent les passages où Dion Cassius, abrégé par Xiphilin, parle de la polyandrie en Grande-Bretagne : « πάντα κοινὰ καὶ παῖδας καὶ γυναῖκας » (l. LXII, c. 6, § 3); « ταῖς γυναιξὶν ἐπικοίνοις χρώμενοι » (l. LXXVI, c. 12, § 2). A la même origine remonte le passage de Bardesane cité par Eusèbe, *Préparation évangélique*, VI, 10 : « Ἐν Βρεττανίᾳ πολλοὶ ἄνδρες μίαν γυναῖκα ἔχουσι. » — Pour l'Irlande, Strabon : « Ἐν καλῷ τιθέμενοι καὶ φανερῶς μίσγεσθαι ταῖς τε ἄλλαις γυναιξὶ καὶ μητράσι καὶ ἀδελφαῖς » (l. IV, c. 5, § 4; édit. Didot, p. 167, l. 25-27). Saint Jérôme : « Scotorum natio uxores proprias non habet » (*Adversus Jovinianum*, l. II, c. 7. Migne, *Patrologia latina*, t. XXIII, col. 296 A). Nous avons déjà cité, *Cours de littérature celtique*, t. II, p. 364, 374, 375, le récit légendaire irlandais suivant lequel Lugaid, roi suprême d'Irlande, dit aux ceintures rouges (cf. t. V, p. 512), était fils de trois frères qui avaient épousé leur sœur et devint ensuite le mari de sa mère, sans avoir, comme Œdipe, l'excuse de l'ignorance ; cette légende offre une concordance évidente avec le passage précité de Strabon. Mais on aurait tort de croire qu'au temps de Strabon tous les ménages irlandais fussent conformes à ce type ; il est de même inadmissible qu'au temps de César toutes les familles bretonnes fussent constituées comme César le prétend.

(2) *Cours de littérature celtique*, t. V, p. XXVIII.

L'idéal fait la grandeur des peuples, et les Celtes ont de la femme mariée un idéal équivalent à ceux que la Grèce et Rome offrent dans l'antiquité.

Cet idéal manque aux Sémites, comme la vestale romaine ; — comparez le culte galate de la vierge Artémis, p. 219, 221.

Le terme technique du droit irlandais pour désigner l'épouse proprement dite est *cétmunter*. Elle s'oppose à la concubine, littéralement « femme de contrat », *ben urnadma* (1). Elle doit avoir même fortune et même naissance que son mari ; elle et ses enfants peuvent annuler les contrats désavantageux faits par son mari sans qu'elle y ait consenti. Quand elle n'a pas donné à son mari cause légitime de divorce et que celui-ci achète une autre épouse, le prix d'achat appartient à la première femme, au détriment de la seconde épouse et de ses parents. La seconde épouse doit le prix de l'honneur à la première, et le premier mariage est dissous ; le mari qui se réconcilie avec sa première femme lui doit un nouveau prix d'achat (2).

La légende de sainte Brigit nous donne un exemple caractéristique du droit de la femme légitime, *cétmunter*, en Irlande. Le druide Dubthach, qui avait une femme légitime, acheta une femme esclave, en fit sa concubine et la rendit grosse ; la

---

(1) *Ancient Laws of Ireland*, t. II, p. 380, l. 25. La concubine peut changer chaque année, 1ᵉʳ mai (*ibid.*, p. 390, l. 20-21) ou 1ᵉʳ août. *Quatre Maîtres*, éd. O'Donovan, t. I, p. 22, note.

(2) *Ancient Laws of Ireland*, t. II, p. 382, 384.

femme légitime, jalouse de la concubine, menaça Dubthach du divorce ; or, en divorçant, elle devait emporter le douaire que son mari lui avait donné ; aussi après une longue résistance, le druide finit-il par vendre sa concubine à un autre maître (1). Ainsi la femme mariée irlandaise a droit de divorcer en cas d'infidélité du mari.

En droit civil irlandais, le divorce par consentement mutuel est licite (2), quoi qu'en dise le droit canon irlandais qui, d'abord, a permis le divorce au mari pour cause d'adultère de la femme (3), et qui ensuite a prohibé le divorce même pour cause d'adultère. Cette dernière règle est celle qui a pénétré dans la « Collection canonique irlandaise, » où elle est placée sous le patronage de saint Patrice, bien que, suivant un autre document, saint Patrice ait tenu pour le premier système. La Collection canonique s'exprime ainsi : « Patrice a dit : Si la femme de quelqu'un a péché avec un autre homme, que le mari n'épouse pas une autre femme, tant

---

(1) Whitley Stokes, *Three middle-irish Homilies*, p. 52-56 ; *Lives of saints from the Book of Lismore*, p. 35, 36.

(2) « Ma scarid ocus bid imtocad leo » (*Ibid.*, t. II, p. 388, l. 13 ; cf. p. 362, l. 21, 22). Sur le divorce dans le pays de Galles, voyez F. Walter, *Das alte Wales*, p. 416 ; Hubert Lewis, *The ancient Laws of Wales*, p. 10.

(3) « Non licet viro dimittere uxorem, nisi ob causam fornicationis ; ac si dicat ob hanc causam, unde, si ducat alteram velut post mortem prioris, non vetant » (Canon XXVI de saint Patrice. Haddan et Stubbs, *Councils and ecclesiastical documents*, t. II, p. 337. Migne, *Patrologia latina*, t. LIII, col. 822 B).

que vivra la première femme (1). » Un autre canon du même recueil est d'accord avec celui qui précède : « Le synode romain a dit : Celui qui a eu une première femme vierge avant le baptême ne peut, après le baptême, en avoir une autre du vivant de celle-là, car si, dans le baptême, les crimes sont absous, le mariage légitime n'est pas dissous (2). » Dans ces textes, *première femme*, en latin *uxor prima*, *prima uxor* est la traduction de l'irlandais *cétmunter* qui, dans la glose du *Senchus Mór*, a pour équivalent *prim ben* (3).

En Irlande, la femme légitime, — nous ne parlons pas de la concubine, — était en général incapable de contracter valablement sans le consentement de son mari ; mais cette règle comportait des exceptions : quand les deux époux avaient la même fortune, *comtincur*, la femme faisait valablement, quant à sa fortune personnelle, tout contrat avantageux ; le consentement du mari n'était nécessaire que pour les contrats désavantageux et la femme avait par réciprocité le droit d'exiger l'annu-

---

(1) « Patricius : Si alicujus uxor fornicata fuerit cum alio viro, non ducat aliam uxorem, quamdiu viva fuerit uxor prima » (l. XLVI, c. 32 ; 2ᵉ édit. de Wasserschleben, p. 193).

(2) « Sinodus romana dicit : Is qui habuit primam uxorem virginem ante baptismum, vivente illa alteram habere post baptismum non poterit, quia crimina in baptismo solvuntur, non tamen legitimum conjugium » (l. XLVI, c. 29. 2ᵉ éd. Wasserschleben, p. 192).

(3) *Ancient Laws of Ireland*, t. II, p. 400, l. 13, p. 406, l. 5-11 ; cf. *ibid.*, p. 22, l. 24 ; et t. I, p. 160, l. 24.

lation des contrats désavantageux faits par le mari sur sa fortune à lui (1).

Par l'achat, *coibche* (le latin *coemptio*), en Irlande la femme mariée n'entrait point comme à Rome dans la famille de son mari. Quand son mari était tué, elle n'avait pas droit à la composition pour un meurtre qu'elle n'aurait pu venger (2). Si elle se remariait, c'était avec sa famille et non avec celle de son mari qu'elle partageait le prix de sa vente à son second mari (3). De là résultait, pour la femme mariée, une indépendance dont le plus ancien exemple nous est donné par Medb, reine de Connaught, un des personnages les plus importants du morceau principal de la littérature épique irlandaise, celui qui nous raconte comment cette reine s'empara du taureau de Cúailngé.

Medb était fille d'Eochaid Feidlech, roi suprême d'Irlande à une date voisine du commencement de notre ère. Elle épousa en premières noces Conchobar, roi d'Ulster. Au bout de peu de temps, elle divorça et son père la fit reine de Connaught, en lui donnant pour mari Ailill, fils d'un ancien roi de

---

(1) Voyez les textes réunis p. 246-249, et où l'on trouve des énumérations d'incapables. Comparez *Ancient Laws of Ireland*, t. II, p. 356, l. 32; p. 358, l. 1, 15, 16; p. 380, l. 31; p. 382, l. 1-14.

(2) Voir plus haut, p. 92. Elle ne fait pas partie de la *geilfine*, quoiqu'elle soit une des cinq personnes du crime de qui on répond. *Ancient Laws of Ireland*, t. I, p. 238, l. 8-9. Les quatre premières seules, avec le mort ou le meurtrier forment la *geilfine*.

(3) *Ancient Laws of Ireland*, t. II, p. 346, l. 9-13, t. IV, p. 60-65. Voir aussi t. III, p. 314, 316.

cette province (1). C'était un mariage sur pied d'égalité, égale naissance et égale fortune, en irlandais *comtincur* (2). Une querelle entre Medb et son mari, sur la question de savoir s'il y avait réellement entre eux cette égalité de fortune que la coutume exigeait pour l'égalité des conjoints, fut la cause qui fit entreprendre par Medb, contre le royaume d'Ulster, une guerre où elle eut pour alliés les autres royaumes d'Irlande. Cette guerre est le sujet de l'épopée appelée *Táin bó Cúailnge* (3).

En résumé, la situation des femmes mariées en Irlande, telle que nous la font connaître les documents les plus anciens, est à peu près la même qu'à Rome à la fin de la République et sous l'Empire. Les femmes sont indépendantes de leurs maris et ont la faculté du divorce, p. 228. Un mari qui aurait tué sa femme aurait dû à la famille de sa femme la composition pour meurtre; cf. p. 216, 217.

De l'Irlande, revenons à la Gaule au temps de César. Les *Commentaires* nous donnent, au sujet du mariage gaulois, deux indications contradictoires. La première est relative au régime des biens. Les femmes apportent une dot, *dos*, dit l'auteur latin. C'est ce qu'on appelle en irlandais *tinol*, littéralement « collecte (4), » c'est-à-dire l'ensemble

---

(1) E. O'Curry, *Lectures on the manuscript Materials*, p. 33.
(2) *Ancient Laws of Ireland*, t. II, p. 356, l. 6, 15, 16.
(3) E. O'Curry, *Lectures on the manuscript Materials*, p. 34. Zimmer, dans la *Revue de Kuhn*, t. XXVIII, p. 442, 443.
(4) *Ancient Laws of Ireland*, t. II, p. 346, l. 9; p. 350, l. 12;

des cadeaux faits à la mariée par son père, sa mère et ses autres parents.

A cette dot, en Gaule, au temps de César, on réunit des biens du mari pour une valeur égale : c'est le douaire, en irlandais *tinnscra*, qui, pour les gens sans fortune, pouvait consister simplement en une bague d'argent accompagnée de quelques ustensiles de ménage (1), mais qui, chez les gens riches, était plus important. Le douaire ou *tinnscra* donné à Etain, sa femme, par Echaid Airem, roi suprême d'Irlande, au temps de Conchobar mac Nessa, roi d'Ulster, et du héros Cûchulainn, consista, dit-on, en sept femmes esclaves (2), monnaie de compte dont l'équivalent est trente-cinq bêtes à cornes; à l'origine, tout douaire ou *tinnscra* un peu considérable dut être un troupeau. Plus tard, un *tinnscra* put être immobilier (3).

p. 356, l. 9, 23, 24; p. 378, l. 21, 23; p. 404, l. 3, 5; t. III, p. 316, l. 2, 5.

(1) « Duas .i. δῶς graece, tinnscra .i. tinde argit ocus escra » (Whitley Stokes, *Sanas Cormaic . Cormac's glossary*, p. 58. E. O'Curry, *Manners and customs*, t. I, p. CLXXIV; t. III, p. 601). O'Clery, *Revue Celtique*, t. V, p. 56, explique *tionnscra* par *coibche*, ce qui n'est pas le sens. *Coibche* est le prix d'achat de la femme, et non le douaire. La colline où se faisaient les mariages à la foire de Teltown, s'appelait colline des *tinnscra* ou des *coibche*. O'Clery en a conclu que *coibche* et *tinscra* étaient synonymes. Des exemples de *tinnscra* ont été donnés par M. B. O'Looney, *Proceedings of the royal irish Academy*, Irish mss. series, vol. I, part. I, p. 174, 175, 194.

(2) *Revue Celtique*, t. III, p. 352, l. 11-12. *Cours de littérature celtique*, t. II, p. 314.

(3) « Dobéra-sa ferand duib [i]n-a-tinscra .i. ferand fil dam-sa

Le droit romain ne connaît pas le douaire : en droit romain le mari reçoit une dot et n'en donne pas ; un savant irlandais du onzième siècle, qui avait étudié le droit romain, s'est imaginé que le douaire, *tinnscra*, était un usage inconnu au monde entier, sauf l'Irlande. Quand les fils de Milé, c'est-à-dire les ancêtres des Irlandais, arrivèrent en Irlande, ils y trouvèrent, raconte-t-on, une colonie de femmes juives qui les avaient précédés : ils proposèrent à ces femmes de les épouser, celles-ci répondirent qu'elles n'y consentiraient pas sans recevoir un *tinnscra*. « Voilà pourquoi, » ajoute le savant Irlandais, « les hommes achètent » et achèteront toujours leurs femmes en Irlande, » tandis que partout ailleurs ce sont les femmes » qui achètent les hommes (1). »

Mais le douaire existait hors d'Irlande ; on a vu plus haut que les Bretons en ont apporté de leur grande île l'usage sur le continent français, où ils le désignaient, au neuvième siècle, par le nom d'*enep-uuert*, au onzième siècle *enep-guerth*, au dix-huitième *enebarz* (2). Nous trouvons aussi le

---

la Osraige » (*Innarba na Deisi*, dans *Lebor na hUidre*, p. 54, col. 2, l. 3-4). La légendaire Tea reçoit d'Eremon son mari une colline pour *tionsccra*. *Annales des Quatre Maîtres*, édition d'O'Donovan, t. I, p. 30. Cf. *Dindsenchus*, publié par M. Whitley Stokes, *Revue celtique*, t. XV, p. 278.

(1) Extrait du livre appelé *Cin Dromma snechta*, publié d'après le Livre de Leinster par E. O'Curry, *Lectures on the Ms. Materials*, p. 501, appendix n° XVI ; cf. p. 15-16.

(2) Voir plus haut, p. 131, 132.

douaire dans les lois du pays de Galles, où il s'appelle *cowyll*.

En effet le droit gallois distingue, lorsqu'il s'agit du mariage, trois sommes à payer : 1° le prix de l'achat de la femme, *gober, gobyr* (1), ou *amober, amobor, amobyr* (2), en latin *merces* (3); c'est le *coibche* des Irlandais; 2° le douaire, *coguyll, couyll, cowyll* (4), en irlandais *tinnscra*; 3° la dot, *aguedy, agweddy* (5), en irlandais *tinol*. « Il y a, » dit un texte légal, « trois hontes d'une fille : la première » quand son père lui dit : Fille, je t'ai donnée à

---

(1) *The dimetian Code*, l. I, c. 11, art. 20; c. 16, art. 17; c. 18, art. 4; c. 27, art. 10; l. II, c. 18, art. 1, 40, 42-46. *The gwentian Code*, l. I, c. 12, art. 30, etc. Ancient Laws and Institutes of Wales, in-f° p. 176, 184, 185, 190, 252, 258, 314; in-8°, t. I, p. 362, 380, 382, 390, 514, 526, 644.

(2) *The venedotian Code*, l. II, c. 1, art. 28; art. 37, 41-50, 55, 78-79; c. 30, art. 3. *The dimetian Code*, l. II, c. 18, art. 14, 15, etc. Ancient Laws and Institutes of Wales, in-f°, p. 42, 44, 45, 46, 49, 100, 254; in-8°, t. I, p. 88, 92, 94, 96, 102, 204, 518.

(3) *Leges Wallicae*, l. II, c. 21; Supplément, c. 13, art. 6-7. Ancient Laws and Institutes of Wales, in-f°, p. 797, 848; in-8°, t. II, p. 796, 884.

(4) *The venedotian Code*, l. II, c. 1, art. 9, 32, 39, 62, 63, 75. *The dimetian Code*, l. I, c. 11, art. 28, etc. Ancient Laws and Institutes of Wales, in-f°, p. 39, 42, 44, 47, 49, 176; in-8°, t. I, p. 84, 90, 92, 98, 102, 364. Un exemple de douaire appelé *dos* est donné par le livre de Llan Dav, édition de Gwenogvryn Evans, p. 207; 1ʳᵉ édition, p. 198; cet acte daterait de l'épiscopat de Catguaret, neuvième siècle.

(5) *The venedotian Code*, l. II, c. 1, art. 9, 32, 37, etc. Ancient Laws and Institutes of Wales, in-f°, p. 39, 42, 44; in-8°, t. I, p. 84, 90, 92. Sur l'origine de la dot, voyez Leist, *Alt-arisches Jus civile*, p. 157; *Alt-arisches Jus gentium*, p. 500-501.

» un homme ; la seconde quand pour la première
» fois elle va au lit avec son mari ; la troisième
» quand, sortant du lit, elle se trouve au milieu
» des gens. Pour la première fois son *amobyr* est
» donné à son père, pour la seconde fois son
» *cowyll* lui est donné à elle-même, pour la troi-
» sième fois le père donne l'*agweddy* de sa fille au
» mari (1). »

Le *cowyll* ou douaire, donné par le mari comme le *morgengabe* germanique, est le prix de la virginité de l'épouse (2). Mais, dans l'usage celtique, il se paye avant la première nuit (3), au lieu de se payer après comme chez les Germains. Chez les Gallois, l'*agweddy* ou la dot paraît avoir été, en règle générale, le triple du douaire (4), et, outre la dot donnée par la famille de la femme au mari, la femme pouvait, dans le pays de Galles au moyen

---

(1) « Tri-chewilyd morwyn yssyd : un yw dywedut oc that urthi : « Mi athrodeis, vorwyn, ywr. » Eil yw pan el gyntaf yr welý at y gwr. Trydyd yw pan del gyntaf or gwely ymplith dynyon. Dros y kyntaf y rodir y hamobyr y that; dros yr eil y rodir ychowyll idi hitheu; dros y trydyd y dyry y tat yghegwedi yr gwr » (*The dimetian Code*, l. II, c. 8, art. 73. *Ancient Laws and Institutes of Wales*, in-f°, p. 223; in-8°, t. I, p. 456).

(2) « Esef eu econuyll er hyn a kafey am y guerendaut » (*The venedotian Code*, livre II, c. 1, art. 39. *Ancient Laws and Institutes of Wales*, in-f°, p. 44; in-8°, t. p. 92.

(3) On trouve une exception à cette règle dans le fragment du *Tochmarc Emere* publié par B. O'Looney, *Proceedings of the royal irish Academy*, Irish mss. series, vol. I, part. I, p. 194.

(4) *The venedotian Code*, l. II, c. 1, art. 32. *Ancient Laws and Institutes of Wales*, in-f°, p. 42 ; in-8°, t. I, p. 90.

age, en Gaule sous l'empire romain, recevoir de sa famille des biens paraphernaux appelés par les jurisconsultes romains *peculium* (1), par les Gallois *argyvreu* (2). La dot était distincte des biens paraphernaux en Galles et en Gaule, bien qu'elle se confonde avec eux dans le breton parlé en France, où *argyvreu* s'écrit *argourou* et veut dire dot (3).

La femme gauloise, au temps de César, pouvait-elle avoir des biens paraphernaux? C'est ce que l'on ne peut affirmer, mais il est certain qu'elle en possédait au moins quelquefois en Grande-Bretagne avant la conquête romaine. Cartimandua, reine des *Brigantes*, c'est-à-dire des environs d'York, en Angleterre, détenait son royaume à titre de bien paraphernal au milieu du premier siècle après notre ère ; elle avait épousé un de ses sujets nommé Venutius, grand guerrier (4), mais elle était reine (5), lui n'était pas roi. Elle le congédia, le remplaça par Vellocatus, écuyer de cet époux dédaigné, et

---

(1) « Quae graeci παράφερνα dicunt, quaeque Galli peculium appellant » (Ulpien au Digeste, l. XXIII, t. III, loi 9, § 3).

(2) *The venedotian Code*, l. II, c. 1, art. 9. *The dimetian Code*, l. II, c. 8, art. 74. *The gwentian Code*, l. II, c. 29, art. 27. *Ancient Laws and Institutes of Wales*, in-f°, p. 39, 223, 365 ; in-8°, t. I, p. 82, 456, 749.

(3) E. Ernault, *Le mystère de sainte Barbe*, p. 212.

(4) « Ipse... [Caratacus] cum fidem Cartimanduae, reginae Brigantum, petivisset, vinctus ac victoribus traditum est » (Tacite, *Annales*, l. XII, c. 36, an 51 de J. C.).

(5) « Post captum Caratacum praecipuus scientia roi militaris Venutius e Brigantum civitate... cum Cartimanduam reginam matrimonio teneret » (Tacite, *ibid.*, c. 40).

elle garda son royaume en associant son nouveau mari à sa royauté (1).

Chez les Bretons, au premier siècle de notre ère avant la conquête romaine, les femmes pouvaient hériter à défaut de fils (2) et, par conséquent, avoir une fortune plus considérable que leur mari ; dans ce cas, c'étaient elles qui vraisemblablement avaient l'autorité dans le ménage, comme cela se produit dans le droit irlandais du moyen âge en pareil cas, c'est-à-dire quand il y a « mariage d'homme » sur bien de femme, » dit le texte légal, « et » qu'en conséquence l'homme prend la place » de la femme et la femme prend la place de » l'homme (3). »

Cartimandua était évidemment la fille d'un roi des *Brigantes* qui, comme plus tard Prasutagus, roi des *Iceni* (4), n'avait pas laissé de fils. Elle avait hérité du royaume de son père comme, plus tard, les filles de Prasutagus prétendirent hériter du royaume de celui-ci (5), et son mari avait à côté

---

(1) « Spreto Venutio (is fuit maritus), armigerum ejus Vellocatum in matrimonium regnumque accepit » (Tacite, *Histoires*, l. III, c. 45).

(2) « Rex Icenorum Pratusagus, longa opulentia clarus Caesarem heredem duasque filias scripserat » (Tacite, *Annales*, l. XIV, c. 31),

(3) « Lanamnas fir for ban-tidnacur; isa suidiu teit fer i nuidiu mna ocus ben a nuidiu fhir » (*Ancient Laws of Ireland*, t. II, p. 390, l. 31-32 ; p. 392, l. 3-6).

(4) *Iceni*, peuple de Grande-Bretagne, comté de Norfolk.

(5) Tacite, *Annales*, l. XIV, c. 31 ; an 62 de notre ère.

238   PREMIÈRE PARTIE. CHAP. V. § 25.

d'elle la situation subordonnée qu'ont les femmes dans les ménages ordinaires. Mais c'est là une exception sur laquelle il est inutile de s'étendre davantage.

Nous trouvons donc généralement en droit celtique, — outre l'usage d'acheter les femmes, qui a été grec, romain, germanique, indo-européen, on peut même dire universel (1), — deux coutumes matrimoniales, l'une gréco-romaine, celle de la dot (2), en latin *dos*, en grec φερνή, en irlandais *tinol*, en gallois *agweddy*, dans la Bretagne française *argourou* ; l'autre, germanique, celle du douaire, en allemand *morgen-gabe*, en irlandais *tinnscra*, en gallois *cowyll*, en breton *enebarz*, prononciation moderne d'un plus ancien *enep-uuert*.

Suivant Tacite, les Germains ne connaissaient que le douaire : « la femme n'apporte pas la dot » au mari, » a écrit l'historien romain, « c'est le » mari qui l'offre à la femme (3). » Cependant, cette

---

(1) R. Dareste, *Etudes d'histoire du droit*, p. 29, 38, 61, 71, 72, 75, 82, 85, 98, 108, 121, 142, 143, 348. Grimm, *Deutsche Rechtsalterthümer*, 2ᵉ éd., p. 421-427. Leist, *Alt-arisches Jus gentium*, p. 501 ; *Alt-arisches Jus civile*, p. 178. Moritz Voigt, *Die XII Tafeln*, t. II, p. 698. Kovalewsky, *La coutume contemporaine et la loi ancienne*, p. 161-163.

(2) Leist, *Graecoitalische Rechtgeschichte*, p. 75. Moritz Voigt, *Die XII Tafeln*, t. II, p. 714 et suiv. ; *Römische Rechtgeschichte*, t. II, p. 115. On trouve aussi la dot, dans le monde indo-européen, chez les Persans, les Géorgiens, les Slaves. R. Dareste, *Etudes d'histoire du droit*, p. 108, 133, 168, 196, 198-200, 238, 239.

(3) « Dotem non uxor marito, sed uxori maritus offert » (Tacite,

assertion absolue comportait un certain tempérament. On aurait tort d'en conclure que chez les Germains l'usage de la dot donnée par les parents de la femme et apportée par celle-ci fût absolument inconnue.

Sans doute, chez les Germains, le douaire avait une grande importance ; il pouvait comprendre un certain nombre de chevaux, de bêtes à cornes, même des esclaves (1), et, quand la propriété immobilière, fut constituée, il put consister en biens-fonds. Au sixième siècle de notre ère, Chilpéric, roi franc de Soissons, épousant Gailesuinda, fille d'Athanagilde, roi visigoth d'Espagne, lui donna en douaire, *morganegiba*, cinq cités, savoir : celles de Bordeaux, Limoges, Cahors, Béarn et Bigorre (2).

Au contraire, la dot, *dos* romaine, chez les Germains, était de valeur minime. Suivant Tacite, « quelques armes offertes par la femme, c'est-à-dire par son père, au mari (3); » c'est là le droit germanique primitif, quoique chez les Germains

---

Germania, 18. Cf. Dareste, *Etudes d'histoire du droit*, p. 413. Cf. p. 285, 288, 324.

(1) Grimm, *Deutsche Rechtsalterthümer*, p. 427, 428. Pardessus, *Loi salique*, p. 672 et suiv.

(2) Grégoire de Tours, *Historia Francorum*, l. IX, c. 20, dans *Monumenta Germaniæ historica*, in-4°. *Scriptores rerum merovingicarum*, t. I, p. 376, l. 16, 17. Pardessus, *Diplomata*, t. I, p. 158 ; cf. Longnon, *La Gaule au VI° siècle*, p. 594, 598.

(3) « In haec munera uxor accipitur, atque in vicem ipsa armorum aliquid viro adfert » (*Germania*, 18).

la dot ait, plus tard, acquis plus d'importance (1). Les premiers Germains connaissent la dot, mais à l'état rudimentaire et à peine perceptible (2), tandis qu'en Grèce et à Rome, la dot joue un rôle considérable ; sans dot, une fille, une femme divorcée ne peuvent se marier. « L'intérêt de la chose pu- » blique, » dit un jurisconsulte romain, « exige » qu'on assure aux femmes la conservation de » leurs dots, puisque c'est à cause de leurs dots » qu'on les épouse (3). »

Dans le droit des Gaulois, au temps de César, le douaire et la dot étaient de valeur égale. L'usage gaulois sur ce point tenait le milieu entre la coutume germanique qui exagérait l'importance du douaire et le droit gréco-romain qui ne connaissait pas le douaire et qui donnait à la dot une fonction dont les Germains n'avaient pas idée. Dans la Gaule indépendante, au moment de la conquête, la dot et le douaire formaient une masse attribuée au survivant des deux époux suivant un passage des *Commentaires* de César : « Aux valeurs appor- » tées par les femmes à titre de dot, les maris » réunissent, après estimation, des valeurs égales » tirées de leurs biens à eux. On tient un compte

---

(1) Dareste, *Etudes d'histoire du droit*, p. 324. Grimm, *Deutsche Rechtalterthumer*, 2º édition, p. 430.

(2) Voyez Grimm, *Deutsche Rechtsalterthümer*, p. 429.

(3) « Reipublicae interest, mulieres dotes salvas habere, propter quas nubere possunt » (Paulus, *Ad edictum*, l. 60, au Digeste, l. XXIII, t. 3, ff. 2).

» de ces valeurs et on garde les fruits ; celui des
» deux conjoints qui survit reçoit les deux parts
» avec les fruits postérieurs au mariage (1). » Ces
valeurs consistaient en bestiaux, et les fruits
dont parle César étaient le croît de ces animaux. »

Le gain de survie assuré au mari comme à la
femme n'est pas conciliable avec le droit pour le
mari de tuer sa femme quand il lui plaît. Ce droit
le mari l'avait sur la concubine, sans dot, le plus
souvent son esclave ; nous devons reconnaître des
concubines de condition inférieure dans ces femmes, *uxores* qui, suivant César, sont mises à la
torture par les parents du mari quand on soupçonne une d'entre elles d'avoir fait mourir le mari
défunt (2). Le mari qui aurait tué sa femme légitime aurait dû la composition pour meurtre dans
la Gaule barbare, comme plus tard en Irlande le
roi de Leinster mentionné p. 216-217 (3).

---

(1) « Viri, quantas pecunias ab uxoribus dotis nomine acceperunt, tantas ex suis bonis, aestimatione facta, cum dotibus communicant. Hujus omnis pecuniae conjunctim ratio habetur fructusque servantur : uter eorum vita superavit, ad eum pars utriusque cum fructibus superiorum temporum pervenit » (*De bello gallico*, l. VI, c. 19, § 1-2). En Irlande, le système était différent. Le douaire, *tinnscra*, était propriété de la femme. Le *Táin bó Cúailnge* suppose de même que la femme gardait la propriété de sa dot, *tinol*. Voir ci-dessus, p. 230. Deux gloses du *Senchus Mór* (*Ancient Laws of Ireland*, t. II, p. 350, l. 7-12; p. 404, l. 1-6) nous offrent un système plus récent : deux tiers du *tinol* au mari, un tiers seulement à la femme.

(2) *De bello gallico*, l. VI, c. 19, § 3. Voyez ci-dessus, p. 211.

(3) La femme mariée qui devenait veuve ou divorçait rentrait

§ 26. — *Meurtre des enfants par le père. La puissance paternelle en droit celtique.*

Il n'y a aucune réserve à faire sur le droit de vie et de mort que les *Commentaires* de César attribuent au père gaulois sur ses enfants (1). Nous trouvons ce droit en Irlande, où Tadg, druide des rois suprêmes Cathair et Cond, deuxième siècle de notre ère, veut faire brûler sa fille, coupable de s'être laissée enlever par un amant, et ne l'épargne que parce qu'elle est protégée par le roi dont son mari avait été le principal guerrier (2).

En Galles, une des histoires merveilleuses rapportées par le Livre de Llan Dav est celle d'un roi qui condamne à mort sa fille enceinte. La malheureuse est d'abord enfermée dans un sac de cuir qu'on jette dans une rivière, mais que la rivière dépose sur la rive. Alors le père la fait placer sur un bûcher auquel on met le feu et sur lequel elle accouche miraculeusement sans être atteinte par les flammes (3).

dans la famille paternelle, voir plus bas, p. 246-247, ou plutôt elle était censée n'en être jamais sortie.

(1) *De bello gallico*, l. VI, c. 19, § 3 ; ci-dessus, p. 211, note 1. Ce n'est pas le droit romain classique : « Inauditum filium pater occidere non potest, sed accusare eum apud praefectum praesidemve provinciae debet » (Ulpien au *Digeste*, l. XLVIII ; t. 8, ff. 2). Cf. Mommsen et Marquardt, *Handbuch der römischen Alterthümer*, 2⁰ édition, t. VII, p. 34.

(2) *Cours de littérature celtique*, t. V, p. 382.

(3) Edition de Gwenogvryn Evans, p. 78-79 ; éd. de Rees, p. 75-76.

Le même recueil gallois nous raconte comment un père et une mère pauvres, ayant sept enfants et ne pouvant les nourrir, voulurent s'en débarrasser en les noyant. Ils les jetèrent tous dans une rivière. Le hasard fit qu'au même moment saint Teliau passait ; il tira de l'eau les sept enfants et les éleva (1).

On peut comparer à ce récit chrétien la légende payenne, où l'on voit le roi suprême irlandais Cairbré « à la tête de chat, » qui aurait vécu au premier siècle de notre ère, faire précipiter successivement dans la mer, aussitôt après leur naissance, ses trois fils difformes, dont le dernier, sauvé merveilleusement, s'appela Morand (2), et devint plus tard célèbre comme jurisconsulte ; on le trouve souvent appelé Morand mac Main, à cause de son père adoptif, le forgeron Maen, qui le rendit plus tard au roi, père naturel (3).

Le père a sur son fils droit de juridiction. Le *Senchus Môr* pose ce droit en principe dans un passage concernant les relations créées entre le maître et l'élève par le contrat d'éducation. « L'association » qui existe entre le maître et l'élève produit les

---

(1) Edition de Gwenogvryn Evans, p. 128 ; éd. de Rees, p. 121.

(2) Livre de Leinster, p. 126, col. 2. Cf. *Contents*, par R. Atkinson, p. 31. Ce récit fait partie d'un morceau qu'on trouve aussi au Collège de la Trinité de Dublin, ms. H. 2. 16, col. 808-810.

(3) *Ancient Laws of Ireland*, t. I, p. 18, l. 25 ; p. 22, l. 31 ; p. 24, l. 25-27. Glossaire de Cormac, au mot *Sin*, chez Whitley Stokes, *Three irish glossaries*, p. 41. *Livre de Leinster*, p. 293, col. 1 ; p. 346, col. 1. Cf. R. Atkinson, *Contents*, p. 67, 75.

» effets que voici : ... Jugement, preuve et témoi-
» gnage appartiennent au maître sur l'élève, comme
» au père sur le fils, comme à l'église sur le
» moine (1). » C'est de ce droit de juridiction du
père qu'émane le droit de vie et de mort; il est
absolu, et, si le père tue son enfant, personne
ne peut lui demander une composition pour ce
meurtre.

La coutume primitive indo-européenne paraît
avoir partout reconnu aux pères droit de vie et de
mort sur leurs enfants mineurs (2); mais, en règle
générale, le mariage des enfants, qui avait lieu
d'ordinaire à la puberté, mettait un terme à la puissance paternelle (3). En droit romain et en droit
celtique, la puissance paternelle durait autant que
la vie du père. Cette concordance des deux législations a été observée par le jurisconsulte romain
Gaius, qui vivait au deuxième siècle de notre ère.
Les Celtes avaient porté jusqu'en Asie-Mineure la
loi nationale qui réglait la puissance du père sur

---

(1) « Is i lanamnacht athfhethair itir in dalta ocus int-aite for-
cetail... breithemnus ocus imdenam ocus fiadnaise don oite, forceta-
il for in dalta, ocus don athair for a mac, ocus don eclais for a
manach » (*Ancient Laws of Ireland*, t. II, p. 348, l. 20, 21, 28-30).

(2) Leist, *Alt-arisches Jus civile*, p. 272. Sur la législation romaine à cet égard, voyez Moritz Voigt, *Ueber die Leges regiae*,
p. 22-26; cf. Grimm, *Deutsche Rechtsalterthümer*, 2ᵉ édition,
p. 455; Leist, *Graeco-italische Rechtsgeschichte*, p. 59; Kovalewsky, *Coutume contemporaine et loi ancienne*, p. 189, 197, 201.

(3) Leist, *Alt-arisches Jus civile*, p. 176.

le fils d'une manière identique au droit romain (1).

Pour les Romains, cet accord des deux législations était d'autant plus frappant que le droit grec, comme le droit germanique, donnait pour terme à la puissance paternelle la majorité du fils, fixée à dix-sept ou dix-huit ans par la loi d'Athènes (2), à quatorze ans par la coutume germanique. C'est l'âge du service militaire qui, à peu près identique à l'âge de la puberté, fixe, chez les Grecs et les Germains, la date de l'émancipation des enfants mâles. La même coutume avait pénétré chez les Gallois au moyen âge : « Quand le fils a quatorze ans ac-
» complis, » dit le Code Vénédotien, « le père
» le présente au seigneur, *argluyd*...; alors le fils
» peut ester en justice en tout procès quelconque ;
» il peut être propriétaire ; son père n'a plus droit
» de correction sur lui (3). »

(1) « Fere enim nulli alii sunt homines qui talem in filios suos habent potestatem qualem nos habemus... Nec me praetorit Galatarum gentem credere, in potestate parentum liberos esse » (Gaius, *Institutes*, l. I, § 55). Dans cette phrase, comme souvent ailleurs, l'adjectif *liber*, « libre, » est employé substantivement avec le sens d' « enfant légitime. » Les enfants légitimes, quoique soumis à la puissance paternelle, sont « libres; » le père de famille les appelait *mei liberi*, par opposition au reste des hommes et femmes soumis à sa puissance, lesquels étaient esclaves : *mei famuli, servi*; et en lui parlant, on lui disait de même : *tui liberi*, « les personnes libres soumises à ta puissance, » par opposition à *tui famuli, servi*, « tes esclaves. » Cf. Moritz Voigt, *Die XII Tafeln*, t. II, p. 14, n. 16.

(2) R. Dareste, *Les plaidoyers civils de Démosthène*, t. I, p. XXV, XXVI; cf. Leist, *Graeco-italische Rechtsgeschichte*, p. 65, 66.

(3) Livre II, c. 28, § 8. *Ancient Laws and Institutes of Wales*,

Le droit irlandais du moyen âge conserve à la puissance paternelle la durée consacrée par la coutume primitive celto-romaine. Le *Senchus Môr* s'exprime ainsi : « Sot est quiconque traite comme » acheteur avec *fils de père vivant* en l'absence du » père, sans ordre [du père], sans ratification [par » le père] (1). » Cette incapacité s'étend à toute espèce de contrat. On lit dans le même traité : « Est » sujet à opposition tout *fuidir* (sorte de serf), tout » *bothach* (littéralement « habitant d'une cabane »), » tout jeune homme confié à un tuteur, tant que » la tutelle n'est pas terminée ; tout élève, pendant » le temps où il est dans la dépendance de son » maître ; *tout fils de père vivant*, car son contrat » n'est pas libre ; toute femme sur laquelle est tête » de conseil (2). »

Les derniers mots se réfèrent à une institution celtique analogue à la tutelle perpétuelle des femmes du droit romain (3). En Irlande, après la mort

---

in-f°, p. 98 ; in-8°, t. I, p. 202. Cf. F. Walter, *Das alte Wales*, p. 421).

(1) « Baeth cach crocas fri mac m-beo-athar i n-echaire a athar, cen forngaire, cen aititin » (*Ancient Laws of Ireland*, t. III, p. 8, l. 24, 25.

(2) « Is urocraig gach fuidir, gach bothach, gach dalta co diailtre, cach felmac i n-aimsir daire do fithidir, gach mac beo-athur, nad bi saor a chor, nach ben for-sa m-be cenn comuirle » (*Ancient Laws of Ireland*, t. II, p. 288, l. 5-8).

(3) Gaius, *Institutes*, l. I, § 145 ; l. II, § 47. Moritz Voigt, *Die XII Tafeln*, t. I, p. 713 ; t. II, p. 318, 406, 407, 409. *Römische Rechtsgeschichte*, t. I, p. 555.

du père, le frère a droit à une partie du prix d'achat de sa sœur, quand celle-ci se marie pour la première fois et quand elle se remarie. S'il n'y a pas de frère, le chef de la famille quel qu'il soit exerce le même droit (1) ; peu importe l'âge de la femme.

En Irlande, comme à Rome, la puissance paternelle sur le fils a un terme ; mais ce terme n'est autre que la mort du père, sauf le cas d'émancipation (2). Toutefois, en droit irlandais, la puissance paternelle est diminuée par l'incapacité du père. Le père qui ne peut plus se suffire à lui-même et qui tombe à la charge de son fils, est considéré comme incapable ; alors le fils, qui pourvoit aux besoins de son père et qui s'appelle en conséquence *mac gor* (3), — et non *gor-mac* (p. 252), — peut faire valablement certains actes sans le consentement de son père et a le droit d'exiger l'annulation de certains autres actes si son père les fait. Voici comment s'exprime le *Senchus Mór* :

---

(1) *Ancient Laws of Ireland*, t. I, p. 154, l. 11-12 ; t. II, p. 346, l. 11-14 ; t. III, p. 314, l. 8-13 ; t. IV, p. 62, l. 9-16 : ci-dessus, p. 230.

(2) « Gor meic beo-athar .i. in t-athair tic fo coraib cid gor, cid ingor, cinmota in mac saer-leicthi » (*Ancient Laws of Ireland*, t. I, p. 52, l. 29-30). « Contrat conclu par fils de père vivant, c'est-
» à-dire : le père intervient dans les contrats faits par le fils, soit
» que le fils ait son père à sa charge, soit qu'il ne l'ait pas. Il y
» a exception pour les contrats faits par le fils émancipé. »

(3) *Gor* est un adjectif duquel dérive le substantif féminin *goire*, plus tard *gaire*, « acte de prendre soin de quelqu'un ; » le comparatif *goiriu* « *magis pius* » est cité dans la *Grammatica celtica*, 2ᵉ édit., p. 275 ; cf. Atkinson, *Irish Lexicography*, p. 32.

« Le *mac gor* fait valablement opposition à tout
» contrat désavantageux conclu par son père ; il ne
» peut faire opposition au contrat avantageux. Le
» père a le même droit envers le *mac gor* ; il s'op-
» pose valablement à tout contrat désavantageux ;
» il ne peut s'opposer au contrat avantageux. »

« La règle est tout autre quand il s'agit du
» *mac ingor* (c'est-à-dire du fils qui n'a pas son
» père à sa charge), celui-ci ne peut faire opposi-
» tion ni au contrat avantageux ni au contrat dés-
» avantageux conclu par le père. Le père a des
» droits bien différents envers le *mac ingor* (c'est-
» à-dire le fils à la charge duquel il n'est pas) ; il
» annule tout contrat désavantageux et tout contrat
» avantageux conclu par le *mac ingor*, mais il faut
» qu'il fasse cette opposition de telle façon qu'elle
» soit connue de tout le monde. Il peut reprendre
» les biens de son fils en quelque endroit qu'il les
» trouve ; il est propriétaire 1° du prix que son fils
» a reçu en cas de vente, 2° de l'objet quelconque
» donné à son fils en contre-échange. Voilà pour-
» quoi on dit : Ne vends rien à incapable, n'achète
» rien de lui. N'achète ni d'idiot, quel qu'il soit en
» Irlande, ni de femme, ni de prisonnier (1), ni
» d'esclave mâle ou femelle, ni de moine, *ni de fils*

---

(1) Le droit romain connaît, comme le droit irlandais, l'incapacité du prisonnier de guerre. *Digeste*, l. XLIX, t. XV, *De captivis
et de postliminio et de redemtis ab hostibus*. *Institutes de Justinien*, livre I, t. XII, § 5.

» *dont le père est vivant*, ni d'étranger, ni de vo-
» leur (1). »

Le *fils de père vivant* dont il est question dans ce brocard comme dans les deux textes que nous allons encore citer est le *mac ingor*.

« Il y a, » lit-on dans l'introduction du *Senchus Mór*, « cinq contrats qui sont dissous chez les *Féné*
» (c'est-à-dire en droit irlandais), malgré les enga-
» gements, savoir : contrat formé par esclave sans
» son maître, contrat par moine sans son abbé,
» contrat par *fils de père vivant* si le père n'est
» intervenu, contrat soit par fou soit par folle,
» contrat par femme sans le concours de son
» mari (2). » Le traité de la copropriété des eaux, *coibnius uisci*, donne une liste de neuf contrats nuls (3) : « contrat fait par esclave, contrat par
» moine, contrat par *fils de père vivant*, achat
» d'épouse idiote, contrat conclu entre idiot et per-
» sonne sensée, contrat par femme sans son mari,
» contrat fait dans l'obscurité, contrat pendant
» l'ivresse, contrat sous l'empire de la crainte (4). »

---

(1) *Ancient Laws of Ireland*, t. III, p. 56, l. 30, 31; p. 58, l. 1-8. Voici la fin de ce texte : « Is de asberar : Ni ria, ni cria fri dodamna; ni cria do baeth filit la Feine, do mnài, do cimid, do mug, do cumail, do manach, do mac beo-athar, do deorad, do taid. »

(2) « 'Acht na cuic curu ata taithmechta la Feine, cia ro-nasatar : cor moga cen a flaith, cor manaig cen apaid, cor meic beo-athar cen athar noca, cor druith no mire, cor mna sech a ceili » (*Ancient Laws of Ireland*, t. I, p. 50, l. 31, 32; p. 52, l. 1, 2).

(3) « Noe curu atat thaithbechtha la Feine » (*Ancient Laws of Ireland*, t. IV, p. 206, l. 15-16).

(4) « Cor moga, cor manaig, cor mic beo-athar, cobce do baeth,

Prendre soin des vieillards est une charge de la famille en général (1). Mais c'est spécialement un devoir du fils et la sanction est le droit pour le père de déshériter le fils qui lui refuse ses soins (2).

Le père que ses fils abandonnent peut prendre un « fils de protection, » *mac foesma*, et lui donner le prix d'un homme, c'est-à-dire sept femmes esclaves, ou l'équivalent, trente-cinq bêtes à cor-

---

cor baith fri gaet, cor da mnai (*edit.* ban) gin a cele, cor dorce, cor mesce, cor omna » (*Ancient Laws of Ireland*, t. IV, p. 208, l. 30-32). « Sinodus hibernensis : Non est dignus fidejussor fieri servus, nec peregrinus, nec brutus, nec monachus nisi imperante abbate, nec filius nisi imperante patre, nec femina nisi domina virgo sancta » (Wasserschleben, *Die irische Kanonensammlung*, 2ᵉ édit., p. 122 ; l. 34, c. 3). « Juramentum filii aut filiae nesciente patre, juramentum monachi nesciente abbate, juramentum pueri, et juramentum servi non permittente domino, irrita sunt » (*Ibid.*, p. 126 ; l. 35, c. 5). Le privilège de la religieuse *domina virgo sancta* paraît imité de celui des vestales en droit romain. Gaius, *Institutiones*, l. I, § 145 : « Virginibus vestalibus quas etiam veteres in honorem sacerdotii liberas (sc. a tutela) esse voluerunt. » Moritz Voigt, *Die XII Tafeln*, t. I, p. 713 ; cf. *ibid.*, t. II, p. 319-320.

(1) « Is da foltaib fine gaire cach fir fine » (*Ancient Laws of Ireland*, t. III, p. 54, l. 2 ; cf. p. 56, l. 6, 7) : « c'est la fortune de la famille qui fait les frais des soins exigés par le vieillard membre de la famille. »

(2) « Foceird a athair mac [n]-ingor a horba, ocus foceird a orba fri nech dogni a gaire, co raib log fir de, muna dena a mac a gaire, acht mad athair anfoltach » (*Ancient Laws of Ireland*, t. III, p. 52, l. 17-20). « Le père ôte son héritage au fils qui ne prend pas soin de lui, et il donne son héritage à celui qui prend soin de lui ; le père peut donner à cet étranger le prix d'un homme quand le fils ne prend pas soin du père. Mais il n'y a pas lieu d'appliquer cette règle si le père est sans fortune. »

nes (1). Toutefois, cette adoption n'est pas valable sans le consentement de la famille (2), c'est-à-dire sans que tous les parents jusqu'au quatrième degré, ayant déclaré qu'ils refusaient de donner au père infirme, ou malade, les soins exigés par son état, aient, soit de bon gré soit autrement, ratifié l'adoption.

A Rome l'adoption d'un homme *sui juris* ne pouvait se faire sans une loi proposée par les pontifes et votée par le peuple assemblé en curies ; de cette loi l'opposition des parents pouvait évidemment empêcher le vote ; cette adoption s'appelait *adrogatio* : l'adoption des femmes et celle des hommes soumis à la puissance paternelle n'était possible que par un artifice de procédure auquel se prêta la législation prétorienne et qui date d'une époque relativement moderne (3). Dans l'Inde an-

---

(1) « Log in fir, secht cumula, ar cis nincis do mac faesama na infine, do fir echtarfine, iar femed do fine a gaire » (*Ancient Laws of Ireland*, t. III, p. 52, l. 23, 24), « Valeur d'un homme (c'est-à-dire sept femmes esclaves à charge de rente), somme donnée au fils adoptif pris dans l'*indfine* (c'est-à-dire parmi les parents les plus éloignés, quatrième degré), ou hors de la famille après refus de la famille. » Cf. ci-dessus, p. 90.

(2) « Ar ni techta nach foessam ar na tegat ratha fine, ocus nad forngara aige fine, ar dichenglaither cach chor cen raith fine la Feine » (*Ancient Laws of Ireland*, t. IV, p. 206, l. 18-20 ; « car aucun fils adoptif ne devient propriétaire qu'avec le cautionnement de la famille, et que si le chef de la famille ne s'y oppose pas ; en effet est annulable tout contrat que la famille n'a pas cautionné. » Cf. *ibid.*, p. 284, l. 16-18 ; p. 288, l. 16 et suiv.).

(3) Aulu-Gelle, l. V, c. 19. Gaius, *Institutiones*, l. I, § 99. Cicéron, *Pro domo*, 13, 14, 29. Moritz Voigt, *Die XII Tafeln*, t. II, p. 306-311.

cienne l'adoption se célébrait avec l'approbation du roi, en présence du roi et des parents de l'adoptant (1). L'adoption a été primitivement, chez tous les Indo-européens, un acte solennel auquel les parents de l'adoptant ont pu s'opposer, comme en Irlande (2).

Il n'y avait pas, même en droit irlandais, exception à cette règle, dans le cas où l'adopté était le fils d'une sœur de l'adoptant; on l'appelait alors *gor-mac* (3), mot composé dont le sens est différent de *mac gor* (p. 247). Le *gor-mac* avait droit à l'usufruit de l'héritage maternel, plus, en cas d'extinction de la famille, à une femme esclave, *cumal senorba* (4), quand les parents n'avaient pas donné leur consentement à son adoption; avec leur consentement il pouvait recevoir sept femmes esclaves comme tout « fils de protection » *mac foesma* (5).

Le privilège modeste accordé au fils de la sœur par le droit irlandais nous éloigne du droit romain avec lequel s'accorde le droit gaulois quand, en règle générale, il fait durer la puissance paternelle

---

(1) Leist, *Altarisches Jus gentium*, p. 103.

(2) Kovalewsky, *Coutume contemporaine et loi ancienne*, p. 203, 204.

(3) « Im orba mic niath do comruind, .i. mac sethar, .i. in gor-mac » (*Ancient Laws of Ireland*, t. I, p. 206, l. 16).

(4) *Ancient Laws of Ireland*, t. IV, p. 42, l. 1, 8; cf. t. I, p 206, l. 20.

(5) Cf. ci-dessus, p. 187.

aussi longtemps que la vie du père, et de cette puissance paternelle un effet dans le droit romain primitif et dans le droit celtique, est d'autoriser le père à disposer de la vie du fils.

Ainsi, en droit celtique, il y a trois cas formellement énoncés où l'on peut tuer une personne sans s'exposer à payer une composition : le meurtrier du voleur, le vainqueur dans un duel régulier, le père qui tue son enfant, ne doivent pas de composition.

La loi ne prévoit pas le cas de parricide ; mais celui qui tue un membre de sa famille autre que son enfant, est exclu de la famille (1); il est par conséquent, semble-t-il, hors la loi ; c'est le cas du parricide. Tout le monde peut le tuer sans courir le risque de payer une composition pour meurtre.

Le mari a droit de vie et de mort sur l'esclave qui lui sert de concubine, cette esclave est sa chose, elle n'est pas une personne ; mais quant à la femme légitime, en irlandais *cêtmuinter*, équivalent de la *materfamilias* romaine, si le mari la tue, la famille de la femme tirera vengeance de ce crime (2).

(1) Voyez ci-dessus, p. 67.
(2) Voyez, p. 216-217.

DEUXIÈME PARTIE

INTRODUCTION AU TRAITÉ DE LA SAISIE MOBILIÈRE PRIVÉE DANS LE *SENCHUS MOR*

CHAPITRE PREMIER.

IDÉE GÉNÉRALE DE LA PROCÉDURE IRLANDAISE.

SOMMAIRE.

§ 1. La saisie mobilière. — § 2. La saisie immobilière. — § 3. Le jugement. — § 4. L'assemblée publique. — § 5. Le brehon, *brithem* ou juge arbitral.

§ 1er. — *La saisie mobilière.*

Aujourd'hui chez nous le procès commence par une assignation, qui se donne au moyen d'un exploit d'huissier. A Rome, suivant la loi des Douze Tables, le demandeur invite lui-même le défendeur à comparaître devant le juge; puis, en cas de refus, il se saisit de sa personne et l'amène de force au tribunal. En Irlande, c'est par la saisie non d'une personne, mais d'une chose, que débute la procédure.

Le *Senchus Môr* nous offre deux espèces de saisies, la saisie mobilière et la saisie immobilière. La saisie mobilière se fait de deux façons : 1° avec délais, ou, pour parler comme le *Senchus Môr*, « après longueur ; » 2° sans délai et immédiatement.

La langue du droit irlandais exprime en général l'idée de saisie par le mot *tobach* qui désigne à la fois la saisie mobilière et la saisie immobilière. La saisie mobilière s'appelle proprement *ath-gabail*, littéralement « re-prise. » La saisie mobilière comme le duel et le combat de plusieurs a lieu sans l'autorisation préalable du juge. C'est la *pignoris capio* que le droit romain de l'époque historique autorise par exception (1). On en trouve aussi quelques traces dans les lois germaniques les plus anciennes. Mais ces traces consistent principalement dans des textes qui restreignent ou suppriment le droit primitif, et suivant lesquels l'autorisation préalablement donnée par le juge est une condition indispensable de validité pour toute saisie (2). La même

---

(1) Gaius, *Institutiones*, l. IV, § 26 et suiv.

(2) La plupart des textes germaniques que nous connaissons s'accordent pour exiger l'autorisation du juge avant la saisie. Telles sont les prescriptions : de la loi salique (titre LXXV, édition Hessels et Kern, p. 408 ; cf. titre L, *ibid.*, col. 316 et suiv.), de la loi des Bourguignons (titre XIX, § 1er; chez Walter, *Corpus juris germanici antiqui*, t. I, p. 314), de l'édit de Théodoric (chap. 123, 124, chez Walter, *ibid.*, p. 410), de la loi des Visigoths

règle existe dans le droit gallois, où l'influence du droit romain l'a introduite (1).

Dans la période primitive à laquelle le droit irlandais nous fait remonter, le ministère de l'huissier est inconnu ; le créancier pratique la saisie par lui-même ou par tout mandataire qu'il choisit, pourvu que ce soit un Irlandais en pleine jouissance de ses droits civils. Ainsi le fils en puissance paternelle, l'esclave, le fou, l'insolvable ne peu-

---

(livre V, titre VI, § 1er, chez Walter, *ibid.*, p. 527), de la loi des Bavarois (titre XII, chap. Ier, chez Walter, *ibid.*, p. 275). Toutefois la loi des Visigoths se sert de termes qui sont de nature à faire supposer qu'avant la promulgation du chapitre dont il s'agit, on avait le droit de saisir sans autorisation du juge : *Pignorandi licentiam in omnibus submovemus*. Cette décision émane du roi Récarède, probablement Récarède Ier, 586-601. Chez les Lombards, en 643, l'édit de Rotharis n'interdit la saisie privée que lorsqu'il s'agit de chevaux, de vaches et de porcs. Quand on veut saisir ces animaux, il faut préalablement, dit cet édit, se faire autoriser par le juge ; mais pour tout autre objet, cette autorisation est inutile (*Edictum Rotharis*, c. 249-256, chez Walter, *ibid.*, p. 729, 730). Cf., sur l'ensemble des législations primitives et en particulier sur le droit du nord de la France, Paul Collinet, *Etudes sur la saisie privée*, Paris, Larose, 1893.

(1) *Leges Wallicae*, l. II. c. 7, § 2 ; dans *Ancient Laws and Institutes of Wales*, in-8°, t. II, p. 772 ; *Code diméticn*, l. II, c. 6, § 3 ; *Ibid.*, t. I, p. 426 ; cf. ci-dessus, p. 96. Le mot gallois pour « saisie » est *gauel*, passage précité du *Code diméticn* et même code, l. II, c. 8, § 113, p. 470. Ce mot est écrit aussi *gauael*, même code, même livre, même chapitre, §§ 12, 13, p. 428 ; § 56, p. 450. *Gauel* ou *gauael* est identique au second terme de l'irlandais *ath-gabail*. Cf. Whitley Stokes, *Altkeltischer Sprachschatz*, p. 9, 12, 105. *Revue Celtique*, t. VII, p. 237-240.

17

vent saisir les biens de leur débiteur (1); il est même évident qu'il fut un temps où en droit irlandais cette incapacité s'étendait aux femmes de tout âge et de toute condition (2).

Cependant les textes juridiques irlandais que nous possédons nous montrent déjà les femmes investies de la capacité d'agir par saisie mobilière ou immobilière. Une procédure spéciale existe à leur usage : elle est parfaitement distincte de la procédure qu'observent les hommes pour pratiquer soit la saisie mobilière soit la saisie immobilière. Deux textes prétendent même nous apprendre par qui cette procédure féminine a été inventée (3).

Quoique nous puissions penser de la valeur historique des indications données par ces deux textes, il y a une chose certaine : dans le *Senchus Môr* les passages relatifs à la procédure de la saisie mobilière par les femmes sont de date plus récente que les textes fondamentaux qui concernent la saisie mobilière par les hommes, et qui seront examinés plus bas. La saisie mobilière par les femmes est une *cinquième* espèce de saisie mobilière, celle dite de deux nuits; tandis que les qua-

---

(1) *Ancient Laws of Ireland*, t. I, p. 84, 86, 88, 90; cf. ci-dessus, p. 246-249.

(2) Ce qui a été dit de la capacité de la femme irlandaise ci-dessus, p. 229-231, n'est certainement pas le droit celtique primitif.

(3) *Senchus Môr* dans *Ancient Laws of Ireland*, t. I, p. 150, l. 14-16; 154, l. 26-33. *Din techtugad*, ibid., t. IV, p. 14, l. 29; 16, l. 1; cf. p. 38, l. 11; p. 40, l. 8-10.

tre premières, celle d'une nuit, celle de trois nuits, celle de cinq nuits et celle de dix nuits sont à l'usage des hommes ; or le traité de la saisie mobilière, malgré cette addition, conserve dans les manuscrits du *Senchus Môr* son titre primitif : « Des *quatre* espèces de saisie mobilière (1). » Ce titre exclut la cinquième espèce de saisie mobilière, c'est-à-dire la saisie de deux nuits, la saisie féminine ; et, par conséquent, les passages qui la concernent sont plus récents que le titre.

Ces passages sont au nombre de deux. Le premier contient une méprise qui atteste l'étourderie du rédacteur ; ce passage se trouve au commencement du traité de la saisie mobilière, là où l'auteur donne la liste des différentes espèces de saisies dont il va parler. Ce sont, dit-il d'abord, les saisies qui comportent le délai d'une nuit, de trois nuits, de cinq nuits et de dix nuits. Chose singulière, la saisie mobilière qui comporte un délai de deux nuits, c'est-à-dire la saisie féminine, ne se trouve pas à la place où il serait naturel de la rencontrer : après celle d'une nuit et avant celle de trois ; elle est mentionnée après celle de dix ; elle est donc une addition à une nomenclature plus ancienne.

Si on pouvait en douter, voici qui le prouverait : immédiatement à la suite, l'auteur a placé l'annonce de la saisie de douze nuits pratiquée par les

---

(1) *Di cetharsli[u]cht athgabala : Ancient Laws of Ireland*, t. I, p. 64 (Correction de M. Whitley Stokes).

femmes à propos de champ (1), c'est-à-dire une des deux espèces principales de saisie immobilière : il oubliait qu'il n'est pas question de la saisie immobilière dans le *Senchus Mór* et que cette procédure est l'objet d'un traité spécial; mais il copiait et intercalait dans son œuvre un texte où les deux saisies féminines, l'une mobilière et l'autre immobilière, étaient mentionnées, et il oubliait que la seconde n'avait aucun rapport à son sujet.

Le second passage relatif à la saisie mobilière par les femmes est bien à sa place; il fait partie du corps même du traité de la saisie mobilière avec

(1) *Oena do neoch nesom, treisi di-a-tanaisib, cuicthe fri cond cuindegar, dechmad fri rudrad, aile do mnaib, aile dec doib im roe :* « 1° une nuit pour toute chose très pressée; 2° trois nuits » pour les choses un peu moins pressées ; 3° cinq nuits quand le » défendeur a pleine capacité; 4° dix nuits quand la négligence » du demandeur a laissé vieillir sa créance ; 5° deux nuits quand » la demande émane de femmes; douze quand, émanant de fem- » mes, elle a pour objet un champ. » Puis il s'agit des rois qui font faire une saisie mobilière, elle rentre dans la seconde et la quatrième des divisions précédentes : 1° *treisi do rig, treisi uathadh do hi camus* « trois nuits quand le roi est saisissant, » trois nuits seulement pour lui dans ses états; » 2° *treise dec do tar crich* « treize nuits pour lui hors de ses états. » Le premier point se rapporte à la saisie immédiate de trois nuits (*Ancient Laws of Ireland*, t. I, p. 230 et suiv.), le second à la saisie immédiate de dix nuits, *athgabail tobach dar crich* « saisie hors frontières » (*Ancient Laws of Ireland*, t. I, p. 246, lignes 19-20; *ibid.*, p. 248, lignes 21-22) dont le délai, lorsque le roi est saisissant, s'additionne à un délai de trois nuits. Le texte que nous avons reproduit avec traduction au commencement de cette note se trouve dans *Ancient Laws of Ireland*, t. I, p. 78, lignes 13-17, et la glose, p. 80, 82.

délais, et il est comme de raison intercalé entre la saisie d'une nuit et la saisie de trois nuits (1).

La portion du *Senchus Mór* qui concerne la saisie mobilière pratiquée par les femmes, autrement dite saisie de deux nuits, a mis dans un grand embarras le compilateur plus zélé que perspicace à qui est dû ce grand recueil de la jurisprudence irlandaise. Le morceau fondamental était intitulé : *Des quatre espèces de saisie mobilière*, et il fallait traiter de cinq espèces de saisies : cet écrivain se demanda pourquoi on avait pu dans le titre parler de quatre espèces de saisies, et à cette question il trouva vingt-trois réponses. Ces réponses avec leur glose occupent onze pages dans l'édition officielle (2). Une d'elles est la bonne, c'est la vingtième : « Parce qu'il y a eu quatre délais qui ont suivi le » commandement de payer : délais d'une et de » trois nuits, délais de cinq et de dix nuits, sans » parler des exceptions dilatoires (3). » Il paraît que

---

(1) Par suite de la bizarre idée qu'ont eue les éditeurs de diviser un peu au hasard le texte du *Senchus Mór* en fragments, qu'ils ont fait suivre de la glose, le morceau dont nous parlons se trouve partagé en deux fragments: *Ancient Laws of Ireland*, t. I, p. 126, lignes 10-11, et *ibid.*, de la p. 144, ligne 15, à la p. 156, ligne 26. Pour trouver la glose du texte qui a fourni les deux lignes 10 et 11 de la p. 126, il faut se reporter aux lignes 15-19 de la p. 144 ; et du texte à la glose il n'y a aucun renvoi. Ce n'est pas une exception. Toute l'édition des *Ancient laws of Ireland* a été faite dans ce système : point de renvoi du texte à la glose, imprimée quelquefois trente pages plus loin que le texte.

(2) *Ancient Laws of Ireland*, t. I, p. 256-262, p. 268-284.

(3) *Arinni robdur cethri uidhi robatar for furogru dlighe, aon*

cette explication a peu satisfait notre savant irlandais, puisqu'il l'accompagne de vingt-deux autres qui n'ont aucun rapport avec le sujet. Ainsi, « il y » a lieu, » dit-il, « de distinguer le tout, la moitié, » le tiers et le quart, en tout quatre manières de » concevoir un droit (1). » Ou bien : « Parmi les » membres de la famille ou *fine* qui sont respon- » sables des crimes de leurs parents, il faut dis- » tinguer quatre catégories qui s'appellent : 1° *gel-* » *fine* — « famille de la main, » cinq personnes comparées aux cinq doigts ; — « 2° *derbfine* » — « famille certaine ; » — « 3° *iarfine* » — « famille d'après, » « 4° *indfine* » — « famille de la fin (2). » — Ces distinctions n'ont aucun rapport avec les divisions du traité de la saisie, l'auteur y a recouru en désespoir de cause, puisque la première section du *Senchus Môr*, dans l'état où elle est parvenue jusqu'à lui, traite de cinq espèces de saisies mobilières, au lieu des quatre seules admises en droit irlandais à l'époque où les femmes n'avaient pas le droit de pratiquer la saisie, étant toutes placées sous l'autorité d'un tiers, comme le fils de père vivant en droit irlandais et en droit romain,

---

ocus treisi, cuicthe ocus dechmu, genmo bi turbuid (Ancient laws of Ireland, t. I, p. 262, lignes 4-6; cf. p. 282, lignes 23 et suivantes).

(1) *Ancient laws of Ireland*, t. I, p. 258, lignes 28-29; cf. p. 272, lignes 30-34.

(2) *Ancient Laws of Ireland*, t. I, p. 260, l. 1-3; cf. ci-dessus, p. 185-186, 189, 192, 195, note 2, 196.

comme la femme romaine dans le droit primitif de Rome (1).

Lorsque la saisie mobilière se pratique avec délais, ou autrement dit « après longueur, » on peut y distinguer huit faits successifs :

1° Commandement de payer, *aurfocre*;

2° Délai qui sépare le commandement et la saisie, *apad* (2);

3° Saisie, *athgabail*;

4° Délai pendant lequel l'objet saisi reste aux mains du débiteur, *anad*;

5° Enlèvement, en irlandais *toxal*, de l'objet saisi qui est mis en fourrière, *forus*;

6° Signification faite au saisi pour le prévenir de l'endroit où a été conduit l'objet mis en fourrière; cette signification s'appelle *fasc*;

7° Délai pendant lequel l'objet saisi reste en fourrière ; le nom de ce délai est *dithim*;

8° Date à partir de laquelle la propriété de l'objet en fourrière est graduellement enlevée au défendeur pour passer au demandeur; cette date se nomme *lobad*, c'est-à-dire destruction.

Les délais peuvent être allongés par l'exception dilatoire, *turbaid*, qui se produit quand un obsta-

---

(1) Voyez ci-dessus, p. 229 et suiv., p. 246-247.

(2) *Apad* est proprement un synonyme d'*aurfocre*, et désignait primitivement le commandement, mais ce mot prit ensuite un sens nouveau, et désigna le délai qui suit le commandement.

cle insurmontable, *deithbeire* (1), s'oppose à la bonne volonté du défendeur. — Les deux délais que nous avons fait figurer sous les numéros 2 et 4 et qu'on appelle le premier *apad*, le second *anad*, peuvent être supprimés quand il y a particulière urgence (2) ; alors la saisie s'appelle *athgabail tul* : celle-ci ne comporte qu'un seul délai, celui que nous avons placé sous le numéro 7 et qu'on nomme *dithim*. — C'est sur la durée de ces délais qu'est fondée la classification des divers cas de saisie mobilière, telle qu'elle est donnée dans le *Senchus Mór*.

Supposons qu'il soit question de pratiquer avec délais la saisie mobilière dite de cinq nuits.

Le créancier, qui veut saisir, débute par un commandement à son débiteur. C'est l'acte prescrit en droit français par l'article 583 du *Code de procédure civile*. Chez nous, le commandement doit être fait un jour au moins avant la saisie. Par un hasard singulier, c'est le principe irlandais, puisque en Irlande la saisie dont les délais sont les plus courts est celle qui comporte un délai d'une

---

(1) *Ancient Laws of Ireland*, t. I, p. 102, lignes 8, 21 ; cf. p. 198, lignes 9, 11, 14, 15, 19-25 ; p. 262, lignes 6, 15, 21 ; p. 266, ligne 20 ; p. 282, ligne 26 ; p. 284, lignes 11-13, etc.

(2) Nous exposons ici la doctrine du *Senchus Mór*. On verra plus bas qu'en réalité la saisie avec délais ou après longueur est postérieure en date à la saisie immédiate ; celle-ci appartient, dans l'histoire du droit, à une période primitive antérieure à la période plus civilisée et de mœurs plus douces où la saisie avec délais a été inventée.

nuit. Mais, dans la procédure irlandaise dont nous nous occupons ici, l'intervalle entre le commandement et la saisie dure cinq nuits (1) ; cet intervalle est ce qu'on appelle *apad*.

La saisie faite à l'expiration de *l'apad* est suivie d'un second délai, *anad*, d'une durée égale à la durée du premier : cinq nuits encore pendant lesquelles les objets saisis restent au domicile du défendeur (2) qui en est gardien de droit, tandis qu'en droit français il est seulement gardien facultatif et peut être refusé par le saisissant (*Code de procédure civile*, art. 598).

A l'expiration de ce second délai, le créancier, par un acte appelé *toxal*, enlève les objets saisis ; il met ces objets en fourrière et fait au défendeur une signification nouvelle, *fasc*, qui sert de point de départ à un troisième délai, *dithim*, quelquefois double de chacun des deux premiers (3), mais ordinairement de même longueur que chacun d'eux, encore cinq nuits (4).

(1) *Ancient Laws of Ireland*, t. I, p. 78, lignes 23-25; p. 262, lignes 9-13 ; p. 264, ligne 5; p. 284, lignes 36-38.

(2) *Forus n-acra .i. mainner .i. arus in fir uil ag in acra fechemun toichedha .i. frisin-gaibter athgabala* (*Ancient Laws of Ireland*, t. II, p. 10, lignes 27-29).

(3) Dans la saisie de deux nuits, le *dithim* durait quatre nuits (*Ancient Laws of Ireland*, t. I, p. 82, ligne 1; p. 144, ligne 24; p. 146, lignes 23-25).

(4) *Inand a uidi anta ocus uidi ica fiach in urradus*. « son délai d'*anad* et son délai « de payement (c'est-à-dire son *dithim*) sont identiques dans le droit des Irlandais citoyens » (*Ancient Laws of Ireland*, t. I, p. 176, lignes 28-29).

C'est à l'expiration de ce troisième et dernier délai que commence pour le débiteur la perte de son droit sur les objets saisis ; le créancier acquiert une certaine quantité de ces objets la première nuit, une seconde quantité la deuxième nuit, et ainsi de suite jusqu'à ce qu'il devienne propriétaire du tout : on appelle cette acquisition *lobad* ou destruction ; ce qui est détruit est le droit du défendeur. Ce phénomène légal tient lieu de la vente prescrite par le droit français. Le droit irlandais historique le plus ancien, tel que nous le trouvons dans le *Senchus Mór*, ne connaît pas la vente proprement dite, puisque chez lui la monnaie de compte ne consiste qu'en objets mobiliers : femmes esclaves, bêtes à cornes, sacs d'orge. L'argent monnayé paraît pour la première fois dans la glose du *Senchus Mór*, et dans des traités de date plus récente que le *Senchus Mór*, tel que le livre d'*Aicil* (1).

Dans la procédure irlandaise dont il s'agit, le total des délais qui s'écoulent entre la première signification et le moment où le saisi commence à être dépouillé de ses droits sur les objets mobiliers enlevés par le créancier, s'élève à quinze nuits ; il est triple du nombre de nuits qui a donné son nom à cette procédure : saisie de cinq nuits. Dans la saisie d'une nuit, la durée totale des délais est de

---

(1) *Ancient Laws of Ireland*, t. III, p. 106, ligne 16. Cf. ci-dessous, chap. II, § 2, p. 335, 336.

trois nuits ; dans la saisie de trois nuits, elle s'élève à neuf nuits ; enfin, dans la saisie de dix nuits, c'est à trente nuits que se monte le total des délais.

Quand tous les délais sont ainsi observés, la procédure de la saisie mobilière porte le nom de saisie après longueur, *athgabail iar fut* (1) ; si la saisie est immédiate, *athgabail tul*, les deux premiers délais n'existent pas, il n'y a point d'*apad*, c'est-à-dire d'intervalle entre le commandement et la saisie, de même il n'y a pas d'*anad*, c'est-à-dire que l'objet saisi est immédiatement enlevé et mis en fourrière ; le seul délai est celui qu'on appelait *dithim*, c'est-à-dire l'intervalle pendant lequel l'objet en fourrière reste la propriété du saisi. La durée de cette espèce de répit est égale au nombre de nuits qui donne son nom à la saisie (2).

Ainsi, lorsque la saisie de cinq nuits est immédiate, il ne s'écoule que cinq nuits entre le commencement des opérations et le moment où les objets saisis commencent à devenir la propriété du saisissant ; tandis que si la saisie eût été celle qu'on appelait *athgabail iar fut*, « saisie après longueur, »

(1) La nomenclature en irlandais des cas où il y a saisie après longueur, occupe, dans l'édition officielle du *Senchus Môr*, quarante-cinq pages (*Ancient Laws of Ireland*, t. I, p. 122-210, savoir : saisie d'une nuit, p. 122-144 ; saisie de deux nuits, p. 126 et p. 144-156 ; saisie de trois nuits, p. 156-182 ; saisie de cinq nuits, p. 182-192 ; saisie de dix nuits, p. 192-210).

(2) *Anad cach athgabala iar fut, is ed dithim cacha athgabala taulla cen anad tiir* (*Ancient Laws of Ireland*, t. I, p. 210, lignes 27-29).

l'intervalle entre le début des opérations et le commencement de l'expropriation du débiteur aurait été de quinze nuits.

La saisie immédiate d'une nuit était tout particuliérement rigoureuse : le demandeur, sans avertissement préalable, enlevait les objets mobiliers appartenant à son débiteur, et, à l'expiration du répit d'une nuit, commençait ce qu'on appelait en irlandais *lobad*, c'est-à-dire l'expropriation du débiteur au profit de son créancier (1).

De l'exposé de ces principes généraux, nous allons passer à des observations de détail sur quelques-uns des huit faits que nous avons distingués dans la procédure de la saisie mobilière irlandaise.

Le premier est le commandement, *aurfocre*. En principe, toute saisie mobilière doit être précédée d'un commandement. Dans la partie du *Senchus Môr* qui concerne la saisie mobilière avec délais, nous trouvons une exception à cette règle. Cette

---

(1) La nomenclature des cas de saisie immédiate occupe vingt pages de texte irlandais dans l'édition du *Senchus Môr* (*Ancient Laws of Ireland*, t. I, p. 120, 210-250, savoir : saisie d'une nuit, p. 120, 210-230; saisie de trois nuits, p. 230-236; saisie de cinq nuits, p. 236-246; saisie de dix nuits, p. 246-250). On remarquera qu'il n'y a pas de saisie immédiate de deux nuits; en d'autres termes, cette procédure n'est pas à l'usage des femmes qui doivent toujours agir par *athgabail iar fut*, saisie après longueur. Des quatre espèces de saisie immédiate, la plus usitée était celle de cinq nuits : *athgabail cuicthi in dul is gnathu dogres oldas cach athgabail* (*Ancient Laws of Ireland*, t. I, p. 250, lignes 15-16).

exception se produit quand la personne contre laquelle il est question de pratiquer la saisie appartient à l'aristocratie, c'est-à-dire à la catégorie des personnes que le droit irlandais désigne par l'adjectif *nemed*, dont le sens est « sacré »; il s'agit des rois, des *aire* ou membres de la noblesse, *flaith*, et des gens de lettres ou savants, conteurs, poètes, jurisconsultes, *fili*, *file*, qui leur sont assimilés.

Que le demandeur soit ou de condition commune ou de la classe supérieure à laquelle appartient son adversaire, peu importe : l'étiquette irlandaise défend qu'on adresse un commandement aux personnes dites *nemed*; il faut aller jeûner à leur porte (1). Le débiteur devant la porte duquel jeûne son créancier doit lui offrir à manger (2) et promettre soit de le payer, soit de faire juger la question ; comme garantie, il faut qu'il lui donne une caution solvable, ou lui livre des gages (3). Autrement sa dette est doublée ; il doit en outre cinq bêtes à cornes de dommages-intérêts (4), et il est

---

(1) *Dofet aurfocra cach n-athgabala la Féine, inge ma do nemthib no ma for nemthib : tofet troscad a-tobach-saide* (*Senchus Mór*, dans *Ancient Laws of Ireland*, t. I, p. 112, lignes 14-16; cf. la glose, même page, lignes 19-26, et p. 114, lignes 6-8).

(2) *Senchus Mór*, dans *Ancient Laws of Ireland*, t. I, p. 114, lignes 10 et suiv.

(3) *Senchus Mór*, dans *Ancient Laws of Ireland*, t. I, p. 118, lignes 5-7, 20-28.

(4) *Senchus Mór*, dans *Ancient Laws of Ireland*, t. I, p. 114, lignes 11-12. Ces cinq bêtes à cornes sont l'amende appelée *smacht*; voyez ci-dessus, p. 138, 141, 144.

frappé d'une sorte de malédiction ; jamais ni Dieu ni homme ne le payera ; c'est-à-dire que si, pour obtenir d'un de ses débiteurs le remboursement d'une créance, il le conduit devant un de ces juges arbitraux qui ont obtenu de la confiance publique une sorte d'institution officieuse, ce juge refusera de l'entendre jusqu'à entier acquittement de la dette que le créancier a sollicitée par le jeûne (1). D'autre part, si le créancier, refusant d'accepter des offres convenables faites par son débiteur, s'obstine à jeûner, il perd sa créance. Enfin, si celui qui jeûne, se disant créancier, ne l'est point, il doit, comme réparation, payer à son prétendu débiteur cinq bêtes à cornes d'indemnité, sans compter les dommages-intérêts fixés par l'usage pour l'outrage dont il s'est rendu coupable envers lui (2).

Après le commandement, que le jeûne remplace en certains cas, et quand s'est terminé le délai

---

(1) *Nech nad gella di troscud*, *is eluthach na n-uile; inti foluing na h-uile*, *ni direnar o dia na duine* (*Senchus Mór*, dans *Ancient Laws of Ireland*, t. I, p. 112, lignes 16-18, et p. 114, lignes 14-17). La formule finale se retrouve ailleurs, exemple : 1° *ar suig flachu cach n-indligi nad imdich dethbiri iar n-dia ocus duine*, « toute illégalité [commise par le saisissant] produit » une créance [contre lui au profit du saisi] à moins que [le sai- » sissant] ne soit protégé par une difficulté insurmontable [d'exé- » cuter la loi] selon Dieu et homme » (*Ibid.*, t. II, p. 2, ligne 7-8); 2° *dileas do suide o dia ocus duine* « lui est acquis de par Dieu » et de par homme » (*Ibid.*, t. IV, p. 33, ligne 20).

(2) *Senchus Mór*, dans *Ancient Laws of Ireland*, t. I, p. 118, lignes 4-5, 9-12. Cf. ci-dessous, p. 271, note 2.

appelé *apad*, la saisie « après longueur » a lieu. Pratiquer une saisie n'était pas sans danger. Si dans les opérations préalables irrégulièrement exécutées on risquait sa fortune, à plus forte raison on pouvait la compromettre quand on en venait à l'acte proprement dit de la saisie.

Le *Senchus Môr* donne au saisissant le conseil de se faire accompagner par un homme de loi, à la fois assez instruit pour se rendre compte de l'accomplissement régulier des formalités, et assez compétent dans l'art de la parole pour exposer devant les juges comment tout s'est passé. C'est un témoin qui déposera; mais pour qu'il puisse parler, il faut qu'il ait su voir. En effet, il y a une maxime qui dit : « C'est à l'œil qu'on payera; » car suivant une autre maxime : « En Irlande, personne » ne témoigne d'une chose qu'il n'aurait pas re- » marquée (1). »

Celui qui saisit irrégulièrement doit au saisi cinq bêtes à cornes d'indemnité (2); mais les jurisconsultes irlandais admettent que la présence d'un de leurs confrères, appelé et naturellement payé par le saisissant, fasse obstacle à l'exigibilité de cette sorte d'amende, quand l'irrégularité résulte d'une erreur du jurisconsulte (3). On dit vulgairement en France

---

(1) *Fri rosc ruirther, ar ni fuirgle nech ia Feine ni nad airithe* (*Senchus Môr*, dans *Ancient Laws of Ireland*, t. I, p. 84, l. 9-12).

(2) C'est l'amende appelée *smacht* ci-dessus, p. 138, 141, 144.

(3) *Senchus Môr*, dans *Ancient Laws of Ireland*, t. I, p. 90, l. 29 et suiv.; p. 91.

que « les loups ne se mangent pas entre eux. »

La saisie chez les Irlandais est considérée comme une sorte de contrat entre les deux parties ; son effet est de faire acquérir au demandeur un droit analogue à celui de gage sur les meubles saisis. On ne peut saisir si l'on n'est pas capable de contracter : ce qui suppose à la fois qu'on n'est ni en tutelle, ni soumis à la puissance paternelle ; que de plus on est solvable, c'est-à-dire du nombre des hommes qui peuvent servir de caution (1). Enfin, pour être en droit de saisir un débiteur, il faut posséder un avoir mobilier égal à celui qu'on saisit (2). Une saisie faite par un esclave, par un domestique, par un fou, serait nulle de plein droit, et réciproquement, toute saisie pratiquée contre eux serait illégale (3).

On pourrait peut-être sans trop de témérité hasarder ici une expression étrangère au droit irlandais et dire que la faculté de saisir était attribuée

---

(1) *Ni-s-gaibet...* aurcuillte ratha na ecoir nadma (*Ancient Laws of Ireland*, t. I, p. 84, lignes 27-28; p. 86, lignes 1-3, 8-9). *Aurcuillte ratha* « qui ne peut être caution, » *ráth*, paraît synonyme de *deo-rad*, « étranger, » et opposé de *ur-rad* littéralement « bonne caution », qu'on traduit en anglais par *native*. Sur la capacité de cautionner, voir ci-dessus, p. 109, 110. — De *naidm*, « contrat, » il y a une forme plus complète, *snaidm* (Windisch, *Irische Texte*, I, 783 ; Whitley Stokes, *Urkeltischer Sprachschatz*, p. 315).

(2) *Ni acair nad caemclai o croib in forais* (*Ancient Laws of Ireland*, t. I, p. 102, lignes 26-27 ; p. 104, lignes 27-29).

(3) *Ancient Laws of Ireland*, t. I, p. 84, lignes 28-29 ; p. 104, lignes 35-36.

aux citoyens seuls. Le texte irlandais se sert d'une périphrase : La saisie est interdite à quiconque n'a pas le droit de prendre part à l'assemblée publique qui juge sur le rapport d'un jurisconsulte (1). Cette disposition met un nombre considérable d'habitants de l'Irlande dans l'impossibilité d'obtenir justice sans l'intervention d'un tiers plus puissant qu'eux.

Mais une règle qu'on pourrait appeler démocratique semble donner une sorte de correctif bienveillant à cette exclusion du pauvre et du faible. Il est défendu aux chefs de l'assemblée publique, rois, héritiers présomptifs de rois, conseillers des rois, de pratiquer personnellement la saisie : l'impossibilité de leur tenir tête rendrait leur pouvoir tyrannique (2). Quand ils veulent faire saisir le mobilier d'un débiteur, ils se font représenter dans cette opération par un agent subalterne : *aithech fortha*, et c'est contre cet agent que leurs justiciables intentent action lorsqu'inversement ils sont leurs créanciers (3).

Quand la saisie dont nous venons de résumer

---

(1) *Ni-s-gaibet ecuma airechta* (*Ancient Laws of Ireland*, t. I, p. 84, lignes, 27, 30-32). *Ur-rad* opposé à *deo-rad*, « étranger, » n'exprime pas complètement l'idée de « citoyen. » *Ur-rad* désigne celui qui a pleine capacité de cautionner, p. 272, n. 1. Les citoyens sont les *urrad* qui prennent part aux délibérations de l'assemblée, *bit i-sin airecht;* cf. ci-dessus, p. 117; plus bas, p. 294.

(2) *Ancient Laws of Ireland*, t. I, p. 84, lignes 27-28; p. 86, lignes 9-10.

(3) *Ancient Laws of Ireland*, t. II, p. 94, l. 1 ; t. I, p. 64, l. 18.

18

les règles était faite avec délais ou « après longueur, » l'*anad* suivait.

Nous avons ici peu de choses à dire au sujet de l'*anad*, c'est-à-dire sur le délai pendant lequel, dans la saisie dite « après longueur, » les objets saisis restaient entre les mains du défendeur. Nous en avons déjà parlé page 265. Nous insisterons cependant sur un point : ce délai était celui pendant lequel le débiteur solvable pouvait donner des gages au créancier et obtenir mainlevée de la saisie ; le délai appelé *dithim* ou période de la fourrière était celui où le débiteur solvable devait payer. Les gages donnés par le défendeur pendant l'*anad* constituaient la garantie ou qu'il payerait ou que, s'il contestait la dette, il se présenterait devant arbitre à l'expiration d'un délai de quarante nuits (1).

Après l'*anad* avait lieu l'enlèvement, *toxal* (2), des objets saisis. Pour enlever les objets saisis il fallait trois personnes, et les objets saisis devaient être reçus en fourrière par quatre personnes (3). Les trois personnes qui coopéraient à l'enlèvement étaient : 1° l'homme de loi, *aigne*, servant de

---

(1) *Cum[b]a e uidi anta a uidi geilta ; ocus uidi ditma cum[b]ad e uidi ica flach* (*Ancient Laws of Ireland*, t. I, p. 176, lignes 29-30). Sur le délai de quarante nuits, voir ci-dessus, p. 145.

(2) On dit aussi *táin* (*Ancient Laws of Ireland*, t. I, p. 264, l. 23 ; p. 288, l. 9 ; p. 298, l. 5).

(3) *Do foxla triar do cethrur* (*Ancient Laws of Ireland*, t. I, p. 266, lignes 2-3 ; p. 288, lignes 19 et suiv.; p. 290, l. 29 et suiv. ; t. II, p. 18, l. 8).

caution, *fear tairgille*, au demandeur; 2° un témoin, *fiadan* (1); 3° le demandeur, *fechium*, ou, pour s'exprimer d'une façon plus complète, *fechium toicheda* (2).

Les quatre personnes qui recevaient en fourrière étaient : 1° un témoin; 2° un homme de loi qui, suivant un texte, paraît pouvoir être remplacé par le demandeur lui-même; 3° un personnage appelé *naidm* ou *nascuire*, c'est-à-dire contractant, liant; 4° une caution, *etire* ou *aitire*, qu'on appelait aussi *raith* (3).

La fourrière, ou *forus*, pouvait être au domicile

---

(1) Le témoin doit être pris parmi les personnes qui ne tiennent pas d'un chef le cheptel qu'on peut appeler servile, et qui, par conséquent, n'ont pas reçu de ce chef le prix de leur honneur, *fiadnuisi d[i]am[b]ad logh einiuch* (*Ancient Laws of Ireland*, t. I, p. 290, ligne 31; cf. p. 288, l. 34-35 et ci-dessus, p. 106, 109, 110).

(2) *Ancient Laws of Ireland*, t. I, p. 290, ligne 31. *Fechium*, ou mieux *fechem*, veut dire proprement « débiteur. » Cette qualité semble ne devoir être attribuée qu'au défendeur, mais il n'y avait guère de procès irlandais qui ne donnassent lieu à une demande reconventionnelle, en sorte que les deux parties étaient débitrices. *Fechem toicheda* veut dire littéralement débiteur de demande en justice, débiteur qui actionne. *Toicheda* est le génitif singulier d'un substantif, *toichid*, qui sert d'infinitif à un verbe, *toichim*, ou bien *foichim*, « j'actionne, » dont la racine est la même que celle des verbes *iar-faigim*, ou *iar-foichim* et *im-fuichim*; on dit *fuachar* à la troisième personne du singulier de l'indicatif présent passif (*Ancient Laws of Ireland*, t. I, p. 256, ligne 9).

(3) *Ancient Laws of Ireland*, t. I, p. 288, lignes 22, 30, 31, 33-35; p. 290, lignes 32-34. Le témoin, le *naidm* (ou *snaidm*) et la caution ne peuvent être pris parmi les personnes de condition servile, c'est-à-dire parmi celles qui ont reçu d'un chef, avec un cheptel, le prix de leur honneur. Cf. ci-dessus, p. 126, 127.

du demandeur (1). Toutefois, le demandeur s'exposait grandement s'il mettait en fourrière à son domicile des objets saisis d'une valeur plus élevée que le prix de son honneur. Quand leur valeur dépassait ce prix, il fallait qu'il choisît pour fourrière le domicile d'un personnage dont l'honneur fût tarifé plus haut que le sien propre. L'homme du peuple prenait comme fourrière l'enclos, *faithche*, d'un des membres de l'aristocratie. On distinguait dans l'aristocratie sept degrés ; il y avait donc sept catégories d'enclos qui pouvaient servir à mettre en fourrière les objets saisis par les membres de la plèbe (2). Il était même quelquefois prudent de loger dans des forteresses pour y passer la nuit les objets saisis, quand il y avait lieu de craindre qu'ils ne fussent enlevés par des brigands, car le saisissant était responsable de leur conservation jusqu'au moment où le *lobad* l'en rendait propriétaire (3).

Après avoir mis en fourrière les objets saisis, le

---

(1) *Forus in fechemun toicheda* (*Ancient Laws of Ireland*, t. I, p. 288, ligne 23). *Forus* est probablement pour *for-foss* comme *arus* pour *ar-foss*; comparez : 1. *foss*, chez Windisch, *Irische texte*, I, 573, col. 1 ; Whitley Stokes, *Urkeltischer Sprachschatz*, p. 277.

(2) *Ra fesiur secht faithche fri-sin-athgabail* (*Ancient Laws of Ireland*, t. II, p. 10, ligne 16; cf. t. I, p. 288, ligne 38; p. 290, ligne 1; p. 292, lignes 1-5. Sur la hiérarchie nobiliaire, voyez ci-dessus, p. 97-116 ; notamment le tableau de la p. 110.

(3) *Segur athgabail i n-dub aidchib i n-duinib di a ditiun* (*Ancient Laws of Ireland*, t. II, p. 2, l. 3-4, 9-11). Cf. *Forus n-ditin* (ibid., p. 10, ligne 25).

demandeur devait au défendeur une signification nouvelle ; il y avait obligation pour le saisissant de faire connaître au saisi dans quel endroit les objets enlevés avaient été transportés. L'acte de donner cette information s'appelait *fasc*. Le saisissant portait lui-même cette notification au saisi ; mais il ne fallait pas qu'il fût seul ; l'usage exigeait qu'il se fît accompagner de deux témoins (1), et l'un des deux témoins était un homme de loi (2).

La signification dite *fasc* devait faire connaître au saisi trois choses (3) : il fallait que le saisissant, parlant à haute voix (4), dit : 1° quelle créance était cause de la saisie ; 2° où les objets saisis

---

(1) *Dlomt[h]ar dias la teist*. « On dit : deux pour témoignage » (*Ancient Laws of Ireland*, t. I, p. 268, ligne 11 ; p. 302, ligne 11). La traduction anglaise : *two are mentioned along with the witness*, n'est pas conforme au sens. Il est étrange que le traducteur ne l'ait pas vu quand il a traduit la glose : *Raither no aisnethur dias as test* : « It is said or stated that two persons are to bear witness » (*Ibid.*, p. 302, l. 12-13 ; p. 303, l. 16 ; t. II, p. 18, l. 8, 9). Cf. *t. eist*, testimonium, *Gr. C.³*, p. 445, l. 32. C'est la loi mosaïque : *In ore duorum vel trium testium stabit omne verbum* (*Deutéronome*, c. XIX, v. 5 ; cf. c. XVII, v. 6) ; cf. *Collection canonique irlandaise*, l. XVI, c. 7, 8, où cette règle a pénétré.

(2) *Aigni toxuil ocus fiadnaisi* (*Ancient Laws of Ireland*, t. I, p. 302, ligne 16).

(3) *Fasc, tres brethar, an aisnesen in urd* : « signification, troisième parole, dont la loi veut l'énonciation » (*Ancient Laws of Ireland*, t. I, p. 268, ligne 14, avec une correction indiquée par M. Whitley Stokes d'après le ms, Rawl. B. 512, f° 29 a r°).

(4) *Co tesgaire .i. gu-sin-tredh[e]-sa d'uasal gaire ann. .i. d'innisin* « afin d'énoncer, c'est-à-dire pour ces trois choses hautement alors crier, c'est-à-dire exposer » (*Ancient Laws of Ireland*, t. I, p. 302, lignes 27-28 ; cf. p. 268, l. 14-15).

avaient été emmenés; 3° quel était le créancier saisissant. L'omission d'une seule de ces trois énonciations donnait au saisi le droit d'exiger cinq bêtes à cornes d'indemnité (1). Quand les objets saisis appartenaient à une personne différente de celle au domicile de laquelle la saisie avait eu lieu, il fallait deux significations ou *fasc* : l'une au domicile où s'était opérée la saisie, l'autre au domicile du propriétaire des objets mis en fourrière (2).

De cette signification partait le dernier délai de la saisie, *dithim*. C'était, disait-on, la période de payement, et, pour le débiteur, une sorte de délai de grâce (3). Mais ce délai avait cela d'onéreux que, les objets saisis étant ordinairement des bestiaux, leur nourriture et les frais occasionnés par les soins qu'on leur donnait étaient à la charge du défendeur (4).

Enfin, ce délai final, une fois expiré, le *lobad* commençait. Après la première nuit, les objets

---

(1) *Cuic seoit, munab i-sin tres breithir* (Ancient Laws of Ireland, t. I, p. 302, ligne 27). Ces cinq bêtes sont le *smacht*, ci-dessus, p. 138, 139.

(2) *Tiaghar docum failhce fir as-a-tir toxlaither, docum foruis iar-sen as-a-seilb sloinnter*, « on se rend à l'enclos de l'homme » de la terre duquel est sorti ce qui a été saisi, puis à la résidence » de l'homme à qui l'objet saisi est déclaré appartenir » (Ancient Laws of Ireland, t. I, p. 268, lignes 13-14; p. 302, lignes 16-21).

(3) Ancient Laws of Ireland, t. I, p. 176, ligne 30.

(4) Ancient Laws of Ireland, t. I, p. 258, lignes 15-17; p. 270, lignes 37-39; p. 272, lignes 1-2.

saisis devenaient la propriété du saisissant jusqu'à concurrence de cinq bêtes à cornes ; après la seconde nuit, trois bêtes à cornes étaient acquises au saisissant, autant après la troisième nuit et ainsi de suite jusques à complet épuisement (1).

Je n'entrerai pas dans plus de développements sur les règles et sur les effets de la saisie mobilière en Irlande. Ceux des lecteurs qui désireront plus ample information liront le traité irlandais de la saisie qu'ils trouveront dans le volume suivant.

§ 2. — *La saisie immobilière* (2).

L'acquisition, *techtugad* (3), de la propriété im-

(1) *Cuic seoit hi lobud cacha hathgabala ro-midir Morand; noch fil tri seoit cacha tratha ro-follaigther co aurlaind a dithma, ach[t] nicon anaig deithbeire.* — Glose : *Is cach tratha son acht in cet tralh, cuic seoit i suig (suidiu), ocus tri iaram cach trath co urlainn a dithma.* « Cinq bêtes à cornes au *lobad* de toute saisie : ainsi jugea Morand. Il y a encore trois bêtes à cornes pour chaque période de négligence jusqu'à la fin du séjour en fourrière, à moins qu'un obstacle insurmontable ne protège. » — Glose : « De chaque période il faut déduire, la première période, cinq bêtes à cornes cette période-là, et trois bêtes à cornes ensuite, chaque période, jusqu'à la fin du séjour en fourrière. » (*Ancient Laws of Ireland*, t. I, p. 102, lignes 6-8, 17-18). — *Dilsi condilmaine,* « acquisition complète de la propriété » (*Ibid.*, p. 258, lignes 16-17; p. 272, lignes 4-5; t. II, p. 18, lignes 1-2).

(2) Plus haut (p. 151-152) on a montré la ressemblance de la saisie immobilière irlandaise avec une procédure franque ; il reste à exposer d'une façon complète en quoi consistait la saisie immobilière irlandaise.

(3) *Techtugad* dérive de *techtaim*, « j'ai, » c'est l'infinitif d'un verbe, **techtaigim*, « je deviens propriétaire. »

mobilière pouvait se faire au moyen de la saisie, *tellach*. Il fallait que le fait appelé *tellach*, c'est-à-dire l'acte d'occupation accompli dans la forme légale, fût répété trois fois ; à la troisième fois, le saisissant se trouvait investi d'un droit appelé *tuinidhe*, ou mieux *tuinnige* (1), qu'on peut traduire par « possession, » et en vertu duquel il avait, comme nous le verrons, droit d'exercer la plupart des prérogatives d'un propriétaire définitif.

L'acte appelé *tellach* (2) se présente sous la forme

(1) De 2. *tonn*, *tond*, « surface, » notamment « surface de la terre, » *tond talman* (Windisch, *Irische texte*, I, p. 838, col. 1) on a tiré *tuinnim*, « je séjourne, » « je demeure, » littéralement « je suis sur la surface [de la terre] » (*ibid.*, p. 856, col. 1), puis *tuinneach*, « celui qui séjourne, » enfin *tuinnigim*, « je séjourne, » « je demeure, » et *tuinnige*, « acte de séjourner, de demeurer quelque part, » « possession. » *Selb* (en gallois *helw*, *Grammatica celtica*, 2ᵉ édit., p. 130, ligne 5) désigne un droit plus solidement assis que *tuinnige*. *Selb* semble être la propriété ; Tirechan l'a employé avec le sens d' « appartenances. » *Gr. C².* 243, ligne 6 ; et le dérivé *selbad* désigne le droit du maître sur l'esclave dans un passage du ms. de Wurzbourg (*Gr. C²*, 861, ligne 21) ; enfin le texte suivant paraît décisif : *inti dobeir na techta seilb, as e doron co fiachaib taige*, « celui qui donne ce dont il n'a pas la propriété se rend, par cet acte, débiteur des dommages-intérêts dûs pour vol » (*Ancient Laws of Ireland*, t. IV, p. 32, lignes 19-20, cf. ci-dessus, p. 206 ; et Whitley Stokes, *Urkeltischer Sprachschatz*, p. 135, 302).

(2) *Tellach* est proprement l'acte de prendre quelque chose. Ce mot dérive de *tellim*, « je vole, » « j'enlève » (*Grammatica celtica*, 2ᵉ édit., p. 1093, col. 2, addition à la page 466), dont l'infinitif est *tellad* (*ibid.*, p. 624, ligne 41). D'autres exemples de l'emploi du suffixe *ach* pour former des noms abstraits sont réunis *ibid.*, p. 810. Sur l'étymologie du verbe *tellim*, voyez Whitley Stokes, *Urkeltischer Sprachschatz*, p. 130).

d'une occupation militaire et violente. Quand le saisissant veut procéder à cet acte pour la première fois, il amène avec lui deux chevaux sous le joug et attelés à un char (1). Un vieux texte de droit versifié appelle ces chevaux *mairc* (2), c'est le nom par lequel aux temps antiques les Celtes et les Germains désignaient les chevaux attelés au char du guerrier. Dans le texte que nous citons et qui ne remonte pas à la période héroïque de l'histoire de l'Irlande, le char des guerriers n'est pas exigé ; un vulgaire char de culture peut satisfaire aux prescriptions de la loi, mais on doit considérer comme certain qu'à l'origine l'acte symbolique de

---

(1) *Carbut* (Ancient Laws of Ireland, t. IV, p. 4, ligne 20).
(2) Tocombachtar scalb saer-teallaigh (8),
          Modaigh *mairc* mbrugsaite (6) ;
     Bactar oricha, coma comol (8)
          Aitheam gaibeas tuinighe (7).
     Ma don teallach medonach (7)
          Ni fir-teallach tuinighe (7).
     Teallach tar arta, cêt-teallach (8) ;
          Adh na techta tuinighe (7).
     Teallach da dechmad, — olan ramar (8),
          Adh no coislead tuinighe (7)
     « Ceux qui ensemble saisirent la propriété de libre occupation,
          Ce sont les actifs chevaux qui la foulèrent.
     Ils saisirent les limites ; ce fut leur égal attelage
          Qui rapidement prit possession.
     Si l'on se borne à faire la seconde occupation,
          Il n'y a pas vraie prise de possession.
     Occupation au delà fossé, telle est la première occupation ;
          Légalement, elle n'acquiert pas possession.
     Occupation de deux dizaines, loin de l'entrée de la terre,
          Tel est l'acte par lequel on prendrait légalement possession. »
Ancient Laws of Ireland, t. IV, p. 2, lignes 2-5, p. 4, l. 17-19.

l'occupation d'immeubles par le saisissant s'accomplissait du haut du char de guerre.

Le saisissant, donc, tient à la main deux chevaux (1). Ces deux chevaux sont sous le joug et traînent un char. Sous les yeux d'un témoin, d'un homme qui l'accompagne, le saisissant franchit avec ses chevaux le fossé qui clôt la propriété (2), puis il s'arrête sans les dételer. Alors, élevant la voix, il demande qu'on lui fasse droit selon la loi, s'il y a justice. Si cette sommation n'obtient pas de réponse, ou si la réponse n'est pas satisfaisante, il part pour revenir bientôt (3).

On se rappelle que la saisie mobilière, quand elle se fait dans toutes les formes, c'est-à-dire « après longueur, » *iar fut*, comporte 1° trois délais qui peuvent être de cinq nuits chacun, 2° trois actes exigeant des relations verbales entre le saisissant et le saisi. Le premier de ces actes est le commandement de payer, *urfocre*, par lequel commence la procédure et duquel part le premier délai. Le second de ces actes est la saisie, *athgabail*, qui termine le premier délai et sert de point de départ au second délai. Le troisième de ces actes est la notification, *fasc*, du transport en fourrière,

---

(1) *Da each a laim*, dit un texte en prose un peu plus récent que celui que nous avons cité en premier lieu (*Ancient Laws of Ireland*, t. IV, p. 18, ligne 20; p. 20, ligne 21).

(2) *Teallach tar arta*, « occupation au delà du fossé » (*Ancient Laws of Ireland*, t. IV, p. 4, lignes 17, 20).

(3) *Ancient Laws of Ireland*, t. IV, p. 18, l. 17-22.

à la clôture du second délai et au début du troisième délai (p. 263).

La saisie immobilière comporte, comme la saisie mobilière, trois délais. La seule différence est dans la durée de chacun des délais : toujours dix nuits au lieu des cinq énoncées dans l'exemple que nous avons donné p. 264-268, ce qui fait un total de trente nuits au lieu de quinze. Le nombre des opérations exigées du saisissant est aussi de trois.

La première occupation, *cét tellach* (1), et la demande qui l'accompagne : « Faites-moi droit selon la loi, s'il y a justice, » correspondent au commandement de payer, *urfocre*. Il faut deux autres occupations : celle dite du milieu, *tellach medonach* (2), au milieu du second délai de dix nuits ; puis, enfin, l'occupation dite de deux dizaines (c'est-à-dire de deux fois dix nuits), qui sont la dizaine du milieu et la dernière dizaine, *tellach da dechmad :* cette occupation a lieu trente nuits après la première, quinze nuits après la seconde (3). Le *tellach medonach* peut être comparé à l'*athgabail* et le *tellach da dechmad* au transport en fourrière et au *fasc*. C'est le *tellach da dechmad*, c'est-à-dire la troisième occupation, qui produit prise de possession définitive, *tuinnige*. Ainsi, le transport en fourrière et le *fasc* ouvrent le délai final qui se

---

(1) *Ancient Laws of Ireland*, t. IV, p. 4, ligne 17.
(2) *Ancient Laws of Ireland*, t. IV, p. 2, ligne 4.
(3) *Ancient Laws of Ireland*, t. IV, p. 4, lignes 18, 22-24.

termine par le transfert de la propriété des objets mobiliers saisis, quand du saisi cette propriété passe au saisissant.

Dans la saisie immobilière, les deux derniers actes d'occupation s'opèrent d'une façon analogue à celle dont s'est exécuté le premier. La seule différence consiste dans la solennité qui chaque fois augmente. Lors de la seconde occupation, le nombre des chevaux amenés par le saisissant est de quatre au lieu de deux. Le saisissant ne s'arrête pas au bord du fossé, il s'avance au delà et dételle ses chevaux (1). A cette cérémonie symbolique, il faut la présence de deux témoins mâles au lieu d'un qui avait suffi la première fois. Elle doit s'accomplir quand il s'est écoulé cinq nuits de la seconde dizaine (2); elle est immédiatement suivie d'une seconde sommation de faire droit, et le saisissant attend la réponse pendant un délai de trois nuits (3).

---

(1) *Cethri eich... scurtair* (*Ancient Laws of Ireland*, t. IV, p. 18, ligne 23).

(2) *I-midraind in dechmaid[e]* (*Ancient Laws of Ireland*, t. IV, p. 18, lignes 22-23). Le glossateur propose un système différent : suivant lui, le saisi peut attendre jusqu'à cette date pour faire droit à la première sommation : *ro bo coir dligedh do forba cuicthi don dechmaid medonaid* (p. 22, lignes 1-2); mais la seconde occupation ne doit avoir lieu qu'à la fin de la seconde dizaine ou au commencement de la troisième, c'est-à-dire au bout de vingt nuits : *a forba na dechmaidi medonchi ocus i n-indatacht na dechmaidi deidenche* (p. 22, lignes 5-6).

(3) *Treise do dliged dianod be feinechas* (*Ancient Laws of Ireland*, t. IV, p. 18, ligne 25; p. 22, lignes 11-15).

Le troisième acte d'occupation se fait à la fin de la dernière dizaine (1), c'est-à-dire trente nuits après le commencement de cette procédure : le saisissant amène huit chevaux, trois témoins mâles, et s'avance jusqu'à la maison (2). Il adresse une dernière sommation, il demande jugement immédiat si on veut lui faire droit (3). A défaut de réponse satisfaisante, il prend possession en faisant entrer sur la terre saisie un troupeau de bêtes à cornes (4), même en y bâtissant un hangar, une étable ; il peut à son gré, soit y loger ses bêtes pendant l'hiver, soit les y laisser seulement l'été pour les ramener à son ancien domicile le 1er novembre ; enfin, son droit peut aller jusqu'à grever cette terre d'une rente au profit d'un chef (5).

(1) *A n-dige and dechmad* (*Ancient Laws of Ireland*, t. IV, p. 18, ligne 26), *i forba na dechmaidi deidinchi* (p. 22, ligne 21).

(2) *Tellais iar suidiu a n-dige na n- dechmad, ocht n-eich aileas im treib toruma, treige fer fiadan lat* (*Ancient Laws of Ireland*, t. IV, p. 18, lignes 26-27; voyez la glose, p. 22, lignes 20-25) « Tu as saisi ensuite, au bout des dizaines : les huit chevaux que [la loi] demande sont autour de la maison, trois témoins avec toi. »

(3) *Tul fuigeall uadaib, dianad be feinecheas* (*Ancient Laws of Ireland*, t. IV, p. 18, lignes 28-29; voyez la glose, p. 22, l. 28-29).

(4) *Con adogh* (*Ancient Laws of Ireland*, t. IV, p. 20, ligne 1). La glose est : *in t-espred* (*ibid.*, p. 22, ligne 31). O'Reilly traduit *spreid* par *cattle.*, *herd : adogh* est probablement pour *aghodh*, c'est un dérivé de *agh*, « vache. »

(5) Le texte que nous résumons ainsi (*Ancient Laws of Ireland*, t. IV, p. 20, lignes 1-4) a été corrompu par une transposition qui le rend inintelligible. Voici comment, suivant nous, il doit être lu : *Techta tuinige; i log do aircsean, co feis, con-agod, co tein, co n-aitreib, co toruime ceathra, no im-telcud m-broga, no chis*

La saisie immobilière par les femmes est beaucoup moins ancienne que la saisie immobilière par les hommes. Elle a une double origine : elle dérive à la fois de la saisie immobilière par les hommes et de la saisie mobilière par les femmes. Comme la saisie immobilière par les hommes, elle exige trois occupations successives de l'immeuble. Pour la première occupation, les deux chevaux sont remplacés par deux brebis (1) et le témoin homme par une femme. A la seconde occupation, il faut au lieu de quatre chevaux quatre brebis, et les deux témoins hommes sont remplacés par deux femmes (2). La troisième occupation s'opère non pas avec huit chevaux mais avec huit brebis. Comme témoins il faudrait, ce semble, trois fem-

---

nemead. Is as in-teallach so dobongar cach sealb la Feine, acht tir Cuind Cètchoraig, « en rémunération de ta procédure (littéra- » lement de ta vue), tu as acquis légalement le droit dit tuinnige; » tu peux, en conséquence, bâtir un hangar, amener un troupeau, » allumer du feu, construire une maison avec étable, pour pren- » dre soin des bestiaux en hiver, à moins que tu n'aimes mieux » les emmener [le premier novembre]. Tu peux aussi grever cette » terre de rente au profit d'un chef. C'est ainsi qu'on saisit en » Irlande toute terre sauf celle de Cond Cètchorach. » Le sens des mots : im telcud mbroga est donné par une glose du Senchus Mór (Ancient Laws of Ireland, t. I, p. 132, ligne 15; p. 138, ligne 34); quant à la terre de Cond Cètchorach, c'est par une saisie mobilière qu'a été entamé le procès qui l'a fait changer de mains (Senchus Mór, dans Ancient Laws of Ireland, t. I, p. 64).

(1) Da ai andsin samaigas (Ancient Laws of Ireland, t. IV, p. 8, lignes 17-18; p. 10, lignes 4-5).

(2) Da ban fladnaise do breith (Ancient Laws of Ireland, t. IV, p. 10, ligne 12).

mes correspondant aux trois témoins mâles de la saisie immobilière que les hommes font ; mais ces trois femmes sont remplacées par un seul témoin mâle (1). Enfin, quand par l'effet de ces trois actes, la femme saisissant s'est acquis la possession, *tuinnige*, elle exerce son droit en installant sur la terre saisie, non pas un troupeau de bêtes à cornes, mais divers objets mobiliers à l'usage de femme : un pétrin, un crible et des ustensiles de cuisine (2).

Tel est l'aspect sous lequel la saisie immobilière par les femmes dérive de la saisie immobilière par les hommes. Mais quant à la durée des délais, c'est de la saisie mobilière par les femmes qu'elle paraît tirer son origine. Dans la saisie mobilière par les femmes, les trois délais sont de deux nuits. Nous retrouvons ces délais doublés dans la saisie immobilière par les femmes ; dans celle-ci les trois délais sont de quatre nuits chacun. On se rappelle

---

(1) La *fear-foirgeall fiadnaise* (Ancient Laws of Ireland, t. IV, p. 8, lignes 24-25 ; p. 10, lignes 26-28).

(2) Ancient Laws of Ireland, t. IV, p. 8, lignes 23-24 ; p. 10, l. 17-24. La même règle est donnée dans le *Senchus Môr* (ibid., t. I, p. 146, l. 32 ; p. 148, l. 1-2, 8-14). On y explique que lorsqu'une femme exerce la saisie immobilière, et qu'une autre femme défenderesse veut la repousser, celle-ci doit pratiquer la saisie mobilière des brebis, du pétrin et du crible de la femme qui saisit. La traduction anglaise contient un contresens, l'irlandais *im dingbail m-bantellaig* veut dire « pour se débarrasser de la saisie immobilière féminine, » c'est le contraire de « for securing the possession taking by women. »

que dans la saisie immobilière par les hommes, les trois délais sont de dix nuits chacun ; dix nuits sont le double de cinq, et cinq nuits sont la durée du délai caractéristique dans une catégorie importante de saisie mobilière masculine, p. 264-268.

Telles sont les règles de la saisie immobilière ; il y a cependant quelques exceptions : la loi prévoit les cas où une difficulté insurmontable rend impossible l'introduction de chevaux dans la propriété qu'on veut saisir ; alors ce sont des hommes qui remplacent les chevaux (1). S'agit-il par exemple d'une forteresse qui n'a pas de dépendances (2), il faut que le saisissant, accompagné de deux hommes, puis de quatre, puis de huit, y pénètre trois fois ; c'est une triple prise d'assaut.

Quand un vagabond a pris possession d'un terrain, mais sans y avoir ni foyer, ni habitation, on peut l'expulser en trois nuits et on a le choix entre deux procédés. L'un est celui de la saisie immobilière, dont les délais sont alors réduits de trente nuits à trois (3). L'autre procédé est celui de la saisie mobilière ; on pratique alors la saisie d'une nuit « après longueur, » c'est-à-dire qu'il y a trois

---

(1) *It fir in doloingat* (*Ancient Laws of Ireland*, t. IV, p. 6, l. 7), littéralement : « ce sont des hommes qu'en ce cas ces propriétés supportent. »

(2) *Dun cen seilb* (*Ancient Laws of Ireland*, t. IV, p. 6, lignes 8, 18-19).

(3) *Teilgead ar treise*, « expulsion en trois nuits » (*Ancient Laws of Ireland*, t. IV, p. 28, lignes 2, 9-11).

délais d'une nuit, qui emploient exactement le même temps que la saisie immobilière (1).

Nous avons vu, p. 271, que celui qui procède irrégulièrement à une saisie mobilière doit au saisi cinq bêtes à cornes, *sét*, d'indemnité. Quand une saisie immobilière n'est pas régulière, l'indemnité due au saisi est beaucoup moins considérable ; elle consiste en une seule bête à cornes, seulement cette bête à cornes doit être de première catégorie, *clithar sét*. On distingue en droit irlandais trois catégories de bêtes à cornes de compte : 1° le *clithar sét*, c'est-à-dire les vaches laitières, les vaches pleines et les bœufs de labour (2) ; 2° la *samaisc* ou génisse de deux ans (3), qui vaut moitié d'une vache laitière (4) ; 3° le *sét gabla*, qui comprend le veau et la génisse d'un an, le premier appelé *colpach firend*, la seconde *dartaib boinend* (5). Les glossateurs es-

---

(1) *Im tuinide raitig* « à cause de la possession du vagabond » (*Ancient Laws of Ireland*, t. I, p. 122, ligne 15 ; p. 128, lignes 24-26). Chose fort curieuse à observer, le glossateur du *Senchus Mór* n'a pas compris le sens du mot *tuinige* qu'il a écrit abusivement *tuinide*, et qui, suivant lui, au lieu de « possession » signifierait « difficile voyage ; » de là un contresens dans la traduction anglaise qui rend *tuinide* par « difficult removing. »

(2) *Laulgach no dam timchill arathair* (Glossaire de Cormac, au mot *Clithar sét* chez Whitley Stokes, *Three irish glossaries*, p. 8-9). Un texte cité dans *Ancient Laws of Ireland*, t. IV, p. 28, note 5, ajoute *buo inlaoge*.

(3) *A heifer in her third year*, dit O'Donovan, supplément à O'Reilly, v° *Samaisc*. Je n'ai pas retrouvé les textes qu'il cite.

(4) *Se samaisci .i. teora ba*; « six *samaisc*, c'est-à-dire trois vaches » (*Ancient Laws of Ireland*, t. II, p. 256, ligne 27).

(5) *Glossaire de Cormac*, au mot *Clithar sét*.

19

timent le *colpach firend*, en argent quatre scrupules (1), ou en nature quatre sacs d'orge (2), et la *dartaib boinend*, trois sacs d'orge (3); c'est probablement la moitié du prix de la *samaisc* (4), qui vaut, elle, moitié du *clithar sét*. Un texte dit que le *clithar sét* est le premier choix, *forgu na n-uile*; et quant au dernier choix, *digu*, ce texte ne parle pas des *sét gabla*; le dernier choix, suivant lui, ce

---

(1) *Colpaige firinne .i. cethri screpall* (Ancient Laws of Ireland, t. II, p. 260, ligne 4; cf. p. 134, ligne 5). Le scrupule est la vingt-quatrième partie de l'once romaine; il pèse 1 gramme 137 (cf. *Revue celtique*, t. XIII, p. 406); par conséquent, quatre scrupules pèsent 4 grammes 55 centigrammes; poids inférieur de 45 centigrammes à celui de notre pièce de un franc qui pèse 5 grammes. Le poids du scrupule dépasse de 137 milligrammes celui de notre pièce de 20 centimes qui pèse un gramme. Le scrupule vaudrait en argent français un peu moins de 23 centimes, et les quatre scrupules, 91 centimes.

(2) *Agh loighe da miach .i. adh dambá logh da screpall* « veau du prix de deux sacs, » c'est-à-dire « veau dont le prix est de deux scrupules » (Ancient Laws of Ireland, t. II, p. 246, lignes 26-27). — *Agh loige cethri miach .i. cethri scripaill is fiu*, « veau du » prix de quatre sacs, c'est-à-dire il vaut quatre scrupules » (*ibid.*, t. II, p. 250, ligne 7. A la page 254, ligne 13, les quatre sacs tombent à trois scrupules, *tri scripuill*. Les deux scrupules vaudraient, en argent français, 45 centimes; les trois scrupules, 68 c., et les quatre scrupules, on l'a vu, 91 c.

(3) *Dartada .i. agh tri miach*, « d'une génisse, c'est-à-dire veau de trois sacs » (Ancient Laws of Ireland, t. II, p. 258, ligne 17).

(4) *Bo con a-fosair... ocht meich bracha* (Ancient Laws of Ireland, t. II, p. 250, lignes 22, 26). Sa valeur en argent serait huit scrupules, 1 fr. 82 cent. Des chiffres différents sont proposés par O'Donovan, *ibid.*, p. 134, note 1. Suivant le *glossaire de Cormac*, au mot *Clithar sét*, la valeur moyenne du *sét*, dans le *Senchus Mór* est une demie once, soit 2 fr. 73 c. Cf. ci-dessous, p. 336, note.

sont les bêtes à cornes que le débiteur d'une rente donne au créancier de cette rente, quand celui-ci pour se faire payer est obligé de recourir à la contrainte (1).

En principe, quand on doit une indemnité, il faut la payer : un tiers en *clithar sêt*, ou bêtes de première catégorie ; un tiers en *samaisc*, ou bêtes de deuxième catégorie ; un tiers en *sêt gabla*, ou bêtes de troisième catégorie. Celui qui a procédé irrégulièrement à une saisie immobilière paye au saisi une bête à titre d'indemnité : il semble que cette bête devrait être de valeur moyenne ; non, c'est un *clithar sêt*, une bête de première catégorie. Cf. p. 266, 335.

§ 3. — *Le jugement.*

Le saisi en matière mobilière peut dès le début arrêter le cours de la procédure commencée contre lui. Il obtient ce résultat lorsqu'avant l'enlèvement des objets saisis, il prend l'engagement de comparaître devant arbitre dans un délai qui paraît

---

(1) *Clithear set slaindle — forgu na n-uile; — digu set somáine — la cosnam co'n-deithbire — fir bes a-hai grian.* « *Clithar sêt*, c'est ainsi qu'on appelle le premier choix de toutes les bêtes à cornes. Le dernier choix, ce sont les bêtes à cornes de rente, quand un procès nécessaire est intenté au débiteur de la rente par l'homme dont la terre est la propriété » (*Ancient Laws of Ireland*, t. IV, p. 28, lignes 4-5). Le traducteur n'a pas compris le sens du mot *somáine*, « rente. » Voyez sur ce mot *Ancient Laws of Ireland*, t. II, p. 194, lignes 16, 18.

avoir été ordinairement de quarante nuits (p. 145-150). Nous disons devant arbitre.

On a vu plus haut, p. 156, que le jugement, quand il s'agit d'intérêts privés, est purement arbitral en droit celtique. Les deux parties ne se présentent devant le juge que si d'un commun accord elles se sont entendues pour le faire, or dans la saisie avec délais, l'époque où cet accord doit régulièrement se produire est la période appelée *anad* (1). Puis au bout d'un délai de quarante nuits, le jugement doit avoir lieu ; mais la force publique ne contraint pas les parties à se soumettre à la décision du juge ; jusqu'au moment où le jugement est accepté par les deux parties, chacune d'elles a droit de recourir aux armes, soit sous la forme du combat singulier, *comrac* (2), soit sous celle du combat de plusieurs, *cath* (3), et en ce cas, la solution que donne le glaive l'emporte sur la sentence que le juge a prononcée.

Ordinairement, le jugement était rendu par le roi sur le rapport du jurisconsulte ou *brehon* et d'accord avec l'assemblée des citoyens. On a parlé des rois d'Irlande avec assez de développement plus haut, p. 99-105 ; déjà un chapitre du *Cours de littérature celtique*, tome Ier, p. 296-298, a été consacré aux attributions de ceux des *fili* ou *file* qui

(1) Voyez ci-dessus, p. 274.
(2) Voyez ci-dessus, p. 36-74 et p. 206-210.
(3) *Senchus Mór* dans *Ancient Laws of Ireland*, t. I, p. 176, l. 22-24. *Lebar Aicle*, *ibid.*, t. III, p. 300, lignes 8 et suiv.

avaient le droit pour spécialité, et qui dans les assemblées irlandaises, jouaient le rôle de juges rapporteurs. Nous allons parler en détail des assemblées irlandaises, puis nous ajouterons quelques mots à ce que dans le tome précité nous avons dit des jurisconsultes irlandais.

§ 4. — *L'assemblée publique.*

Le *Senchus Môr* se sert de quatre expressions pour désigner les assemblées publiques d'Irlande, ces expressions sont les mots *dál* (1), *airecht* (2), *congbail* (3) et *óenach, denach* (4). Par les deux premiers

(1) *Ancient Laws of Ireland*, t. I, p. 6, l. 22; 14, l. 15; 78, l. 12; 144, l. 21; t. II, p. 268, l. 16; 270, l. 2, 3; t. III, p. 22, l. 5, 6. C'est un thème féminin en *à*, *dál* = *datlá*; Whitley Stokes, *Urkeltischer Sprachschatz*, p. 140.

(2) *Ancient Laws of Ireland*, t. I, p. 84, l. 10, 12; 120, l. 20; 200, l. 28; 266, l. 6. Le génitif de ce mot est *airechta*. C'est un thème en *u*. — Cf. Whitley Stokes, *Góidelica*, p. 51; Windisch, *Irische Texte*, t. I, p. 354; Atkinson, *The Passions and Homilies*, p. 281.

(3) *Ancient Laws of Ireland*, t. I, p. 156, l. 27; p. 230, l. 22; t. III, p. 20, l. 11.

(4) *Ancient Laws of Ireland*, t. I, p. 122, l. 14; 128, l. 9, 156, l. 28; 158, l. 29; 230, l. 25; 222, l. 30; t. II, p. 158, l. 28; t. III, p. 180, l. 8, 9, 14; p. 264, l. 22-23; 537, p. 19; t. IV, p. 144, l. 25. Le génitif de ce mot est *óenaich*. C'est un thème masculin en *o*. Son orthographe la plus ancienne est *óinach*. Voir livre d'Armagh, f° 183 b, cité par Whitley Stokes, *Sanas Chormaic*, p. 128; E. Hogan, *Vita Sancti Patricii*, p. 138, 192. Le *Glossaire de Cormac* consacre un article au mot *óenach* et on le retrouve dans le même glossaire sous les mots *Orc treith* et *Rôt*. Le mot *óinach, áenach* peut être comparé au français « union », dérivé de « un » et d'où « réunion; » c'est un dérivé de *oino-s*, en vieil irlandais *oin*, « un »

de ces termes, *dál* (1) et *airecht*, on doit entendre des réunions consacrées spécialement aux affaires judiciaires, législatives, politiques; *congbail* désigne à la fois 1° les assemblées où l'on fait des lois, et des traités; 2° les rassemblements de forces militaires destinés à une guerre (2); le dernier, *óenach* « foire, » est le nom de certaines assemblées périodiques qui forment un des éléments caractéristiques de la civilisation irlandaise, et dans lesquels les plaisirs et le commerce semblent quelquefois tenir une place plus grande que les affaires publiques. Dans ces assemblées périodiques qui duraient plusieurs jours, on appelait *dál* ou *airecht* les réunions spécialement consacrées aux affaires publiques. Le premier jugement que mentionne le *Senchus Mór* fut, dit-on, rendu à une *dál* qui, suivant la glose, se tint à Uisnech (3). Or, à Uisnech avait lieu tous les ans, à l'occasion de la fête

(Whitley Stokes, *Urkeltischer Sprachschatz*, p. 47; *Three irish glossaries*, p. 33, 34, 38; *Sanas Cormaic*, traduction, p. 127, 129, 142).

(1) Ce mot, sous sa forme galloise, *dadl*, veut dire aujourd'hui « débat, controverse, dispute »; il a le même sens en breton de France, où on l'écrit *dael*. Dans les gloses bretonnes de l'Eutichius d'Oxford, neuvième siècle, *datl-tig*, « maison d'assemblée » (Whitley Stokes, *Beitraege* de Kuhn, t. IV, p. 421), rend le latin *curia*. Dans les gloses galloises d'Ovide, *Ars amatoria* (*Grammatica celtica*, 2ᵉ éd., p. 1055), *datl* explique l'ablatif latin *foro*.

(2) *Ancient Laws of Ireland*, t. I, p. 158, l. 17-21; t. III, p. 20, l. 21, 25, 26.

(3) *Ancient Laws of Ireland*, t. I, p. 80, l. 4, cf. p. 36, l. 22.

de Bellténé, 1er mai, une des grandes foires, *óenach*, d'Irlande. Evidemment, c'est à la foire, *óenach*, d'Uisnech, que se fit la réunion, *dál*, où ce jugement légendaire fut rendu. De même le mot *airecht*, qu'on traduit ordinairement par « cour de justice, » désigne certaines réunions qu'on trouve à la foire, *óenach*, tenue à Carman tous les trois ans à la fête de *Lugnasad*, 1er août (1).

Les foires, *óenach*, sont une des institutions les plus importantes de l'Irlande ancienne. Leur organisation a pour base la division de l'année celtique et la célébration périodique de fêtes païennes auxquelles le nom des druides est associé par des textes formels.

L'année celtique est divisée en deux parties égales : l'hiver et l'été, subdivisés chacun en deux sections égales aussi, l'hiver pris dans le sens étroit et le printemps, l'été pris dans le sens étroit et l'automne (2).

L'hiver, *gam*, ou *gaim-red* en vieil irlandais, *gaem*, *gayaf* en vieux gallois (3), commence le 1er novembre et se termine le 31 janvier. Le 1er novem-

---

(1) Poème sur la foire de Carman, quatrain 55, chez O'Curry, *On the manners*, III, 542. Ce quatrain se trouve dans le livre de Leinster, douzième siècle, p. 216, col. 1, l. 13-14.

(2) Voir les passages du manuscrit Harléien 5280 (British Museum) et du manuscrit H. et S. 18 (Académie d'Irlande à Dublin), cités par O'Donovan, *Book of rights*, p. LII, LIII.

(3) Breton *goanv*. Whitley Stokes, *Urkeltischer Sprachschatz*, p. 104, donne une forme irlandaise, *gem*, que je ne connais pas.

bro en vieil irlandais est le lendemain de *sam-fuin* ou *samhain* qui veut dire fin de l'été, de *sam*, été, et de *fuin* « mort, terme. » Souvent même on appelle ainsi le 1ᵉʳ novembre lui-même. Le 1ᵉʳ novembre, en gallois et en breton de France, s'appelle kalendes de l'hiver (1). L'idée de commencer l'hiver le 1ᵉʳ novembre n'est donc pas dans le monde celtique restreinte aux Irlandais.

Le printemps commence le 1ᵉʳ février et se termine le 30 avril. Le 1ᵉʳ février s'appela d'abord en irlandais *oi-melc* « lait de brebis, » parce que c'est vers cette date que les brebis commencent à avoir du lait (2). Le christianisme en mettant en ce jour la fête de sainte Brigit fit tomber en désuétude le nom primitif.

L'été, *sam*, *sam-rad* en irlandais, *ham* pour *sam* ($h = s$) en vieux gallois, commence le 1ᵉʳ mai qui, en vieil irlandais s'appelle *Beltene* (3); il finit le 31 juillet. Le mot de *Beltene* est employé concurremment en vieil irlandais avec *cét-shoman*, premier jour de l'été (4), de *cét* « premier » et de *so-*

---

(1) En gallois, *kalan gayaf*, dans le code vénédotien, l. II, c. 11, § 2, *Ancient Laws and institutes of Wales*, in-f°, p. 68; in-8°, t. I, p. 142; en breton de France, *kalan-goan*, *kalan-goanv*.

(2) *Glossaire de Cormac*, chez Whitley Stokes, *Three irish glossaries*, p. 33; *Sanas Chormaic*, p. 129; cf. O'Donovan, *Book of rights*, p. LII.

(3) *Glossaire de Cormac*, chez Whitley Stokes, *Three irish glossaries*, p. 6; *Sanas Chormaic*, p. 19; cf. *Urkeltischer sprachschatz*, p. 290. L'hiver s'appelle en breton *hanv*.

(4) *Glossaire de Cormac*, chez Whitley Stokes, *Three irish glossaries*, p. 11; *Sanas Chormaic*, p. 36.

man ou *saman* dérivé de *sam* « été. » Le nom de *Beltene* subsiste encore en irlandais moderne, en gaélique d'Ecosse et dans le dialecte de Man. C'est ainsi que dans ces langues on appelle encore le 1ᵉʳ mai. *Beltene* a jadis servi à désigner une des fêtes importantes du paganisme irlandais.

L'automne commençait le 1ᵉʳ août, jour appelé en irlandais *Lug-nasad*, c'est-à-dire jeux, fête, anniversaire de Lug (1). Il finissait le 31 octobre, jour de *samfuin* ou *samhain*, « fin de l'été » dont l'automne n'était qu'une subdivision. L'automne s'appelle en irlandais *fogmur* « sous l'hiver, » en vieux gallois *kynnhaeaf* « avant l'hiver, » deux mots qui, sans être identiques, expriment la même idée.

Ce qui autorise à considérer cette quadruple division de l'année, non seulement comme irlandaise, mais comme celtique, c'est que d'abord on la trouve dans le droit le plus ancien du pays de Galles. Le Code Vénédotien partage, au point de vue judiciaire, l'année en quatre sections : du 9 novembre au 9 février, on peut plaider; du 9 février au 9 mai les tribunaux sont fermés; ils se rouvrent le 9 mai et le public peut s'adresser à eux jusqu'au 9 août où le cours de la justice est suspendu pour ne recommencer que le 9 novembre (2).

---

(1) *Glossaire de Cormac*, dans *Three irish glossaries*, p. 23; *Sanas Chormaic*, p. 99. Le nom de Lugnasad se maintient encore en gaélique d'Ecosse et dans le dialecte de Man.

(2) L. II, c. 11, § 1-5; *Ancient Laws and Institutes of Wales*, in-f°, p. 68; in-8°, t. I, p. 141-142.

L'année judiciaire galloise se divise donc en quatre sections, chacune de trois mois, correspondant aux sections de l'année irlandaise. Il n'y a qu'une différence entre les deux systèmes : les sections de l'année irlandaise commencent chacune le premier d'un mois du calendrier romain, tandis que les sections de l'année judiciaire galloise commencent le 9 des mêmes mois. Les Gallois n'ont pas établi exactement de la même façon que les Irlandais la concordance de leur calendrier avec le calendrier romain. Ce désaccord est sans importance.

Enfin, on ne peut guère s'empêcher d'être frappé de la ressemblance qui existe entre la fête gauloise d'Auguste à *Lugu-dunum*, c'est-à-dire au fort de *Lugu-s* (le 1er août) et le *Lug-nasad* ou fête de Lug, en Irlande (1), à la même date. Cette idée sera développée plus loin, p. 316-317.

Les fêtes du commencement de l'été ou *Beltene*, du commencement de l'automne ou *Lugnasad*, de la fin de l'été *sam-fuin* ou *samhain*, ont fourni aux Irlandais la date de leurs foires, *óenach*, les plus importantes, qui étaient à la fois des assemblées de plaisir, de commerce et d'affaires publiques, comme on l'a déjà dit.

---

(1) *Nouvelle Revue historique de Droit français et étranger*, 5ᵉ année (1881), p. 198; *Revue Celtique*, t. VII (1886), p. 399-400; t. X (1889), p. 238; cf. Rhys, *Hibbert Lectures* (1886), p. 420; Whitley Stokes, *Urkeltischer Sprachschatz* (1894), p. 257.

Donnons quelques indications sur chacune de ces fêtes.

Suivant une glose conservée par le *Glossaire de Cormac,* les Irlandais païens auraient eu un dieu appelé *Bial* au nominatif, *Bil* au génitif : de là *Beltene* qui signifierait feu de *Bial* (1). Ce *Bial*, qui évidemment n'a aucun rapport avec le Bel sémitique, semble identique au *Belenus* des Gaulois que les Romains ont confondu avec leur Apollon. Ailleurs, suivant le *Glossaire*, *Beltene* est composé de *bil*, « heureux », et de *tene*, « feu », ce qui n'est pas d'accord avec la première étymologie ; mais voici ce que le *Glossaire* ajoute : « Ce jour-là, les druides, en chantant de grands chants magiques, allumaient deux feux entre lesquels ils faisaient passer les bestiaux et c'était un préservatif contre les épizooties jusqu'à l'année suivante (2). » Il y a presque identité entre ce cérémonial et celui des *palilia* qui se célébraient à Rome neuf jours plus tôt, le 21 avril. Aux *palilia*, on allumait un seul feu et on faisait sauter dessus les bestiaux, même les hommes : « *Per flammas saluisse pecus, saluisse colonos,* » dit Ovide dans les *Fastes* (3). A Rome, on courait risque de brûler les bestiaux et les hom-

---

(1) Whitley Stokes, *Three irish glossaries*, p. 8.
(2) *Three irish glossaries*, p. 6. Cf. Keating, *A general history of Ireland*, 1ʳᵉ édit., p. 107.
(3) *Fastes*, livre IV, v. 805. Cf. Grimm, *Deutsche Mythologie*, 3ᵉ édit., p. 592 ; Preller, *Roemische Mythologie*, 1ʳᵉ édit., p. 367.

mes ; en Irlande, les bestiaux passant entre deux feux ne couraient aucun danger.

Il y a un mythe solaire à l'origine de cette cérémonie : on sait qu'Apollon, dieu grec du Soleil, et en même temps de la Mort et de la Médecine, naquit à Délos, au commencement de mai (1). La fête de Belténé appartient donc, par ses origines, au domaine commun du groupe gréco-italo-celtique, qui est le rameau le plus occidental de la grande famille indo-européenne.

Cette fête du premier mai tient dans la mythologie irlandaise une place importante. Les récits fabuleux qui servent de préambule à l'histoire authentique de l'Irlande parlent d'un mystérieux Partholan qui aurait précédé en Irlande la race irlandaise actuelle. Partholan, dit-on, établit en Irlande sa famille composée de plusieurs milliers de personnes (2)

---

(1) Preller, *Griechische Mythologie*, 1ʳᵉ édit., t. I, p. 155 ; Decharme, *Mythologie de la Grèce antique*, 1ʳᵉ édition, p. 95 et suiv. Sur Apollon, considéré comme dieu de la Médecine et de la Mort, voir Preller, *ibid.*, p. 169-171 ; cf. Decharme, *ibid.*, p. 109, 110. Sur l'étymologie de *Beltene*, voir *Cours de littérature celtique*, t. II, p. 243 ; cf. Fick, *Vergleichendes Wörterbuch der Indogermanischen Sprachen*, 4ᵉ éd., p. 404, sur le mot 3. *guelo*, du quel M. Fick rapproche l'irlandais *at-bail*, « il meurt », et le lituanien *giltine*, nom d'une déesse de la mort. M. Whitley Stokes, *Urkeltischer Sprachschatz*, p. 164, vº *belos*, propose une étymologie différente.

(2) Famille, en irlandais *muinter*. Le souvenir de Partholan a été localisé en Irlande, à Tallagh, *Tamlcachta muintire Parthoḷain*, littéralement « tombeau épidémique de la famille de Partholan » (O'Curry, *On the manners*, t. II, p. 233 ; t. III, p. 2).

qui, tout entière et sans aucune exception, fut en une semaine enlevée par une des plus épouvantables épidémies que l'histoire fabuleuse mentionne. Cette épidémie commença le jour de Belténé (1), c'est-à-dire, comme on l'a vu, à l'époque de la naissance du dieu solaire grec. En lisant le récit celtique, il semble entendre siffler, comme dans l'*Iliade*, les flèches que, de son arc d'argent, Apollon lance aux Grecs et qui portent la mort dans leur camp, ou celles qui, décochées par la main d'Apollon et d'Artémis, ôtèrent la vie aux douze enfants de Niobé (2). Partholan paraît être un doublet de Niobé. La fin terrible de la famille de Partholan n'est pas le seul événement qui se rattache à la fête de Belténé. Ce fut aussi le jour de Belténé que débarquèrent en Irlande d'abord les Tuatha dé Danann ou dieux du jour (3), ensuite les fils de Milé, c'est-à-dire les ancêtres de la population actuelle de l'île (4). La fête de Belténé appartient donc à l'histoire mythologique des Irlandais.

Le jour de cette fête il se tenait chaque année, à Uisnech, près d'un des palais du roi suprême

---

(1) *Chronicon Scotorum*, édité par Hennessy, p. 8. Sur Partholan, voyez *Cours de littérature celtique*, t. II, p. 24 et suiv.; cf. Decharme, *Mythologie de la Grèce antique*, 1re édition, p. 109.

(2) *Iliade*, I, 45-52; XXIV, 602-617. *Cours de littérature celtique*, t. II, p. 36.

(3) Voir la légende des Tuatha dé Danann, dans le *Cours de littérature celtique*, t. II, p. 140 et suiv.; t. V, p. 391 et suiv.

(4) *Chronicon Scotorum*, p. 14. Sur la légende des fils de Milé, voir *Cours de littérature celtique*, t. V, p. 241 et suiv.

d'Irlande, une foire, *oenach*, où eut lieu, dit-on, l'assemblée qui rendit le premier jugement rapporté dans le *Senchus Mór*. A cette assemblée étaient réunies les trois races libres qui se partagèrent cette île, raconte le vieux texte légal (1) ; sur la proposition du jurisconsulte Sen, fils d'Aigé, cette assemblée fit un règlement sur les délais de la procédure en matière de saisie (2). Au troisième siècle de notre ère, le roi suprême Cormac mac Airt s'adressa à une autre assemblée d'Uisnech pour obtenir justice d'un guerrier qui était venu tuer un homme dans son palais, et qui, en lui crevant un œil à lui-même, l'avait rendu impropre à continuer ses hautes fonctions (3).

Comme le pays Chartrain en Gaule, Uisnech passait pour le point central du pays ; une grande borne de pierre y marquait l'endroit où convergeaient les lignes séparatives des grandes divisions de l'île (4). La partie de l'Irlande où se trouvait

(1) Suivant un document que M. Windisch (*Irische Texte*, p. 349, v° *Aicme*), reproduit d'après le *Lebar na hUidre*, il y avait en Irlande trois races de guerriers. La troisième, victorieuse des deux autres, était celle qui avait pour capitale Emain en Ulster, et dont le cycle épique de Conchobar et Cúchulainn raconte les exploits.

(2) *Ancient Laws of Ireland*, I, 78, l. 11-13; p. 80, l. 1-4.

(3) Livre d'Aicill, dans *Ancient Laws of Ireland*, t. III, p. 82, l. 16-19; p. 84, l. 1-6. O'Curry, *Manners and Customs*, t. III, p. 197.

(4) Ms. H. 3. 17, *T. C. D.*, cité par E. O'Curry, *Manners*, t. II, p. 13. Cf. Giraldus Cambrensis, *Topographia Hiberniæ*; dist. III, c. 14; *Giraldi Cambrensis opera*, de la collection du Maître des Rôles, t. V, p. 144. Keating, *Forus Feasa ar Eirin*, édition de

Uisnech portait originairement le nom de *Mide*. Suivant la légende, Midé est un nom d'homme. Midé est le premier des descendants de Milé, c'est-à-dire le premier des Irlandais qui alluma un feu sur la colline d'Uisnech ; ce feu brûla sept ans, et tous les grands feux, les feux sacrés d'Irlande en provinrent (1). Le plus vraisemblable est que *Mide* est un adjectif celtique identique au latin *medius*, *media* (2). Cet adjectif se retrouve, développé au moyen d'un suffixe, dans les dialectes néo-celtiques.

Employé comme nom de lieu pour désigner le point central de l'Irlande où se tenait une assemblée annuelle, cet adjectif celtique exprime la même idée que l'adjectif latin, dans une phrase célèbre de César : « Tous les ans, à une date déter-
» minée, les druides se réunissent en un lieu con-
» sacré dans le territoire des Carnutes, *quae regio*
» *totius Galliae* MEDIA *habetur*, région considérée
» comme le milieu de la Gaule ; là se rassemblent
» de toutes parts ceux qui ont des contestations, et
» ils obéissent à leurs décrets et à leurs juge-
» ments (3). » Voilà ce que rapporte César. Sous

1811, p. 126. De *Mide* viennent les noms anglais des comtés de Meath et Westmeath en Irlande.

(1) Livre de Leinster, p. 199, col. 2, l. 34-60. Livre de Ballymote, p. 356, col. 2, l. 16-46. Whitley Stokes, dans le *Folk-Lore*, t. III (1892), p. 475-476, et dans la *Revue celtique*, t. XV, p. 297. Cf. O'Curry, *On the Manners*, t. II, p. 191.

(2) Whitley Stokes, *Urkeltischer Sprachschatz*, p. 207.

(3) *De bello gallico*, VI, 13. Comparez le *Dru-nemetum* de Galatie, où se tenaient les assemblées qui jugeaient les affaires de

le nom de druides, César, comme nous l'apprennent Diodore de Sicile, Strabon et Timagène, comprenait non seulement les druides proprement dits, c'est-à-dire les prêtres, mais d'autres lettrés, ceux qui, en Irlande, s'appellent *fili*, *file*, *brithem* « brehons », les jurisconsultes (1). Ainsi ce que, pour la Gaule, César nous raconte des assemblées gauloises annuelles du pays de Chartres et du rôle judiciaire des druides dans ces assemblées, est applicable aux assemblées irlandaises qui se tenaient tous les ans à Uisnech le 1er mai, jour de la fête de Belténé. Sen mac Aigé, *brithem* ou juge dans le *Senchus Mór*, exerce à Uisnech une fonction analogue à celle des druides de Gaule, à Chartres.

A Uisnech, le jour de Belténé, on ne rendait pas seulement des jugements. Les femmes, mariées pour un an à la même fête de l'année précédente, profitaient de la nombreuse affluence pour se choisir de nouveaux maris, auxquels elles se faisaient vendre par leurs pères (2). On venait en toilette,

---

meurtre (Strabon, l. XII, c. 5, § 1, édit. Didot, p. 485, l. 33-36). En Gaule, les affaires de meurtre se jugeaient aussi dans les assemblées annuelles tenues dans le pays des Carnutes.

(1) César, *De bello gallico*, VI, 13; Strabon, l. IV, c. 4, § 4, éd. Didot, p. 164. Diodore, l. V, c. 31, § 2, édit. Didot, t. I, p. 272; Timagène, chez Ammien Marcellin, XV, 9, *Fragmenta historicorum græcorum*, t. III, p. 323. Cf. ci-dessus, p. 163-166.

(2) *Cu-sna belltanaib ata nesom; ar mu biad i n-aimsir imscarta iscarad;* « jusqu'aux fêtes de la Belténé les plus proches, c'est principalement le temps de séparation où ils se séparent » (*Ancient Laws of Ireland*, t. II, p. 390, l. 20-21). Ces femmes sont des concubines. Voyez ci-dessus, p. 217, 218, 227, 229, 241.

ce jour-là. Quand il s'agit d'habits pour aller à une fête, le *Senchus Môr* nous apprend que les délais de la saisie sont réduits à un jour et, comme exemple de fête, la glose de ce passage cite la foire du printemps, c'est-à-dire de Belténé (1). Tandis que les femmes cherchaient des époux, le grand concours d'hommes attiré à la foire d'Uisnech était utilisé par le roi suprême, pour combler les vides de la milice nationale, dite des Fían (2).

Le jour de *Lug-nasad*, c'est-à-dire de la fête de Lug, célébrée le 1er août, il y avait trois foires principales : celle *Tailtiu*, dans le royaume central de Midé, tous les ans; celle de Carman, dans le royaume de Leinster, tous les trois ans ; enfin celle de Cruachan, dans le royaume de Connaught, sur laquelle nous avons peu de renseignements.

Nous allons entrer dans quelques détails sur les deux premières; mais avant d'entamer ce sujet, disons quelques mots du dieu Lug qui, dans le calendrier irlandais, donne son nom au jour où ces foires avaient lieu.

Lug, au génitif *Luga*, en irlandais préhistorique *Lugu-s*, au génitif *Lugovos*, est le dieu celtique que César a considéré comme identique au Mer-

---

(1) *Ancient Laws of Ireland*, t. I, p. 122, l. 9; p. 126, l. 14.
(2) Traité analysé par Keating, dans son *Histoire d'Irlande* (*A general history of Ireland*, 1re édit., p. 133-136). Cf. O'Curry, *On the manners*, t. II, p. 381.

cure romain : « C'est, » dit le grand capitaine, « c'est, suivant les Gaulois, l'inventeur de tous les arts. » Lug, en Irlande, est surnommé *samh-ildá-nach*, « celui qui a beaucoup de métiers à la fois (1). » Quand les *Tuatha dé Danann*, c'est-à-dire les dieux du ciel et de la lumière, vont livrer aux Fomoré, c'est-à-dire aux dieux de la mer et du trépas, aux Titans d'Hésiode, la seconde bataille de *Mag-Tuired*, Lug, arrivant de lointains voyages, vient offrir son concours aux Tuatha dé Danann. Il se présente à la porte du palais de Tara. — Qui êtes-vous? lui dit le portier. — Je suis charpentier, s'écrie Lug. — Nous avons un très bon charpentier, répondit le portier; allez vous-en. — Mais, reprend Lug, je suis un excellent forgeron. — Nous avons un très bon forgeron, réplique le portier. Lug s'offrit successivement comme guerrier de profession, comme joueur de harpe, comme poète, historien et jurisconsulte, comme sorcier, comme médecin, comme échanson, comme ouvrier en bronze et en métaux précieux; chaque fois le portier répondit que la place était prise. Mais enfin, dit Lug, allez demander au roi s'il a près de lui quelqu'un qui puisse exercer avec une égale compétence tous les métiers. Le roi accepta avec bonheur le concours de Lug; et avant la bataille, Lug passa en revue tous les gens de métier ou *fir dána*, comme on disait en irlandais : les charpen-

---

(1) *Revue celtique*, t. X, p. 239.

tiers, les forgerons, les poètes, les druides, les sorciers, les médecins, etc. (1).

Lug irlandais, identique au *Lugus* des Celtes continentaux était donc le dieu de tous les gens de métier parmi lesquels on comprenait les gens de lettres. Voilà pourquoi César l'appelle l'inventeur de tous les arts. Il était, ajoute César, le guide des voyageurs : *viàrum atque itinerum ducem :* en effet, suivant la légende irlandaise il était voyageur lui-même. Quand il arrive à Tara, capitale de l'Irlande, il vient de l'étranger, personne ne le connaît (2), et un des noms de son père est *Cian*, qui veut dire lointain (3) ; Lug avait donc l'expérience nécessaire pour bien diriger les voyageurs. Suivant César, les Gaulois attribuaient à leur Mercure une grande puissance sur les gains pécuniaires et sur les marchés : *Hunc ad quæstus pecuniæ mercaturasque habere vim maximam arbitrantur* (4). Le jour de la fête de Lug, le jour dit *Lug-nasad*, les Irlandais tiennent des foires, *ôenach*, qui ne sont pas seulement des assemblées politiques et judiciaires, mais où le commerce tient une place considérable comme nous le verrons p. 312, 315. Il y a donc identité entre le Lug irlandais et le Mercure gaulois de César (5).

(1) *Cours de littérature celtique*, t. V, p. 418-422, 428-431. Ce sujet avait déjà été traité dans le tome I, p. 174-180.
(2) *Cours de littérature celtique*, t. V, p. 418-419.
(3) *Cours de littérature celtique*, t. V, p. 400, 404.
(4) *De bello gallico*, VI, 17.
(5) Les *Lugoves* auxquels le collège des cordonniers d'Osma, en

Il faut éviter de confondre le Mercure gaulois de César avec l'*Ogmios* gaulois de Lucain, que les Gaulois romanisés considéraient comme identique à l'Héraclès (1) grec. *Ogmios*, en irlandais Ogmé, est dans le cycle mythologique d'Irlande, le guerrier de profession, l'homme ou le dieu ex-

---

Espagne, a dédié un monument (*Corpus inscriptionum Latinarum*, t. II, n° 2818), sont identiques au Lug irlandais. Patron de tous les gens de métier, Lug était nécessairement le patron des cordonniers. M. Mommsen a trouvé le nom divin *Lugoves* inscrit sur un marbre du musée d'Avenche (*Inscriptiones confœderationis helveticæ*, n° 161). Ainsi, en Espagne et en Gaule, le nom du dieu *Lugus* s'employait au pluriel. Comparez les *Junones* et les *Martes* des inscriptions (*C. I. L.*, XII, 3067, 4101, 4218). Suivant la légende rapportée par le Pseudo-Plutarque, *De fluviis*, le lieu où Lyon fut fondé aurait été indiqué par deux corbeaux, et λοῦγος aurait été le nom de ces corbeaux en gaulois. On peut supposer que ces corbeaux auraient été une forme prise par le dieu *Lugus*. On voit souvent, dans la mythologie irlandaise, les dieux apparaître sous forme d'oiseaux. Il y en a des exemples dans la légende de Cúchulainn, voir entre autres, *Cours de littérature celtique*, t. V, p. 178. La même légende, *ibid.*, p. 26, 33-35, nous montre une apparition de Lug précédée par l'arrivée d'oiseaux mystérieux que des chasseurs poursuivent en vain. Toutefois, il n'est pas démontré que les Celtes aient eu un mot λοῦγος, « corbeau », et λοῦγος ne peut expliquer *Lugu-dunum*. La finale du thème *lugo-* n'est pas identique à celle du premier terme de *Lugu-dunum*. S'il était démontré que l'étymologie proposée pour le nom de Lyon par le pseudo-Plutarque, *De fluviis*, a été connue et admise à Lyon au deuxième siècle de notre ère, cela prouverait que le gaulois, à cette date, était peu cultivé dans cette capitale romaine de la Gaule. On pouvait le présumer par d'autres raisons; ainsi c'était en grec et non en gaulois qu'écrivait alors Irénée, le célèbre évêque de Lyon. Cf. ci-dessous, p. 316-317.

(1) Lucien, *Hercules*, § 4; édit. Didot, p. 599.

clusivement adonné au métier des armes (1). Dans les cycles épiques postérieurs, les héros Cûchulainn, Finn et Ossin, ces Achille de l'Irlande, supplantent et souvent copient Ogmé (2). Ogmios, Ogmé, bien qu'inventeur de l'écriture ogamique, est le patron des hommes dont la guerre est la seule occupation ; le guerrier irlandais est, en effet, un homme instruit (3). Mais Lug, *Lugus*, qui a donné son nom aux *Lugu-dunum* des Gaules, n'est pas seulement le patron des guerriers, il est le patron de tous les gens de métier, c'est-à-dire de tous les hommes qui doivent leurs moyens d'existence à une profession autre que celle de rentier, de cultivateur ou de berger : les commerçants se comptent parmi ses nombreux protégés.

Passons maintenant aux foires qui, se tenant le 1er août, jour de la fête de Lug, étaient spécialement placées sous le patronage de ce dieu.

Tailtiu, où avait lieu la plus importante des foires irlandaises du 1er août ou de *Lug-nasad* (4),

---

(1) Dans la seconde bataille de Mag Tuired, quand Lug s'offre comme guerrier de profession, le portier lui répond : « Nous n'avons pas besoin de toi, puisque nous avons Ogmé » (cf. *Cours de littérature celtique*, t. V, p. 419.

(2) Sur Ogmé, voyez *Cours de littérature celtique*, t. I, p. 188-190.

(3) Ainsi Ogmé est l'inventeur de l'alphabet ogamique ; Cûchulainn écrit avec cet alphabet. Voyez Zimmer, analyse du *Táin bó Cúailnge* dans la *Revue de Kuhn*, t. XXVIII, p. 444, ligne avant-dernière ; p. 445, l. 22 ; p. 447, l. 28.

(4) *Cours de littérature celtique*, t. II, p. 136-139 ; t. V, p. 400.

était à l'époque historique situé dans le royaume central spécialement affecté au roi suprême d'Irlande. Mais primitivement et jusque vers la fin du premier siècle de notre ère, Tailtiu avait fait partie du royaume d'Ulster. Là était le tombeau des premiers rois d'Ulster, prédécesseurs de Conchobar d'épique mémoire (1). Là aussi une victoire mythique remportée par les fils de Milé sur les Tuatha dé Danann avait enlevé à ces derniers toute puissance visible sur l'Irlande, en les forçant à se réfugier dans l'asile mystérieux d'une invisibilité magique et au fond des cavernes que les collines recelaient dans leurs flancs (2). Ainsi le poétique récit de l'établissement des fils de Milé, c'est-à-dire de la race irlandaise dans l'île qu'elle habite encore, entourait le nom de Tailtiu de traditions glorieuses auxquelles se joignaient des souvenirs funèbres.

Que faisait-on surtout à la foire de Tailtiu? On y faisait surtout des courses de chevaux et du commerce. Un mot d'abord des courses de chevaux. Suivant l'auteur d'une des plus anciennes vies de saint Patrice, de celle que Colgan a classé la troisième; il y avait à Tailtiu un *agon regalis* (3), des

---

(1) Mort de Dathi dans *Lebor na hUidre*, p. 38, col. 2, cité chez O'Curry, *On the manners*, t. I, p. cccxxvii, cccxxviii, note.

(2) Légende de Curcog, fille de Manannan Mac Lir, *Cours de littérature celtique*, t. II, p. 278-281.

(3) Cap. 45, Colgan, *Trias Thaumaturga*, p. 25. Cf. *The tripartite Life*, édition de Whitley Stokes, t. I, p. 68, l. 30; p. 70, l. 30;

luttes royales; *agon* est la traduction de l'irlandais *cluiche*, jeux, combats, luttes, dont se sert le *Glossaire* de Cormac, pour nous apprendre comment se célébrait le 1ᵉʳ août la fête de Lug (1). Ces jeux, ces luttes consistaient principalement en courses de chevaux, *aige* : le *Chronicon Scotorum*, chronique qui va de saint Patrice à 1145, raconte que la guerre empêcha, en 889, les courses de chevaux, *aige* de Tailtiu, et que ces courses de chevaux eurent lieu en 891 (2). Il est question des courses de chevaux dans le *Senchus Mór*; les délais de la saisie sont réduits à une nuit quand il s'agit d'un cheval dont on doit se servir à une course de chevaux (3); le mot technique qui dans le texte légal désigner les courses de chevaux, est celui qu'emploie le *Chronicon Scotorum*, *aige*, et la glose ajoute « en » temps de course, c'est-à-dire pour aller à une » foire, *óenach* (4). » Il est aussi fait mention des courses de chevaux dans la partie du *Senchus Mór* qui concerne le contrat d'apprentissage; quand on a entrepris l'éducation d'un jeune homme appar-

---

t. II, p. 464, l. 18; p. 466, l. 6. Whitley Stokes, *Three irish homilies*, p. 28.

(1) *Three irish glossaries*, p. 26, au mot *Lugnasad*. Il est possible que le choix du mot *agon* ait été inspiré à l'hagiographe par l'irlandais *aige* dont il est question dans la phrase suivante.

(2) *Chronicon Scotorum*, édition Hennessy, p. 170, 172. Le mot *aige* n'est pas rendu dans la traduction. On disait aussi *graifne*; cf. Whitley Stokes, *Sanas Chormaic*, p. 115, au mot *Mag*.

(3) « Ech fri aige » (*Ancient Laws of Ireland*, t. I, p. 122, l. 9, 10).

(4) *Ancient Laws of Ireland*, t. I, p. 126, l. 16, 17.

tenant à la *flaith*, c'est-à-dire à l'aristocratie, on doit lui faire donner des leçons d'équitation, et en temps de course, on est obligé de lui fournir un cheval (1).

On faisait donc des courses de chevaux à la foire de Tailtiu le 1ᵉʳ août de chaque année. Le commerce tenait aussi une place dans cette foire. Il y avait à la foire de Tailtiu la colline du marché, *tulach na coibche* (2). L'expression technique *coibche* nous apprend que les plus importantes des marchandises vendues étaient des femmes à marier. *Coibche* est le terme consacré en vieil irlandais pour désigner le prix de vente des femmes (3). O'Donovan a recueilli une tradition encore vivante en notre siècle et suivant laquelle à l'époque païenne on célébrait à Tailtiu des mariages qui duraient douze mois (4); cette tradition est confirmée par le nom de *tulach na coibche;* elle s'accorde avec ce que, page 304, on a dit de la fête de *Beltene*, avec ce qu'on dira de la foire de Carman, p. 316.

La foire nationale de Tailtiu, au centre de l'Ir-

---

(1) « In aimsir imrime. » L'expression est la même dans la glose qui vient d'être citée. *Ancient Laws of Ireland*, t. II, p. 154, l. 14-15; cf. p. 160, l. 19. Sur les courses de chevaux que faisaient faire les rois, voir livre d'Aicill, *ibid.*, t. III, p. 254 et suiv.; *Cours de littérature celtique*, t. V, p. 321 et suiv.

(2) *Glossaire* de Cormac, articles additionnels, chez Whitley Stokes, *Sanas Chormaic*, p. 48.

(3) Voyez ci-dessus, p. 227, 229, 234, 241.

(4) *Book of rights*, p. 143 note; *Quatre Maîtres*, t. I, p. 22, note.

lande, avait lieu tous les ans (1); la foire locale tenue le même jour à Carman, en Leinster, n'arrivait que tous les trois ans. La compilation irlandaise appelée *Dindsenchus*, conservée par plusieurs manuscrits dont un du douzième siècle (2), contient un poème où l'on a raconté en détail ce qui se passait à la foire de Carman. Ce poème, écrit par une plume chrétienne, insiste à plusieurs reprises sur le caractère religieux que saint Patrice et ses successeurs cherchèrent à imprimer à une institution originairement païenne. Mais le christianisme ne parvint pas à effacer le souvenir de l'idée première des fondateurs. Cette idée était que Carman était un cimetière, que là des rois et des reines avaient été enterrés, et que les jeux, les courses de chevaux, qui donnaient à la foire son principal attrait, avaient été institués en l'honneur des morts dont la multitude assemblée foulait aux pieds les sépultures. On trouve la même doctrine aux foires de Tailtiu et de Cruachan : Tailtiu et Cruachan ont été des cimetières avant de servir périodiquement à des réunions d'affaires et de plaisir.

(1) *Livre de Leinster*, p. 200, col. 2, l. 12 et suiv.; *Livre de Ballymote*, p. 403, col. 1, l. 42 et suiv.; cf. Whitley Stokes dans *Folk-Lore*, t. III (1892), p. 469; O'Curry, *On the Manners*, t. II, p. 148-149; *Cours de littérature celtique*, t. II, p. 138.

(2) *Livre de Leinster*, p. 215, col. 1, l. 31 et suiv.; *Livre de Ballymote*, p. 360, col. 2, l. 17 et suiv. O'Curry, *On the Manners*, t. III, p. 528-547. Whitley Stokes, *Revue celtique*. t. XV, p. 272-273, 311.

314 DEUXIÈME PARTIE. CHAP. I. § 4.

Un détail de la guerre soutenue au dixième siècle par les Irlandais contre les Scandinaves pirates et conquérants, montre qu'à cette époque les courses de chevaux étaient encore dans l'opinion populaire un honneur rendu aux morts. Les Irlandais ayant pris Limerick et fait prisonniers les Scandinaves qui habitaient cette ville, en massacrèrent une partie et réduisirent les autres en esclavage. Puis, joignant à la violence de cette vengeance une insultante ironie, le général en chef irlandais, Cathal, fils de Féradach, réunit sur une colline les femmes captives, les fit ranger en cercle, et les obligea à marcher à quatre pattes en portant chacune sur son dos un des jeunes vainqueurs. C'était, disait-il en se moquant, pour le salut des âmes des Scandinaves morts. On appela cette marche funèbre course du fils de Féradach (1). Cela se passait en 968.

L'usage des courses de chevaux en l'honneur des morts n'est pas seulement celtique. Comparez les courses de chevaux en l'honneur de Patrocle au vingt-troisième chant de l'*Iliade*, vers 262-649. Dans le texte homérique, les chevaux qui se disputent le prix sont attelés à des chars et non montés. On sait que l'équitation en Grèce, comme chez les Celtes, est une pratique relativement moderne (2).

(1) *Cogadh Goedel re Gallaib*, édition Todd, p. 82. Cet ouvrage paraît dater de la première moitié du onzième siècle. Le plus ancien manuscrit est du milieu du douzième siècle.
(2) *Cours de littérature celtique*, t. V, p. 519.

A Carman, il y avait sept courses, c'est-à-dire une par jour tant que la foire durait. Mais ce n'était pas tout. Ici on s'occupait du jugement des procès : on parlait de demande, de saisie, de dettes, de déni de justice. Là, des musiciens jouaient de la harpe et des instruments à vent; plus loin, des *file* ou poètes et savants débitaient les histoires qu'ils savaient par cœur; d'autres, qui avaient moins de mémoire, mais qui avaient appris à lire, lisaient des récits de guerre, de pillages, de meurtres et d'amour. D'après ces savants, la foire de Carman avait eu lieu neuf fois trente fois, ou deux cent soixante et dix fois, quand arriva saint Patrice; elle aurait donc remonté à l'an 378 avant notre ère (1). Ces indications semblent nous montrer en Irlande le germe du système qui a donné aux Grecs l'ère des Olympiades (2).

Mais revenons sur le champ de foire :

Il y avait trois marchés : on vendait à manger dans le premier; on trouvait dans le second les animaux en vie; dans le troisième, l'or et les étoffes précieuses apportés par les commerçants étrangers. L'auteur chrétien, qui nous donne ces

---

(1) Quatrain 34. *Livre de Leinster*, p. 215, col. 2, l. 33, 34. O'Curry, *On the Manners*, t. III, p. 537.

(2) Il n'est pas certain que les chiffres donnés par O'Curry dans le quatrain 34 soient exacts; le Livre de Leinster paraît être peu lisible en cet endroit, et les chiffres donnés par O'Curry ne s'accordent pas avec ceux du quatrain 21, qui mettent 580 ans entre la fondation de la foire de Carman et la naissance de Jésus-Christ. *Livre de Leinster*, p. 215, col. 2, l. 7-8. *Revue celtique*, XV, 312.

détails, montre aussi sur le penchant d'une colline les femmes réunies : elles travaillent à l'aiguille (1). Il est défendu aux hommes de pénétrer dans l'assemblée féminine ; il est défendu aux femmes d'aller dans l'assemblée des hommes. Qu'on n'entende point parler d'enlèvements, ajoute le poète, qu'aucune femme ne change de mari, qu'aucun homme ne change de femme (2). Il était difficile d'ôter aux Irlandais les vieilles habitudes que la tradition nationale associait à ces fêtes antiques. Cependant le christianisme avait banni de la foire de Carman les cérémonies religieuses païennes qui formaient l'élément fondamental du programme primitif. Le second jour de la foire devait, suivant le programme nouveau, être consacré aux saints d'Irlande, à la prière, au jeûne (3). Cette fête chrétienne succédait à une fête païenne en l'honneur de Lug et des morts : de même à Tailtiu et à Cruachan qui étaient, comme Carman, des cimetières païens.

Il paraît probable qu'avant le règne d'Auguste *Lugu-dunum*, notre Lyon, avait, comme chacun des cinq autres *Lugu-dunum* de Gaule (4), une foire

---

(1) Quatrain 76. O'Curry, p. 546.

(2) Quatrain 55. *Livre de Leinster*, p. 716, col. 1, l. 13-14; O'Curry, *On the Manners*, t. III, p. 542. Cf. ci-dessus, p. 312.

(3) Quatrain 43, 67, 68; *Livre de Leinster*, p. 215, col. 2, l. 51-52; p. 216, col. 1, l. 39-42; O'Curry, p. 538, 544. Cf. ci-dessus, p. 312.

(4) 1° Mont-Lahuc, commune de Bellegarde (Drôme); 2° Saint-Bertrand-de-Comminges (Haute-Garonne); 3° Laon (Aisne);

analogue à ces trois foires irlandaises du 1ᵉʳ août. La grande fête religieuse célébrée tous les ans le 1ᵉʳ août en l'honneur d'Auguste pour toute la celtique romaine à Lyon y remplaça une fête moins importante qui, antérieurement, réunissait à la même date chaque année, en l'honneur du dieu celtique Lugus et des Gaulois défunts, les *Segusiavi* et peut-être quelques populations voisines ; les jeux *miscelli*, les tournois d'éloquence que Caligula y fit faire en sa présence, furent la continuation solennelle gallo-romaine d'usages celtiques moins pompeux, mais antérieurs de plusieurs siècles à cet empereur romain (1).

La troisième époque annuelle des foires irlandaises était le jour de *samhain*, 31 octobre ou 1ᵉʳ novembre. A ce jour se rattachaient d'importants souvenirs mythologiques. C'était l'anniversaire de la seconde bataille de Mag Tuired. A cette bataille les *Tuatha dé Danann*, dieux du soleil et de la lumière, c'est-à-dire par exemple Lugus, Ogmios, avaient vaincu les Fomoré, dieux de la mer et de la mort. Cette victoire avait été décisive et les Tuatha dé Danann avaient chassé d'Irlande les Fomoré dont le roi Téthra, vaincu dans cette ba-

---

4° Leyde (Pays-Bas); 5° Loudon, commune de Parigné-l'Évêque (Sarthe). *Revue celtique*, t. X, p. 238-239 ; Cauvin, *Géographie ancienne du diocèse du Mans*, p. 377. Cf. ci-dessus. p. 307-308, n.
(1) Suétone, *Caligula*, 20; *Claude*, 2. Strabon, livre IV, c. 3, § 2, édit. Didot, p. 159, l. 36-40.

taille (1), avait continué après sa défaite à régner au delà des mers sur le pays fortuné où les héros morts trouvent une vie nouvelle et l'immortalité (2). Ainsi le Kronos d'Hésiode, après avoir été vaincu et chassé de la terre par Zeus, règne dans des îles lointaines sur les grands défunts qui ont pris Troie (3).

La fête de *samhain* rappelait donc une tradition mythologique de la plus haute antiquité et qui se rattache à des doctrines communes à toute la race indo-européenne. Mais cette légende n'était pas la seule que les Irlandais associassent à cette fête. Suivant eux, leurs ancêtres eux-mêmes, les descendants de Milé, avaient eu pour roi, en Irlande, à une époque reculée, le roi de la mort, Tigernmas. Un jour de *samhain*, Tigernmas était, avec les trois quarts de son peuple, en adoration devant la grande idole d'Irlande, *Cenn Cruaich*, que saint Patrice devait un jour frapper de son bâton (4). Tous moururent, et ainsi se termina la grande assemblée ou *dâl* de *Magh Slecht*, c'est-à-dire de la plaine de l'adoration, car ainsi s'appelait l'endroit

---

(1) *Cours de littérature celtique*; t. V, p. 426.

(2) Dans les *Aventures de Condla*, fils d'un roi suprême d'Irlande (*Cours de littérature celtique*, t. V, p. 388), les habitants de Mag Mell, l'Elysée des païens irlandais, sont appelés hommes de Téthra. Cf. Hésiode, *Opera et dies*, vers 166-173. Un quatrain reproduit par M. Whitley Stokes dans *Beitraege* de Kuhn, t. VIII, p. 328, dit que le désir de la femme de Téthra est le sang, les cadavres, etc.

(3) *Opera et dies*, vers 166 et suivants ; cf. ci-dessus, p. 6-7.

(4) Whitley Stokes, *The tripartite Life*, t. I, p. 90, 216.

où s'élevait la statue de *Cenn Cruaich* (1). Telles étaient les traditions mythologiques qui se rattachaient à la fête de *samhain*.

La fête de *samhain* commençait par un feu que les druides allumaient sur la colline de Tlachtga, dans le royaume de Midé, c'est-à-dire au centre de l'Irlande, et c'était à ce feu principal que tous les foyers d'Irlande devaient prendre leur feu (2).

A la fête de *samhain* se tenait aussi la foire, *óenach*, de Murtheimné en Ulster. La composition épique intitulée *Cúchulainn malade et alité* commence par une peinture des plaisirs de la foire de Murtheimné (3).

C'était également le jour de *samhain* que se tenait tous les sept ans, dit-on, à Tara, capitale de l'Irlande, l'assemblée publique la plus solennelle de l'île (4). La dernière assemblée de Tara eut lieu en 559 ou 560 (5). Ce fut dans une assem-

---

(1) *Livre de Leinster*, p. 16, col. 2, l. 19 et suiv. Le passage a été reproduit par O'Curry, *On the Manners*, t. III, p. 88; cf. *Annals of the four masters*, édition d'O'Donovan, t. I, p. 42. Tigernmas, pour Tigern-bàis, veut dire seigneur de la mort.

(2) Ms. du Trinity College, côté H. 3, 17, p. 732, cité par O'Donovan, *Book of Rights*, p. L et p. 10 note.

(3) *Cours de littérature celtique*, t. V, p. 174-176.

(4) *Book of rights*, édition d'O'Donovan, p. 6, 7, 272; cf. O'Curry, *On the Manners*, p. 38; et le *Dinndsenchus* de Tara, publié par M. Whitley Stokes, *Revue celtique*, t. XV, p. 282, § 26; traduit, p. 287.

(5) *Chronicon Scotorum*, publiée par M. Hennessy, p. 52. *Annales d'Ulster*, éditées par le même, t. I, p. 56. L'assemblée de

blée tenue à Tara le jour de *samhain*, près de six siècles plus tôt, que se fit l'élection de Lugaid Reoderg à la dignité de roi suprême d'Irlande (1). L'assemblée de Tara rendait aussi des jugements et faisait des règlements sur des questions relatives à des intérêts privés, à des dettes par exemple (2). Les rois de chacune des cinq provinces d'Irlande y assistaient avec leurs femmes, et le roi suprême leur donnait un grand repas où la bière, *cuirm*, n'était pas épargnée (3).

Et ici se termine le calendrier législatif et judiciaire d'Irlande, qui est en même temps le calendrier du commerce et des plaisirs. Les grandes assemblées publiques, dont ce calendrier donne les dates, tiennent dans la vie de l'Irlande antique une place dont on ne peut trop signaler l'importance. Tous les besoins et toutes les passions de l'homme y trouvaient leur satisfaction. Il y avait

Tara s'appelait *feis*, et non *oenach*. Le *Chronicon Scotorum* traduit *feis* par *cena*.

(1) *Cours de littérature celtique*, t. V, p. 186-187.

(2) *Book of rights*, p. 6.

(3) Le morceau épique intitulé *Tochmarc Etaine*, et dont M. Windisch a donné une savante édition, *Irische Texte*, p. 117-133, commence par la mention d'une assemblé, *feis*, tenue à Tara sous le roi suprême Eochaid Airem, et à laquelle aurait été convoqué le fameux Conchobar, roi d'Ulster. Le texte du *Leabar na hUidre* donne les noms des cinq rois provinciaux réduits à quatre dans des textes plus modernes. Voir le fac-similé à la page 129. Un résumé du *Tochmarc Etaine* a été publié dans le *Cours de littérature celtique*, t. II, p. 312 et suiv.

là, pour la piété, des cérémonies religieuses, païennes avant saint Patrice, chrétiennes depuis la conversion du pays ; il y avait, pour les plaideurs, des avocats et des juges; pour ceux qui aimaient la musique, des chanteurs et des joueurs d'instruments ; à ceux auxquels plaisaient la littérature et l'histoire, des poètes débitaient des vers nouveaux, des savants récitaient les vieilles compositions épiques, les listes des rois, les généalogies des grandes familles. Les femmes volages recrutaient de nouveaux maris, les rois des soldats ; les commerçants gagnaient de l'argent ; les hommes politiques délibéraient gravement sur les plus hauts intérêts de la nation, et la gaieté de la jeunesse trouvait réunis les amusements de son âge : « foire, *óinach*, de fils de roi », dit un vieux poète irlandais cité par le *Glossaire de Cormac*, « foire de fils de roi, cela veut dire repas et riches habits, lits somptueux, bière et bons plats de viande, jeux d'échecs, chevaux, chars, plaisirs de toute sorte (1). »

Telles étaient les grandes assemblées ou foires irlandaises dont la fête d'Auguste à Lyon, le 1ᵉʳ août, nous offre la forme gallo-romaine et qui, dans l'île indépendante, constituaient le pouvoir judiciaire et législatif le plus élevé.

§ 5. — *Le brehon*, brithem, ou *juge arbitral*.

L'histoire des jurisconsultes irlandais commence

(1) *Glossaire de Cormac*, au mot *Orc treith*.

par une légende empruntée au cycle mythologique. Le morceau qui a fourni cette légende est la *Migration des fils de Milé d'Espagne en Irlande*. Les fils de Milé, c'est la race irlandaise débarquant pour la première fois dans l'île dont elle porte le nom. Amergin était le *file*, le savant, le docteur des fils de Milé ; c'était lui qui faisait fonction de juge, *brithem*, « brehon » dans l'armée conquérante ; il prononça trois jugements : l'un entre les fils de Milé et les Tuatha dé Danann, alors en possession de l'île et qui allaient en être expulsés ; deux autres entre Eber et Eremon, les deux chefs survivants de l'armée victorieuse (1).

Il paraît avoir rendu ces jugements avec une autorité absolue et sans contrôle. Mais c'était dans la période mythologique. Dans la période héroïque qui commence avec le cycle de Conchobar et de Cûchulainn, les *file* sont réduits à être de simples conseils des assemblées et des rois. C'est leur rôle historique. Cette réforme eut lieu, dit-on, à l'occasion du procès connu sous le nom d'*Acallam in da suad*, « Dialogue des deux docteurs, » au temps du roi épique Conchobar. L'obscurité du jugement rendu par les *file* leur fit, dit-on, enlever le monopole dont ils auraient joui jusque-là (2).

Il y a dans cette légende un point qui paraît historique.

---

(1) *Cours de littérature celtique*, t. I, p. 280-282 ; t. II, p. 256, 261.

(2) *Cours de littérature celtique*, t. I, p. 311-313.

torique : c'est que les *file* faisaient entre eux usage d'une langue que le public ne comprenait pas. Un jour, raconte le *Glossaire de Cormac*, le *file* Crutine alla faire visite à un de ses confrères. Il emmena avec lui un élève vaniteux qu'il fit entrer dans la maison, et il resta lui-même à la porte. Le maître de la maison était occupé à faire bouillir un ventre de cochon et, pour mettre à l'épreuve la science de l'élève, il lui dit en une langue savamment allitérée : *tofothá tair tein* ; il répéta trois fois en vain ces paroles qui voulaient dire : « Ote le ventre de porc de dessus le feu » ; et l'élève fut obligé de sortir pour aller en demander à Crutîne l'explication. En rentrant, il apporta la réponse en deux vers de sept syllabes :

> Tôo lethaig foen friss,
> Ocus friss adaind indlis.

« Mets une table dessous et allume une torche dessus. »

Bien ! répondit le *file*, ce n'est pas une parole d'élève ; Crutîne n'est pas loin ; va le chercher (1).

La science des *file* consistait principalement en précédents judiciaires, en vieilles formules remplies de mots hors d'usage : *iarm-bélra* « paroles de fer, » dit le *Glossaire de Cormac* (2) ; mais pour

---

(1) *Three irish glossaries*, p. 27 ; *Sanas Chormaic*, p. 102-103.
(2) Sur le *iarm-bélra* ou *iarmbérla*, voyez un article de M. Thurneysen, *Revue celtique*, t. XIII, p. 267-274.

obtenir l'adhésion des assemblées et des rois à leurs décisions, les *file* étaient obligés d'expliquer ces antiques maximes. Les jugements que contient le *Senchus Mór* sont présentés comme l'œuvre collective des jurisconsultes et des assemblées ou des rois.

Dans le premier de ces documents, le jurisconsulte est Sen Mac Aigé. Le *Senchus Mór* dit que ce personnage « porta » *berta*, des jugements, *bretha* (1), dans une assemblée des trois races libres d'Irlande ; et voici, ajoute-t-il, quelles décisions « furent portées », *bretha*, par cette assemblée.

Ainsi le même verbe est employé pour désigner et l'acte d'Aigé, qui propose un jugement, et l'acte de l'assemblée qui se l'approprie et le promulgue : *berta* est un aoriste actif du verbe *beru* « je porte » à la troisième personne du singulier, *bretha* est prétérit passif du même verbe à la troisième personne du pluriel (2).

Dans une autre circonstance, le jugement est présenté comme rendu de concert par un jurisconsulte et par un roi : le verbe *fuigillim* exprime cet acte collectif : mais le nom du roi est placé le premier et le verbe qui précède le sujet est au singulier comme s'il n'y avait qu'un sujet, le roi : *co fuigled Conchubur imbi ocus Sencha* « jusqu'à ce

---

(1) *Bretha* est le nominatif accusatif pluriel du substantif féminin *breth*, « jugement. »

(2) *Ancient Laws of Ireland*, t. I, p. 788, l. 11-13.

que jugeât Conchobar (le roi) là-dessus et Sencha (le jurisconsulte); » or, le texte nous montre Sencha prenant l'initiative de la décision et fixant à cinq jours la durée du délai qui était l'objet du litige (1).

Mais le *Senchus Mór* fournit un exemple où l'avis des jurisconsultes et l'acceptation de cet avis par l'autorité politique sont exprimés par des verbes différents. Dans l'affaire dont il s'agit, l'acte des jurisconsultes est indiqué par le verbe *ruccim*, synonyme de *beru* « je porte » (2); et l'acte du peuple par le verbe *fuigillim* « je juge » : il s'agit d'un délai de trois jours en matière de saisie, ce fut Brigit Briugad et Sencha qui porta (au singulier), *ro-s-uc*, la sentence que les habitants d'Ulster devaient rendre, littéralement « jugeraient » *fo-n-gelltais Ulaid* (3).

En général, quand, dans le vieux droit irlandais, on veut distinguer l'acte du jurisconsulte qui propose une décision, et l'acte du peuple ou du roi qui accepte et impose cette décision, on exprime l'acte du jurisconsulte par les formules *beru breith, ruccim breith* « je porte jugement (4) » ou par le

---

(1) *Ancient Laws of Ireland*, t. I, p. 250, l. 24.
(2) *Ancient Laws of Ireland*, t. I, p. 144, l. 22, 23; p. 150, l. 14.
(3) *Ancient Laws of Ireland*, t. I, p. 150, l. 16.
(4) « Beir in m-breith a Amairgon, ol Eber » (*Livre de Leinster*, p. 13, col. 1, l. 37). — « Daig isiat tri-cét-bretha ructha oc-maccaib Miled in-hErind » (*ibid.*, p. 14, col. 2, l. 1). — Sur le maintien de l'*u* final de *beru* dans la formule *beru breith*, qui fait pendant

verbe *midiur* « je pense, j'estime (1) » et l'acte du peuple ou du roi par le verbe *fuigillim* « je décide » ou par le substantif *fuigell*, « sentence, arrêt » (2). Le terme technique qui désigne le jurisconsulte, *brithem*, au pluriel *brithemon*, « brehon » avec notation anglaise de la prononciation irlandaise moderne, dérive non de *fuigell*, décision du peuple ou du roi, mais de *breth*, à l'accusatif singulier *breith*, dénomination technique de la solution proposée par le jurisconsulte.

Un récit légendaire, publié par M. Whitley Stokes dans la *Revue celtique*, t. II, p. 382, représente le futur roi Salomon jugeant le peuple près du trône de David son père, et blâmant la lenteur avec laquelle ce prince prudent se décidait à prononcer les sentences. La sentence rendue solennellement par le roi sur son trône est exprimée par le mot *fuigell*, et l'acte du jurisconsulte (ici de Salomon), qui propose cette sentence est noté différemment : *midiur* « je pense » et *beru bretha* « je porte des jugements ». De même dans le *Senchus Mór* la décision d'une assemblée publique

---

à *tongu sa a toing mo thuath*, « je jure ce que jure mon peuple » (Windisch, *Irische texte*, t. I, p. 277, l. 1 ; cf. les variantes, p. 104, l. 16; p. 269, l. 4), voyez Whitley Stokes dans *Beitraege* de Kuhn, t. VI, p. 462.

(1) *Ancient Laws of Ireland*, t. I, p. 102, l. 6 ; 120, l. 19 : 126, l. 11. Les jurisconsultes dont il s'agit ici sont Morann, Sen et Sencha.

(2) *Ancient Laws of Ireland*, t. I, p. 118, l. 5; p. 150, l. 16.

d'Irlande est appelée *fuigell Féne* (1); et dans trois circonstances, parlant d'avis de jurisconsultes qui ont fait jurisprudence, le vieux texte légal se sert du verbe *midiur* « je pense, j'estime (2). » Nous avons cité p. 325, 326, le passage du même document où *ruccim*, synonyme de *beru*, « je porte, » exprime l'acte du jurisconsulte par opposition au *fuigell* « arrêt » des habitants d'Ulster. Nous trouvons aussi l'acte du jurisconsulte exprimé par la formule *ruc in mbreith* « porta le jugement » dans l'*Amra Choluimb-chilli* (3).

Ainsi le jurisconsulte proposait une sentence, le roi ou le peuple acceptait cette sentence et lui donnait valeur légale, et on pouvait distinguer ces deux actes l'un de l'autre par des termes différents, c'est quelque chose d'analogue à ce qui se passe chez nous aux assises, mais l'ordre est inverse. En Irlande, le jurisconsulte rendait le verdict et le peuple l'arrêt qui était prononcé par le roi (4).

Les *file* qui exerçaient la profession de jurisconsultes devaient une partie de leur crédit 1° au pres-

(1) *Ancient Laws of Ireland*, t. I, p. 118, l. 10.
(2) *Ancient Laws of Ireland*, t. I, p. 102, l. 6; 120, l. 19; 126, l. 11. Les jurisconsultes dont il s'agit sont Morann, Sen et Sencha.
(3) *Amra Choluimb Chilli*, édit. O'Beirne Crowe, p. 12; *Góidelica*, 2ᵉ édit., p. 157.
(4) En Galatie, chaque tétrarque, comme chaque roi d'Irlande, avait un juge, et rendait les sentences de concert avec lui Strabon, l. XII, c. 5, § 1, édit. Didot, p. 485.

tige des formes traditionnelles ; 2° à la croyance habilement entretenue qu'ils avaient un ministère surnaturel ; 3° à la menace d'excommunication contre ceux qui auraient osé ne pas se soumettre à leurs décisions.

Un mot d'abord des formes. Voici un exemple :
Le traité de la saisie par lequel débute le *Senchus Môr* expose les détails d'une procédure fort compliquée dont toutes les règles devaient être rigoureusement observées à peine de déchéance et de dommages-intérêts fort élevés : il était impossible de se conformer à ces règles sans en avoir fait une étude spéciale. On ne pouvait entreprendre une saisie sans se faire accompagner d'un homme de loi, *sui-thengthad*, littéralement « un docteur dans le métier de la langue, » dit le *Senchus Môr* (1) ; c'était cet homme de loi qui veillait à l'accomplissement des prescriptions légales. Ensuite, pour apprécier comme juge la régularité d'une saisie, il fallait connaître à fond la procédure de cette opération ; le concours des gens de loi était donc absolument nécessaire aux rois et aux assemblées judiciaires comme aux plaideurs.

Les *file* joignaient à la science du droit la prétention d'avoir le secret de procédés surnaturels pour arriver à connaître la vérité et pour se venger de leurs ennemis. Nous avons exposé, dans un

---

(1) *Ancient Laws of Ireland*, t. I, p. 84, l. 10. Cf. ci-dessus, p. 271.

volume précédent, en quoi consistaient ces procédés (1). Le peuple croyait à la puissance surhumaine des *file*.

Les *file*, qui exerçaient le métier de jurisconsultes, c'est-à-dire les brehons, devaient à cette crédulité du peuple une influence énorme. Elle donnera une piètre idée de l'intelligence des Irlandais ; mais les procédés irlandais de divination n'ont rien de plus extraordinaire que le rituel des augures romains. A Athènes même, au quatrième siècle de notre ère, au temps d'Aristote et de Platon, le peuple, dans un procès difficile, fit coucher dans un temple un homme qui, dans le sommeil, reçut miraculeusement du dieu la solution de la difficulté (2). Nous avons dit (3) qu'un songe fait partie du rituel de l'*imbas forosnai*, un moyen de divination employé par le *filé*. Ainsi, au merveilleux irlandais correspond, en Grèce, un merveilleux analogue, et c'est au temps le plus philosophiquement sérieux de la civilisation hellénique.

A ces procédés, par lesquels ils s'attribuaient une science surnaturelle, les *file* irlandais joignaient un autre moyen d'influence, c'était de lancer une sorte d'excommunication contre ceux qui refusaient d'obéir à leurs sentences. Ce refus d'obéissance s'appelait en irlandais *elud* « fuite ». L'auteur

---

(1) *Cours de littérature celtique*, t. I, p. 246 et suiv.
(2) Hypéride pour Euxénippe, 14 ; *Oratores attici* de Didot, t. II, p. 377. M. R. Dareste m'a signalé ce document.
(3) *Cours de littérature celtique*, t. I, p. 248 ; cf. t. V, p. 188.

de cette résistance s'appelait *elutach* « fuyard »: sa dette était doublée (1). Mais voici qui était plus grave : les *file* lui refusaient leur ministère et déclaraient que ni dieu ni homme ne lui devait rien (2). Celui qui donnait asile à un *elutach* méritait une amende de cinq bêtes à cornes (3); il pouvait même en cas d'insolvabilité de l'*elutach* être condamné à payer ce que devait celui-ci (4). Si le *Senchus Mór* n'avait pas subi l'influence chrétienne, on y trouverait inscrite la peine religieuse qui, suivant César, était infligée par les druides, en Gaule, dans le même cas : *si quis aut privatus aut populus eorum decreto non stetit, sacrificiis interdicunt; haec pœna apud eos est gravissima* (5).

Voilà comment s'était établie la puissance de ceux des *file* qui s'étaient consacrés aux affaires judiciaires. Elle avait pour base la confiance du peuple en eux, car ils n'avaient entre leurs mains aucun moyen matériel de coercition.

Mais quand un arrêt avait été rendu conformé-

---

(1) *Ancient Laws of Ireland*, t. II, p. 98, l. 15, 16.
(2) *Ancient Laws of Ireland*, t. I, p. 112, l. 16-18. Le mot *elud*, *elod*, se trouve plusieurs fois dans le *Senchus Mór*, t. I, p. 216, l. 1; 256, l. 20; 258, l. 12; 264, l. 14; t. II, p. 14, l. 31; 98, l. 16; 228, l. 16; 352, l. 3. *Elud*, *elod*, sert d'infinitif au verbe *elaim*. *asluim*, dont le présent de l'indicatif se trouve au t. I, p. 118, l. 6; 214, l. 21.
(3) *Ancient Laws of Ireland*, t. III, p. 60, l. 1, 2 ; c'est le *smacht*.
(4) *Ancient Laws of Ireland*, t. IV, p. 240, l. 10; cf. t. III, p. 408, l. 7 et suivantes.
(5) *De bello gallico*, VI, 13.

ment à leurs propositions par les assemblées ou par les rois, cet arrêt trouvait dans les masses une soumission respectueuse que la force n'aurait pas obtenue, et qui souvent attribuait pour l'avenir, à ce précédent judiciaire, la valeur d'une loi.

Quelques membres du clergé chrétien ont exercé par exception une influence analogue à celle des *file*. L'exemple le plus célèbre a été donné en l'an 580 de notre ère par saint Columba, quand à l'assemblée de Druim Cetta il fut pris pour arbitre entre le roi suprême d'Irlande et les *file*, dont le chef Dallan fils de Forgall exagérait les priviléges de sa corporation (1). Mais c'est le cas de dire que l'exception confirme la règle. Le clergé chrétien, vainqueur du druidisme, ne parvint jamais à supplanter ceux des *file* dont le droit était la spécialité. Ces *file*, ou, comme on les appelle, les « brehons » *brithemon*, conservaient encore leur autorité quand au dix-septième siècle la conquête anglaise, jusque-là nominale, devint une réalité.

(1) *Cours de littérature celtique*, t. I, p. 334; cf. Zimmer dans la *Revue de Kuhn*, t. XXVIII, p. 429; Whitley Stokes, *Góidelica*, 2ᵉ édition, p. 156.

CHAPITRE II.

DATE DE LA RÉDACTION DU *SENCHUS MOR*.

Sommaire.

§ 1. Le *Senchus Môr* et *le Liber hymnorum*. — § 2. Le *Senchus Môr* et la monnaie métallique. — § 3. Le *Senchus Môr* et le Glossaire de Cormac.

§ 1er. — *Le* Senchus Môr *et le* Liber hymnorum.

Le *Senchus Môr*, le plus important des morceaux publiés dans les quatre volumes des *Ancient Laws of Ireland*, se divise en sept parties : 1° le traité de la saisie mobilière, *Ancient Laws of Ireland*, t. I, p. 64-304, et t. II, p. 1-130; 2° le traité du cautionnement, t. II, p. 132-144; 3° le traité du contrat d'éducation et d'apprentissage, t. II, p. 146-192; 4° le traité du contrat de cheptel libre, t. II, p. 194-220; 5° le traité du contrat de cheptel servile, t. II, p. 222-340; 6° le traité du contrat de société, où l'on s'occupe principalement du mariage, t. II, p. 342-408 ; 7° le traité de la validité des contrats, t. III, p. 2-78.

Il y a treize ans, j'écrivais dans la *Nouvelle revue historique de droit français étranger* (4° année, p. 159) qu'il n'y avait pas, suivant moi, de bonnes raisons pour rejeter la tradition irlandaise relative à l'origine du *Senchus Môr*. D'après cette tradition, le texte du *Senchus Môr* serait antérieur à saint Patrice, sauf quelques retouches dues à l'influence du célèbre apôtre de l'Irlande, et exécutées par une commission de neuf membres, dont il faisait partie. Une étude plus approfondie du premier volume des *Ancient Laws of Ireland* m'a fait abandonner cette opinion qui, du reste, ne m'était pas personnelle : c'était l'opinion des éditeurs du *Senchus Môr*.

Je ne partage toutefois en rien la manière de voir des sceptiques qui disent : le plus ancien des mss. du *Senchus Môr* date du quatorzième siècle, donc le *Senchus Môr* est la coutume irlandaise du quatorzième siècle. Cette façon de raisonner mènerait loin si on l'appliquait au Digeste ! Quant au *Senchus Môr*, cette doctrine, exacte peut-être pour une partie de la glose qui peut dater, en effet, du quatorzième siècle, est fausse si on veut l'appliquer au texte glosé qui est bien plus ancien. Ce texte existait déjà vers l'année 1100 ; il est cité dans un ms. de cette date, le *Lebor na hUidre*, p. 11, col. 1, et dans un ms. à peu près contemporain, le *Liber Hymnorum* du collège de la Trinité de

Dublin (Whitley Stokes, *Gôidelica*, 2ᵉ édit., p. 164, § 52).

Ces mss. contiennent le texte glosé de l'éloge de saint Columba intitulé *Amra Choluimb-Chilli* : le § 52 de cet éloge est *Faig ferb fithir*. Suivant le glossateur, *faig* veut dire « il cousait, » *ferb* signifie « parole d'enseignement, » et le sens de *fithir* est « père de la science. » On devrait donc traduire littéralement ce passage ainsi : « le père de la science (Columba) cousait parole d'enseignement (?). » Puis le glossateur ajoute que *ferb* a trois significations ; l'une de ces trois significations, dit-il, est « vache ; » exemple : *teora ferba fira do-sn-acht Assal ar mog Nuadat*, « trois vaches blanches, Assal les enleva à l'esclave de Nûadu. » Ce sont les premiers mots du *Senchus Môr*, on les trouve dans le recueil des *Ancient Laws of Ireland* (t. Iᵉʳ, p. 64) à une légère variante près : les mots *mog Nuadat* « esclave de Nûadu » sont remplacés dans l'édition par *Mug mac Nuadat* « Mug fils de Nûadu. » Chose remarquable, le prétérit en *t do-sn-acht* « il les emmena, il les enleva » du verbe *tagim*, à l'infinitif *táin* (p. 274, note 2) était en désuétude à la date du ms. primitif que reproduisent vers 1100 le *Lebor na hUidre* et le *Liber Hymnorum* du Collège de la Trinité de Dublin, en sorte que le rédacteur de ce ms. primitif a cru qu'une explication était nécessaire, et il a donné comme glose le parfait *ro-s-immaig* : on trouve cette glose dans les deux mss. que nous venons d'indiquer, qui sont tous deux une copie du ms. primitif plus ancien. Ainsi la présence de l'archaïque *do-sn-acht* dans le texte du Senchus Mór atteste que ce texte est de beaucoup antérieur à l'année 1100.

§ 2. — *Le* Senchus Mór *et la monnaie métallique.*

Un autre caractère d'antiquité dans le texte du Senchus Mór, c'est qu'il n'y est jamais question de monnaie métallique. La monnaie de compte qu'on y rencontre, c'est la femme esclave, *cumal;* la bête à cornes, *sét*; et le sac d'orge, *miach*. La monnaie métallique, c'est-à-dire le *pinginn* (en anglais *penny*, mot d'origine germanique) d'argent n'apparaît que dans la glose; or, c'est de la seconde moitié du dixième siècle que date le monnayage irlandais inconnu à l'auteur du Senchus Mór : c'est dans la seconde moitié du dixième siècle que le *penny* d'argent fut frappé en Irlande par les rois vikings, sinon pour la première fois, au moins en quantité assez considérable pour exercer une influence sur les usages reçus (1). Cf. ci-dessus, p. 266, 289-291.

---

(1) W. Steward-Thornburn, *A guide to the coins of Great-Britain and Ireland*, 2ᵉ édit., p. 104-106. L'attribution d'un penny irlandais au neuvième siècle est admise par cet auteur, mais ce penny a dû être trop peu abondant pour exercer une influence sérieuse sur des coutumes juridiques consacrées par un usage immémorial. Avant que l'emploi de la monnaie métallique devînt habituel, la *cumal* et le *sét* pouvaient être remplacés par leur équivalent en or ou en argent pesés sur une balance. Le livre d'Armagh, neuvième siècle, parle d'un cheval vendu pour une *cumal* d'ar-

Des deux observations contenues l'une dans le présent chapitre, l'autre dans le précédent, il résulte que le texte du *Senchus Mór* est antérieur au onzième siècle. Il est peu probable qu'un document aussi considérable ait été écrit au neuvième ni au dixième siècle, pendant lesquels l'Irlande fut constamment mise à feu et à sang par les conquérants scandinaves. On peut donc sans témérité indiquer l'année 800 comme la date probable du texte du *Senchus Mór*.

§ 3. — *Le* Senchus Mór *et le glossaire de Cormac.*

Qu'est-ce que le *Glossaire* de Cormac ? Quand au cinquième siècle saint Patrice arriva en Irlande, on n'y écrivait pas de livres. La seule écriture connue, l'écriture ogamique, n'était en usage que pour la gravure sur pierre, sur bois ou sur métal (1). C'est vers la fin du sixième siècle ou le

gent (Whitley Stokes, *The tripartite Life*, p. 340, l. 25); dans le même texte il est question de *sét*, au pluriel *séuit*, qui consistent en trois onces d'argent et en trois onces d'or (*ibid.*, l. 18-20; cf. E. Hogan, *Vita sancti Patricii*, p. 100, l. 8-10 ; 101, l. 8). Le mot *once*, en irlandais *uinge*, dans ce texte et dans le *Senchus Mór* (*Ancient Laws of Ireland*, t. III, p. 70, l. 22), vient du latin *uncia*. Il avait un équivalent d'origine celtique, *dirne*, mentionné dans le *Glossaire de Cormac*, au mot *Fir* (Whitley Stokes, *Three irish glossaries*, p. 20, où il est aussi question de balance ; cf. p. 26, au mot *Laith*). Un *dirne* d'argent valait une vache, trois *dirne* (cf. p. 290, note 4), une femme esclave, *cumal*. — Sur l'équivalence de la *cumal* et du cheval, voir plus haut, p. 143, 144.

(1) *Cours de littérature celtique*, t. I, p. 73-76, 138, 202, 385, 389;

commencement du septième que nous trouvons la première mention d'un ouvrage écrit en irlandais (1). Encore cette mention peut-elle bien n'être que légendaire. C'est vers la même époque qu'ont été consignées par écrit pour la première fois les légendes traditionnelles de l'Irlande. Au neuvième siècle on profita des blancs qui restaient entre les lignes des manuscrits pour expliquer par des gloses les mots hors d'usage dont fourmillaient déjà ces récits vieux de deux à trois cents ans. Cormac Mac Cuilennâin, évêque qui fut tué dans une bataille en 907 (2), eut l'idée de faire un choix de ces gloses. Il les divisa en dix-sept chapitres ayant chacun pour titre une lettre de l'alphabet, et il réunit dans chacun de ces chapitres les mots commençant par la lettre qui lui fournissait le titre du chapitre.

Les plus anciens manuscrits complets du *Glossaire* de Cormac sont : 1° dix pages du ms. connu sous le nom de *Leabhar breacc*, « livre moucheté, » f°⁸ 263-272, dont un fac-similé a été publié par l'Académie d'Irlande en 1876 ; ce ms. date de l'année 1400 environ ; 2° les dix premières pages d'un autre

---

t. II, p. 306, 342. Dans le t. V, p. 391, « inscription funèbre » est la traduction d'*ogum*; cf. Windisch, *Irische Texte*, t. I, p. 719, au mot *Ogum*.

(1) Voyez, sur ce sujet, H. Zimmer dans la *Revue de Kuhn*, t. XXVIII, p. 431, et p. 434, note. Cf. *Cours de littérature celtique*, t. I, p. 203 ; *Revue celtique*, t. VIII, p. 533.

(2) *Annales d'Ulster*, édit. Hennessy, t. I, p. 420, 421 ; *Chronicon Scotorum*, édité par le même, p. 180, 181.

ms. qui est aussi de 1400 environ, elles appartiennent à l'Académie d'Irlande et elles font partie du recueil coté H. et S. 3. 67 ; elles ont été publiées par M. Whitley Stokes dans ses *Three irish Glossaries* (1), p. 1-43 ; 3° un manuscrit, largement interpolé, du milieu du seizième siècle ; il se trouve à la bibliothèque du Collège de la Trinité de Dublin ; ce sont les col. 3-87 du recueil dit Livre jaune de Lecan, qui est coté H. 2. 16 ; il a fourni à M. Whitley Stokes les *additional articles* imprimés à la suite de chaque lettre dans la traduction du *Glossaire* de Cormac publiée par lui en 1868 (2).

Viennent ensuite deux manuscrits incomplets : l'un, de 1453 (Laud, 610), est à la bibliothèque Bodléienne d'Oxford ; l'autre, du milieu du douzième siècle forme les p. 179-180 du Livre de Leinster, publié pour l'Académie d'Irlande par M. R. Atkinson. Le premier commence avant la fin de la lettre н et se termine au milieu de la lettre т ; le second contient la fin de la lettre т et la lettre u. Celui-ci datant du milieu du douzième siècle, il est paléographiquement établi que le *Glossaire* de Cormac existait au moins dès le milieu du douzième siècle. Naturellement les *additional articles* restent en dehors de notre sujet : c'est une interpolation.

Les gloses, réunies dans le *Glossaire* de Cormac et accompagnées quelquefois de commentaires plus

---

(1) Londres, 1862, in-8°.
(2) *Sanas Chormaic.* Calcutta, 1868, in-4°.

ou moins développés, ont été extraites d'un grand nombre d'ouvrages déjà glosés à l'époque où a été composé le *Glossaire*. Au cycle de Conchobar et de Cûchulainn appartiennent ou en totalité ou en partie les articles *Art, Cern, Coth* (1), *Cul, Demess, Mand, Morand, Niae, Serb, Sin;* au cycle de Finn les articles *Art, Fithal, Mugéime, Orc tréith, Ringcne*. Or, dans le texte du *Senchus Mór*, rien ne se rapporte au cycle de Finn et d'Oisin, cycle plus récent que celui de Conchobar et Cûchulainn, et qui n'est représenté dans la plus vieille littérature de l'Irlande que par un petit nombre de morceaux, la plupart très courts. Le *Senchus Mór*, au contraire, est étroitement apparenté au cycle de Conchobar et de Cûchulainn, comme l'attestent les noms du roi Conchobar (2), des brehons Sencha (3) et Morann (4), du roi Ailill, fils de Maga (5), et la mention du « morceau du héros », motif de la que-

---

(1) Sous ce mot se trouve une citation du *Dialogue des deux docteurs*, qui appartient au cycle de Conchobar. — Voir, à ce sujet, *Ancient Laws of Ireland*, t. I, p. 18, l. 12 et suiv.; O'Curry, *Mss. Materials*, p. 45, 383, 616; *On the Manners*, III, 315-316; *Cours de littérature celtique*, t. I, p. 76-77, 311-313.

(2) *Ancient Laws of Ireland*, t. I, p. 250, l. 24; cf. *Cours de littérature celtique*, t. V, p. 505.

(3) *Ancient Laws of Ireland*, t. I, p. 126, l. 11; p. 150, l. 15; p. 250, l. 24; cf. *Cours de littérature celtique*, t. V, p. 515-516.

(4) *Ancient Laws of Ireland*, t. I, p. 102, l. 7; cf. *Cours de littérature celtique*, t. V, p. 32, 372, 513; t. I, p. 273-278.

(5) *Ancient Laws of Ireland*, t. I, p. 150, l. 20 (le génitif *Matach* est une corruption graphique de *Magach*); cf. *Cours de littérature celtique*, t. I, p. 58, 134, 192, 304, 305; t. V, p. 501-502.

relle, qui fait le sujet de la composition légendaire intitulé « Festin de Bricriu » (1). Le *Senchus Mór* est donc antérieur au *Glossaire* de Cormac. Une autre observation l'établit :

Le *Senchus Mór* a fourni des matériaux au *Glossaire* de Cormac. L'auteur du *Glossaire* a eu à sa disposition les trois éléments de ce document juridique, texte, introduction et glose. Ainsi, quand le *Glossaire* de Cormac a été écrit, le *Senchus Mór* était déjà pourvu d'une introduction et d'une glose. Je dis d'abord d'une introduction :

Dans l'article *Noes* du *Glossaire* (2), les mots *nó-fhiss .i. fis nonbair* (*Nó-fhiss*, c'est-à-dire science de neuf personnes), ont été tirés de l'introduction (3), et lui-même cet article tout entier ne fait que reproduire sous une autre forme les idées exprimées déjà dans sept lignes de l'introduction, au bas de la page 16, tome Ier des *Ancient Laws of Ireland*. Le nom de *Cáin Patraic*, employé pour désigner le *Senchus Mór* dans l'article *Clithar sét* du *Glossaire* (4), est aussi emprunté à l'introduction du *Senchus Mór* (5).

Quant aux articles du *Glossaire* qui renvoient au texte du *Senchus Mór*, c'est toujours un texte glosé

---

(1) *Ancient Laws of Ireland*, t. I, p. 176, l. 4, 5; p. 180, l. 33-35; cf. *Cours de littérature celtique*, t. V, p. XLI, 86 et suivantes.
(2) *Three irish glossaries*, p. 31; *Sanas Chormaic*, p. 122.
(3) *Ancient Laws of Ireland*, t. I, p. 16, les deux dernières lignes.
(4) *Three irish glossaries*, p. 9; *Sanas Chormaic*, p. 30.
(5) *Ancient Laws of Ireland*, t. I, p. 18, l. 1.

qu'ils supposent. Voici les titres de ces articles et à la suite de chaque titre la preuve de ce que nous avançons :

1° ATHGABAIL... *Athgabail didiu .i. na* VI *ba* [*i*]*ar n-a mairech lege i Fhenchus Már* (1). Une partie du passage auquel renvoie Cormac appartient à la glose; voici ce passage : DI ATHGABAIL *.i. na sé m-bó .i. aitherrach* (2). Les mots en italiques sont l'œuvre du glossateur; ce sont les *na sé m-bó* de la glose qui reparaissent dans le *Glossaire* sous la forme *na* VI *ba*; VI est la notation en chiffres du *sé* « six » de la glose et *ba* est une orthographe moderne de *bó* « vaches. » La fin de la glose que Cormac avait sous les yeux : [*i*]*ar n-a mairech*, « le lendemain, » n'était pas identique au passage correspondant de l'édition : *aitherrach*, « de nouveau. »

FLAITH. *Ut est i-sin t-Shenchas Már*. i. *Flaith find for tellraig*. i. *as-snam-bo for talmain* (3). Voici ce qu'on lit dans le *Senchus Mór* : [F]LAITH FIND FOR TELLRAIG. i. *as-nam-bó iar-sa*[*n*]*-talmain* (lait blanc sur terre, c'est-à-dire [tombant] des vaches sur le sol). Ce qui est en italiques appartient à la glose (4) et a été reproduit par l'auteur du *Glossaire*. Les seules dif-

---

(1) SECONDE SAISIE... Seconde saisie donc, c'est-à-dire des six vaches le lendemain matin, dans le *Senchus Mór* (Three irish glossaries, p. 4; Sanas Chormaic, p. 8).

(2) PAR SECONDE SAISIE, c'est-à-dire des six vaches, c'est-à-dire de nouveau (Ancient Laws of Ireland, t. I, p. 66, l. 16).

(3) Three irish glossaries, p. 19; Sanas Chormaic, p. 71.

(4) Ancient Laws of Ireland, I, 66, l. 3, 4.

férences entre les deux leçons de la glose consistent : 1° dans les prépositions : *for* « sur » dans le *Glossaire*, *iar* « après » dans la glose; 2° en ce que l'article qui manque avant *talmain* « terre » dans le *Glossaire* se trouve dans la glose. Ce sont des variantes comme on en rencontre partout.

FERB. *Ut est isin t-Shenchas Már : Teora ferba fira .i. tri ba finda* (1). Les trois derniers mots viennent non du texte du *Senchus Mór*, mais de la glose de ce texte. On lit dans le *Senchus Mór* : TEORA FERBA FIRA : *fira .i. finda .i. teora bai* (2) ; ce qui est en italiques est l'œuvre du glossateur : le *teora bai* « trois vaches » de la glose, modernisé par les scribes, est devenu *tri ba* dans le *Glossaire*. Le sens est le même.

NESS. *Ut est isin t-Shenchus Már : A gráinib cach tomas* (des grains chaque mesure), etc. (3). Ce renvoi s'adresse à une glose sur le passage du texte du *Senchus Mór* ainsi conçu : *Cutruma graine frisi tomister ordlach* « égal au grain à l'aide duquel le pouce est mesuré (4). » Cette glose ne se trouve

---

(1) *Three irish glossaries*, p. 19.

(2) TROIS VACHES BLANCHES ; *fira*, c'est-à-dire « blanches » c'est-à-dire trois vaches (*Ancient Laws of Ireland*, t. I, p. 64, l. 16).

(3) *Three irish glossaries*, p. 33.

(4) *Ancient Laws of Ireland*, t. II, p. 252, l. 1-2. Il y avait trois grains dans un pouce, quatre pouces dans une main, trois mains dans un pied, douze pieds dans la toise. Livre d'Aicill, *ibid.*, t. III, p. 334, l. 19-20 : « Caiti tomus o grainib ocus uighib ? » « Comment se fait la mesure par grains et par œufs ? » Réponse :

pas dans l'édition donnée par le gouvernement d'Irlande. La perte d'une glose n'a rien qui doive nous étonner, et il n'y a pas à douter que le passage du *Senchus Môr* cité dans cet article ne fût une glose. En effet, c'est une pièce de vers réguliers de six pieds chaque ; or, le texte du *Senchus Môr* ne contient pas de pièces semblables. Mais plusieurs pièces de vers réguliers se trouvent intercalées dans la glose du *Senchus Môr*.

Ainsi le texte du *Senchus Môr*, dont Cormac s'est servi à la fin du neuvième siècle ou au commencement du dixième, était déjà glosé.

C'est ici le lieu de signaler une différence fondamentale entre la civilisation irlandaise telle que nous la montre le texte du *Senchus Môr* et la civilisation que la glose du *Senchus Môr* et le *Glossaire* de Cormac nous mettent sous les yeux. Le texte du *Senchus Môr* ne cite aucun livre de droit civil : les livres de droit civil apparaissent et dans la glose du *Senchus Môr* et dans le *Glossaire* de Cormac.

Le texte du *Senchus Môr* s'appuie quelquefois sur des jugements ; nous en donnons des exemples, p. 324-327, 381 ; nulle part il ne parle d'un ouvrage de droit. Or, en un seul passage, la glose nous apprend les titres de neuf ouvrages de droit :

1. *Imard airechta*, par Connla ;
2. *Ai Emnach*, par Fithel ;

« Tri graindi i n-orlach, ceithri orlaighi i m-bais, teora basa i troighid, da troighid déc i fertaigh. »

3. *Tul-bretha Fachtna;*
4. *Coir Feine Már;*
5. *Coir Feine Bec;*
6. *Midba Bretha;*
7. *Rechol Breth;*
8. *Clethe Bretha;*
9. *Caire Bretha Mora* (1).

Ailleurs, nous trouvons dans la glose les noms d'au moins cinq autres ouvrages de droit :

10. *Bretha Nemed* (2);
11. *Dul Senchus hi Scoba* (3);
12. *Cin* (4);
13. *Finnsruth Fithil* (5);
14. *Lebor Buidhe* (6).

Le nombre des livres de droit civil auquel renvoie le *Glossaire* de Cormac est de cinq dont quatre ne figurent pas dans la liste qui précède.

1. *Bretha Nemed*, n° 10 de la liste précédente, cité douze fois;
2. *Senchus Mór* cité six fois, dont une sous le nom de *Cáin Patraic*;
3. *Duil Feda Máir*, cité trois fois;

---

(1) *Ancient Laws of Ireland*, t. I, p. 26, l. 1-4. Les numéros 2 et 7 (*Ai Emnach* et *Rechol in Breth*) sont cités aussi, t. I, l'un p. 92, l. 11-12, où son titre est écrit *Ai Emnaide*, l'autre p. 154, l. 11.

(2) *Ancient Laws of Ireland*, I, 18, l. 30; 102, l. 11, 12; 112, l. 28-29; II, 70, l. 6; 252, l. 23-24. Ce livre existe encore.

(3) *Ibid.*, II, 134, l. 4.

(4) *Ibid.*, II, 354, l. 10 et n. 1; 380, l. 5.

(5) *Ibid.*, I, 120, l. 1-2.

(6) *Ibid.*, II, 132, l. 24.

4. *Duil Roscadach*, cité quatre fois ;

5. *Muir Bretha*, cité une fois (1).

Autre détail important.

Le mot livre, *leabar*, emprunté au latin, est étranger à la langue du texte du *Senchus Môr*. On le trouve déjà dans l'introduction où il sert à désigner le *Senchus Môr* lui-même (2), il reparaît dans la glose (3). Dans la portion du texte du *Senchus Môr*, t. III, p. 2-79, qui contient surtout les additions chrétiennes dues à l'influence du clergé, le mot *litir*, « lettre, » employé au génitif *litre*, caractérise le droit canonique, *recht litre*, par opposition au droit coutumier irlandais, *recht aicnid* (4) ; la puissance de l'habitude a fait conserver à ces deux expressions leur sens ancien dans l'introduction (5), quoique, au temps où l'introduction a été composée, le *Senchus Môr* fût un livre écrit en lettres, *leabar*, comme les monuments du droit canonique (6).

---

(1) Pour plus de détails, voir Whitley Stokes, *Three irish glossaries*, p. LIV, LV.

(2) *Ancient Laws of Ireland*, I, p. 16, l. 20.

(3) *Ibid.*, II, p. 20, l. 1 ; p. 314, l. 16.

(4) « Droit de nature. » *Ibid.*, III, 28, l. 2, 3 ; 30, l. 16, 17, 19, 20, 30, 31, 32. Cette expression se trouve déjà au commencement du neuvième siècle dans les gloses irlandaises du *Priscien de Saint-Gall*, p. 217 b, glose 16 ; édit. Ascoli, p. 133.

(5) *Ancient Laws of Ireland*, I, 16, l. 1, 9 ; 30, l. 26 ; 40, l. 16.

(6) On ne connaît pas d'évêque d'Irlande avant Palladius désigné par le pape Célestin Ier, 421-432. L'auteur de la seconde vie de saint Patrice dans Colgan, *Trias Thaumaturga*, p. 13, raconte que de son temps on avait encore les tablettes sur lesquelles Pal-

On peut conclure que le *Senchus Mór*, 1° antérieur au *Glossaire* de Cormac qui a été écrit vers l'an 900, 2° postérieur à certains livres de droit canonique irlandais, probablement à la « Collection canonique » compilée vers l'an 700, paraît être, en Irlande, le plus ancien des livres de droit civil. La date de 800 environ que nous lui attribuons, p. 336, semble donc justifiée.

Ce qui confirme cette doctrine est ceci : Le *Glossaire* de Cormac parle du penny, *pinginn*, frappé pour la première fois en Irlande au neuvième siècle ; or, comme on l'a vu plus haut, le *Senchus Mór* ne connaît pas la monnaie métallique (1).

ladius écrivait. Elles étaient conservées dans une des trois églises que Palladius avait fondées.

(1) Voir ci-dessus, § 2, p. 335. Sur l'histoire du monnayage irlandais, cf. *Revue celtique*, t. XIII, p. 406-407; *Three irish glossaries*, p. 35.

CHAPITRE III.

RECHERCHES SUR LA MANIÈRE DONT A ÉTÉ COMPOSÉE LA PREMIÈRE SECTION DU TRAITÉ DE LA SAISIE MOBILIÈRE, *Ancient Laws of Ireland*, t. I, p. 64-250.

Sommaire.

§ 1. Le traité primitif de la saisie mobilière immédiate et le traité primitif de la saisie mobilière avec délais, insérés tous deux dans le *Senchus Môr*, date de ces traités. — § 2. Contradictions entre le traité primitif de la saisie mobilière immédiate et le traité primitif de la saisie mobilière avec délais. — § 3. Recueil d'exemples tirés du *Senchus Môr* (traité définitif irlandais de la saisie mobilière) qui attestent l'incapacité de son auteur. — § 4. Le *Bráthchæ* ou jugement de Caé. — § 5. Conclusion.

§ 1er. — *Le traité primitif de la saisie mobilière immédiate et le traité primitif de la saisie mobilière avec délais, insérés tous deux dans le* Senchus Môr; *date de ces traités.*

L'auteur du *Senchus Môr* est un homme d'intelligence médiocre : il avait entre les mains et, dans le traité de la saisie mobilière qui forme son premier livre, il a inséré deux documents plus anciens : 1° un court *Traité de la saisie mobilière immédiate*, composé après l'introduction du christianisme (V° siècle), mais antérieur à un concile inséré vers l'année 700 dans la Collection canonique irlandaise (1); 2° un *Traité de la saisie mobilière avec délais*, écrit postérieurement à ce concile. En nombre de cas, les doctrines énoncées par un de ces traités contredisent les doctrines formulées par l'autre : l'auteur du *Senchus Mór* n'a pas vu ces contradictions; même, pour son premier livre dont la saisie mobilière est le sujet, il a adopté le titre du premier de ces traités « Des quatre espèces de saisie, » sans s'apercevoir qu'il exposait dans ce premier livre une doctrine inconciliable avec ce titre, comme on l'a vu p. 258-261, cf. ci-dessous, p. 350, 352-356, 382, 383.

Le premier en date des deux traités primitifs concerne la saisie mobilière immédiate, c'est-à-dire celle où les objets saisis sont aussitôt enlevés sans qu'aucun délai s'interpose entre le commandement de payer et cet enlèvement : les objets saisis, ordinairement des bêtes à cornes, restent en fourrière pendant un répit d'une, trois, cinq ou dix

---

(1) La Collection canonique irlandaise paraît remonter aux environs de l'année 700. Wasserschleben, *Die irische Kanonensammlung*, 2° édit., p. 13. Le concile peut être de l'an 600 environ.

SAISIE MOBILIÈRE IMMÉDIATE. TRAITÉ PRIMITIF. 349

nuits : des règles fixent la durée de ce répit, à l'expiration duquel les objets saisis deviennent la propriété du saisissant. La longueur de cette durée dépend des motifs de la saisie, ou des circonstances dans lesquelles elle se produit. Voici quelques exemples :

Un héritier veut-il contraindre son cohéritier à partage, il pratique une saisie, et les objets saisis, mis en fourrière, y restent pendant un répit d'une nuit, c'est-à-dire un jour franc, pendant lequel le défendeur peut, s'il consent à partage, rentrer en possession des objets mobiliers qu'on lui a enlevés (1).

Un roi a convoqué ses sujets à une expédition militaire : quelques-uns ne se présentent pas : le roi envoie des agents qui procèdent à saisie contre les récalcitrants ; les objets saisis restent en fourrière pendant un répit de trois nuits, c'est-à-dire trois jours francs. Si, pendant ce répit, les guerriers appelés rejoignent le corps de troupes dont ils doivent faire partie, les objets saisis leur seront restitués (2).

La durée du répit en fourrière est fixée, en ce cas, comme dans le précédent, par la nature des contestations qui ont provoqué la saisie ; dans le premier cas, il s'agit d'une demande en partage ; dans le second, il est question de l'obligation du service militaire. Passons à des espèces dans les-

---

(1) Art. 38, § 1, *Ancient Laws of Ireland*, t. I, p. 214, l. 19-20.
(2) Art. 42, § 1, *Ancient Laws of Ireland*, t. I, p. 230, l. 21.

quelles les circonstances où la saisie se produit font allonger le répit en fourrière.

Le débiteur est mort : on veut contraindre son héritier à payer, on procède à saisie contre cet héritier : l'héritier sera traité plus favorablement que ne l'aurait été le défunt. Les objets saisis resteront en fourrière pendant un répit de cinq nuits, par conséquent l'héritier aura cinq jours francs pour payer ce qu'il doit ou pour offrir gage suffisant et par ce moyen rentrer en possession des objets saisis (1).

La saisie est pratiquée hors du territoire de la cité à laquelle appartient le saisissant : c'est dans le territoire de la cité du saisissant que les objets saisis ont été mis en fourrière. Ces objet resteront en fourrière pendant un répit de dix nuits ; le défendeur aura ainsi dix jours francs pour payer sa dette ou offrir gage suffisant et reprendre possession des objets saisis (2).

De ces exemples résulte qu'il y a, dans la saisie immédiate, quatre durées possibles du répit en fourrière : une, trois, cinq et dix nuits. De là cette idée irlandaise qu'il y a quatre espèces de saisie : de là le titre du premier livre du *Senchus Môr* : *Di chethar-shlicht-athgabala* (3) « De quadruple espèce

---

(1) Art. 44, § 1, *Ancient Laws of Ireland*, t. I, p. 236, l. 24-25.
(2) Art. 47, § 3, *Ancient Laws of Ireland*, t. I, p. 246, l. 19-20.
(3) C'est la leçon du ms. altéré par les éditeurs : *Ancient Laws of Ireland*, t. I, p. 64. Cette rectification est due à M. Whitley Stokes.

de saisie. » C'était le titre du plus ancien traité de la saisie, c'est-à-dire du *Traité de la saisie immédiate*, traité qui consistait en une nomenclature des cas où les objets saisis étaient enlevés aussitôt, la durée du répit en fourrière était : 1° d'une ; 2° de trois ; 3° de cinq ; 4° de dix nuits ; la durée de ce répit déterminait l'espèce de la saisie : 1re espèce de saisie, une nuit de répit en fourrière ; 2° espèce de saisie, trois nuits de répit ; 3° espèce de saisie, cinq nuits de répit ; 4° espèce de saisie, dix nuits de répit. Une nuit c'est un jour franc.

La saisie avec délai diffère de la saisie immédiate en ce que l'enlèvement des objets saisis et la mise en fourrière sont précédés de deux délais. La procédure commence par un commandement, *aurfocre* ou *apad*, suivi d'un premier délai ; vient ensuite la saisie, et le débiteur est constitué gardien pendant la durée d'un second délai, *anad*. La durée de chacun de ces délais est égale à l'espace de temps pendant lequel les objets saisis, étant enfin enlevés, restent en fourrière (1); il en résulte que la procédure de la saisie avec délais prend au créancier trois fois autant de temps que celle de la saisie

---

(1) Sur le délai qui suit le commandement, voyez *Ancient Laws of Ireland*, t. I, p. 262, l. 4-12; sur l'espace de temps pendant lequel l'objet saisi reste en fourrière, *ibid.*, t. I, p. 176, l. 28-30; par exception, dans la saisie par les femmes, le temps où l'objet saisi reste en fourrière est double de la durée de chacun des deux délais par lesquels la procédure débute. *Ibid.*, t. I, p. 144, l. 24; p. 146, l. 23-25; p. 150, l. 1-2; ci-dessous, p. 382.

immédiate. La saisie avec délais, établie dans l'intérêt du débiteur, adoucit la rigueur du droit primitif représenté par le *Traité de la saisie immédiate* auquel elle est postérieure (cf. ci-dessus, p. 264-268).

Le *Traité de la saisie avec délais* est aussi postérieur à la Collection canonique irlandaise. Il connaît le droit des femmes à la succession paternelle, et même y ajoute, comme on le verra, certains développements : or, il n'est pas question de ce droit dans le *Traité de la saisie immédiate* (1). Le droit des femmes à la succession de leur père a été établi par un concile irlandais inséré dans la Collection canonique irlandaise. Dans cette compilation chrétienne, le livre XXXII est consacré au droit de succession : il est intitulé : « *De parentibus et eorum heredibus* (2). » Le chapitre 17 de ce livre prévoit le cas où le père est mort en laissant des fils et des filles : le titre de ce chapitre est « *De eo quod dare debet pater hereditatem filiæ suæ inter fratres suos* (3). » Au chapitre 20, il s'agit du cas où le père n'a laissé que des filles : les agnats les plus proches sont donc les frères du père : ceux-ci recueillent l'hé-

---

(1) Les faits signalés plus haut, p. 230, 231, 236, 237, au sujet de la reine Medb., de Cartimandua et des filles de Prasutagus, appartiennent, dans l'histoire du droit, à un âge postérieur à celui auquel nous fait remonter, en Irlande, le traité primitif de la saisie mobilière immédiate.

(2) Wasserschleben, *Die irische Kanonensammlung*, 2ᵉ édition, p. 111. La collection canonique irlandaise a été écrite vers l'an 700.

(3) Wasserschleben, *ibid.*, p. 115.

ritage de leur frère après le décès de leurs nièces :

Sinodus Hibernensis :
« Auctores ecclesiæ hic multa addunt ut feminæ
» heredes dent ratas et stipulationes, ne transfe-
» ratur hereditas ad alienos ; Dominus enim dicit :
» transibit hereditas earum fratribus patris sui,
» inde propinquis..... et si genuerint filios, viris
» suæ cognationis dabunt hereditatem (1). »

Ainsi, suivant le titre du chapitre 17, la fille reçoit une part de la succession paternelle quand elle a des frères ; mais le chapitre 20 nous montre que la fille n'a cette part qu'en usufruit, puisque ce sont ses frères et non ses fils qui doivent jouir de cette part après elle. On voit aussi par le chapitre 20 que la fille a l'usufruit de toute la succession paternelle quand le père ne laisse pas d'enfants mâles. Mais si, en mourant, elle laisse des fils, elle ne peut leur transmettre la succession paternelle qui revient à ses collatéraux.

Quelle est la date du concile qui a établi cette législation ? Environ l'an 600 de notre ère : ce concile doit être postérieur au triomphe définitif des prêtres chrétiens sur les druides, qui s'est accompli à la bataille de Cul Dreimme en 560 (2) ou en 561 (3), et dont le résultat fut qu'à l'assemblée géné-

(1) Wasserschloben, *ibid.*, p. 116.
(2) Hennessy, *Annals of Ulster*, p. 56, 57.
(3) Hennessy, *Chronicon Scotorum*, p. 54.

rale des Irlandais tenue à Druimm Cetta vers 580 (1), saint Columba fut pris pour arbitre. Ce concile est antérieur à la *Lex innocentium* portée par l'influence de l'abbé d'Iova, Adamnan, en 693 (2), en 696 (3), ou en 697 (4). Les jurisconsultes irlandais avaient accepté les décisions du concile, qui accordaient aux femmes un droit de succession, soit en concurrence avec des frères, soit à défaut de frères : ils avaient même établi une jurisprudence plus favorable aux femmes que le texte du concile. Le concile n'accordait à la fille qu'un usufruit, ils décidèrent que l'usufruit durerait pendant la vie de ses enfants pourvu que le père fût un étranger, naufragé par exemple. Les enfants mâles n'avaient de cet usufruit que moitié (5) : les filles, à défaut

---

(1) Hennessy, *Annals of Ulster*, t. I, p. 64, 65, donne la date de 574; cf. ci-dessus, p. 331.

(2) Hennessy, *Chronicon Scotorum*, p. 112.

(3) Hennessy, *Annals of Ulster*, t. I, p. 146.

(4) *Annales de Tigernach*, chez O'Conor, *Rerum Hibernicarum scriptores*, t. II, p. 219.

(5) *Orba mathar muir-corthe a mic o flaithaib a ardthimna. Do aisic a leath imurro docum fine fir grian, a leath anaill a fir-brethaib sil a feola fodlaigteár.* « L'héritage de la mère qui a
» épousé un naufragé appartient à ses fils par la noblesse de son
» illustre testament. Cependant, la moitié retourne à la famille
» paternelle; la moitié seulement se partage légalement entre les
» enfants de la mère » (*Ancient Laws of Ireland*, t. IV, p. 44, l. 5-8). La glose modifie ce droit : même page, l. 14-19 : *Mad orba cruib no sliasta no dilsigthi d' athair di a ingin ar duthracht, is diles o fine do macaib deoraidh ocus murcairthi cein beith oc fognam de, co a n-dibad no a n-deirge o fine.* « S'agit-il de l'héritage
» qu'une fille tient de sa mère, ou qu'un père a donné à sa fille

d'enfants mâles, conservaient la totalité de l'usufruit à charge de service militaire jusqu'à la *Lex innocentium*. A la fin du septième siècle, la *Lex innocentium* supprima l'obligation du service militaire pour les femmes (1) : elles furent réduites à moitié de la succession paternelle. On doit considérer comme purement théorique le droit à la totalité de cette succession que deux textes leur réservent, si elles veulent accepter la charge du service militaire (2).

De cet exposé, il résulte que le *Traité de la saisie avec délais* est postérieur à la date approxima-

---

» par affection ? Cet héritage, au détriment de la famille, appar-
» tient aux fils nés du mariage de cette fille avec un étranger ou
» avec un naufragé, tant que ces fils font le service dû à cause
» de cet héritage, jusqu'à la mort de ces fils ou jusqu'à ce qu'ils
» se séparent de la famille. »

(1) *Martyrologe d'Oengus*, édit. Whitley Stokes, p. XXXIX.

(2) *In orba cruid no sliasta a mathair beris sisi in techtugad sin; ocus ni fuil mac ann, no, is a ferunn athur ocus senathur ocus ni fuil comorba ferrdha ann.* « De l'héritage maternel, la
» fille a la propriété quand il n'y a pas de fils ; elle a aussi la
» terre de son père et de son grand-père, à défaut d'héritier mâle »
(*Ancient Laws of Ireland*, t. IV, p. 14, l. 26-27; p. 18, l. 12-16).
Orba cruid ocus t-shliasta na mathar sunn, ocus dibugad rodibaighi in mathir, ocus ni fuilit mic ach ingeana nama; ocus beraidh in ingean in fearann uili co fuba ocus co ruba no a leth gan fuba gan ruba; ocus coimde fuirre re aiseac uaithe iar-sna re. « Quand l'héritage maternel échoit par mort de la mère, qu'il
» n'y a pas de fils, qu'il n'y a que des filles, la fille hérite soit
» de toute la terre avec devoir d'attaque et de défense, soit de
» moitié sans devoir d'attaque ni de défense ; elle est maîtresse
» de l'héritage, à charge de restitution à la date légale (c'est-à-dire
» à son décès) » *ibid.*, *ibid.*, p. 40, l. 13-16. Voir, dans notre volume suivant, le commentaire de l'art. 23, § 2.

tive de 600, où aurait été tenu le concile accordant aux femmes droit d'hériter de leur père. En effet, ce traité n'admet pas seulement le droit pour les filles d'hériter de leur père, il reconnaît au fils de la fille le droit de conserver l'héritage au moins en partie, et même de le transmettre à son fils : telle est la doctrine de l'art. 35, § 32 (p. 202, l. 3-4) : on y voit prévu le cas où sera exercée l'action en partage de la succession du fils d'un neveu né d'une sœur : *im orba mic niath do comruind*. Ce cas, le 32º de ceux où il y a saisie avec délais de dix nuits, serait impossible si l'on s'en tenait au texte de la Collection canonique, suivant lequel les fils de la sœur doivent restituer l'héritage de leur mère à leurs cognats (1) ; ce cas est donc le résultat d'une jurisprudence qui a développé le droit de succession attribué aux filles par le droit canonique. Or ce cas n'est pas mentionné dans la partie correspondante du *Traité de la saisie immédiate* (art. 47, p. 246, l. 18-22) où sont relevés neuf cas de saisie immédiate avec dix nuits de fourrière. Ce traité ne nous offre même aucune indication qui se rapporte au droit de succession obtenu par les femmes ; on peut donc le considérer comme antérieur au concile qui, vers l'année 600, a établi ce droit de succession.

---

(1) *Si [filiae] genuerint filios, viris suae cognationis dabunt hereditatem* (*Collection canonique irlandaise*, l. XXXII, c. 20 ; texte plus complètement cité ci-dessus, p. 353).

D'autre part, le *Traité de la saisie immédiate* est postérieur à l'établissement du christianisme en Irlande. L'art. 42, § 26 (p. 232, l. 4; p. 234, l. 27-29) mentionne parmi les causes de saisie immédiate avec trois nuits de répit en fourrière, le « mobilier d'autel » *aidme altoire : altoir* « autel » n'est pas un mot celtique, c'est le mot latin *altare* prononcé *altôre* par les Bretons du cinquième siècle et introduit vers cette époque en Irlande avec le christianisme.

Le *Traité de la saisie avec délais* ne prévoit pas seulement l'hypothèse où le mobilier d'autel donne matière à contestation ; il se sert d'une formule qui ne comprend pas seulement le mobilier de l'autel, c'est-à-dire le calice, les chandeliers, le missel ; il dit (art. 20, § 11 ; p. 122, l. 12 ; p. 126, l. 28-30) « mobilier d'église » *intreb n-ecalsa* : cette formule comprend les livres de chœur, leurs supports, les lampes ou flambeaux qui éclairent pendant l'office de nuit, etc..., elle nous transporte à une époque où le culte était plus complètement organisé qu'à la date où fut écrit le *Traité de la saisie immédiate*.

Chose curieuse, ici le *Traité de la saisie avec délais* n'allonge pas la durée de la procédure ; il se met exceptionnellement par là en contradiction avec la loi générale qu'il observe partout ailleurs : de la saisie de trois nuits sans délais (c'est-à-dire avec le répit de trois nuits, soit trois jours francs en fourrière), — prévue par le *Traité de la saisie immédiate* quand il est question de mobilier d'autel, — il nous fait passer quand il s'agit de mobilier d'église à la saisie d'une nuit avec délais, c'est-à-dire : commandement, *aurfocre* ou *apad*, un jour franc ; délai après saisie, *anad*, un jour franc ; fourrière, un jour franc ; total trois jours francs.

Le *Traité de la saisie avec délais* témoigne par conséquent d'une faveur toute spéciale pour le clergé : il n'augmente pas contre lui la durée des délais qu'en règle générale il triple contre tout créancier dans l'intérêt du débiteur. Ainsi les dispositions du *Traité de la saisie avec délais* relatives au mobilier ecclésiastique appartiennent à une date où l'influence du clergé chrétien était plus grande qu'à l'époque où a été écrit le *Traité de la saisie immédiate*, cependant le clergé chrétien existait à l'époque où a été rédigé ce dernier traité, le plus ancien des deux : l'emploi du mot *altoir* « autel » l'atteste.

Il y a dans ce traité un autre mot d'origine latine dont l'introduction est due au clergé chrétien : c'est *cis* « rente, redevance. » *Cis* est le latin *census* qui se prononçait *kêsus* dans la langue classique, mais qui avait une variante *cinsus* dès les derniers temps de la République et dans la basse latinité (1). Or cette variante se prononçait *kisus* au cinquième siècle de notre ère, quand avec le clergé chrétien ce mot prit racine en Irlande ; plus

---

(1) Schuchardt, *Vokalismus des Vulgærlateins*, t. I, p. 348.

tard l'influence de l'écriture fit rétablir sur le continent l'*n* de *cinsus* dans la prononciation et en même temps le *c* initial s'assimila, c'est-à-dire prit le son de *ts* : de là l'allemand « *Zins;* » le français « cens » est un mot plus savant dû au rétablissement de l'*e* par retour à l'orthographe latine classique *census*.

Le clergé chrétien imagina de désigner par *cis* = *census* la redevance due au bailleur par le preneur de cheptel servile : on l'apprend par la Collection canonique irlandaise (livre XLI, chap. 8, 9) dont le texte est passé par des mains savantes qui ont rétabli l'orthographe classique, *census*.

« Cap. 8 : De degente sub censu nihil commen-
» dante (1).

» *Sinodus Hibernensis* :

» Sicut sine permissu abbatis monachus nihil
» commendare audebit, ita degens sub censu po-
» testatem non habebit donare aliquid in morte sua
» nisi jubente domino suo. »

« Cap. 9 : De degente sub censu sua commen-
» dante :

» *Sinodus Hibernensis* :

» Si quis fuerit sub censu regali aut abbate et
» commendaverit aliquid, si audierit et tacuerit

(1) *Commendare*, dans le latin canonique d'Irlande, veut dire « disposer par testament, léguer. »

» dominus duobus diebus, non postest retrahere,
» sin vero irritum erit (1). »

Le *census* dont il est question dans ces deux chapitres est la prestation qu'une glose du *Senchus Mór* appelle : *cis dóer-aigill[n]echta* « redevance de cheptel servile (t. III, p. 62, l. 25). »

Suivant le *Traité de la saisie immédiate*, la saisie pratiquée pour exiger cette redevance comporte trois nuits de répit en fourrière (art. 42, § 2; p. 230, l. 22 ; p. 232, l. 10-13). Le *Traité de la saisie avec délais* triple la durée de la procédure que le bailleur de cheptel entreprend contre le preneur : commandement, *aurfocre* ou *apad*, trois nuits; après saisie délai ou *anad* trois nuits; après enlèvement séjour en fourrière pendant trois nuits (art. 26, § 2 ; p. 156, l. 27 ; p. 158, l. 7-9), total neuf nuits. Le *Traité de la saisie avec délais* est moins favorable au bailleur du cheptel qu'au prêtre qui réclame un mobilier d'église (ci-dessus, p. 357-358).

Quoi qu'il en soit, la présence des mots *altoir* = *altare* et *cis* = *cinsus* = *census* dans le *Traité de la saisie immédiate* atteste que ce traité est postérieur à l'introduction du christianisme, et comme ce traité ne nous offre aucune trace du droit de succession attribué aux femmes par un concile irlandais vers l'année 600, on peut le croire an-

---

(1) Wasserschleben, *Die irische Kanonensammlung*, 2ᵉ édit., p. 160.

térieur à ce concile auquel le *Traité de la saisie avec délais* est postérieur (1).

§ 2. — *Contradictions entre le traité primitif de la saisie mobilière immédiate, et le traité primitif de la saisie mobilière avec délais.*

Nous venons de citer, à propos de la redevance due au bailleur de cheptel, une contradiction entre ces deux traités : il y en a un grand nombre d'autres. Cela est surtout frappant à propos de la saisie de cinq nuits, quand on compare à l'art. 44 (*Traité de la saisie immédiate*, p. 236, l. 24-29), l'article 32 (*Traité de la saisie avec délais*, p. 184, l. 5-19). L'article 32 est beaucoup plus développé que l'article 44 ; il contient trente-deux paragraphes correspondant à autant d'espèces différentes, tandis qu'il n'y a

---

(1) Il n'y a pas grand chose à conclure des formes qui, dans la langue du *Senchus Môr*, appartiennent à une langue relativement moderne. Les Irlandais savants, dont M. Standish O'Grady est le type vivant, ne se sont jamais fait scrupule de moderniser les vieux textes qu'ils copient. J'ai publié dans la *Nouvelle Revue historique de droit français et étranger* une étude sur la langue du *Senchus Môr*; je crois inutile de reproduire ici ce travail où je relève, dans cette langue, un grand nombre de formes archaïques. Les légistes auxquels je m'adresse principalement ici trouveraient que j'abuse de la linguistique. Quant aux linguistes, je les renverrai à la préface que M. Kuno Meyer a mise en tête du volume intitulé : *Anecdota oxoniensia. Texts, documents and extracts chiefly from mss. in the Bodleian and other Oxford libraries. Mediaeval and modern series. Part VIII. Hibernica minora.* 1894, p. x-xiii.

que dix paragraphes dans l'article 44 ; mais ces dix paragraphes se retrouvent tous dans l'article 32.

Voici la concordance :

Art. 44. Art. 32.

1 5 *Im thobach do chomorba fir mairb.*
« Saisie contre les héritiers d'un homme qui vient de mourir. »

2 6 *Im a rindad iar na écaib.*
« Saisie à cause d'une malédiction magique lancée contre un mort. »

3 9 *Im dindis duinethaide.*
« Saisie pour [exiger] serment purgatoire, [quand l'homme, accusé] de meurtre caché[, nie ce crime]. »

4 10 *Im a eiric iarn-a fis.*
« Saisie afin d'exiger la composition [due pour ce meurtre], quand on en connaît l'auteur. »

5 11 *Im foxal camthire.*
« Saisie pour avoir enlevé la couverture d'une bête malade. »

6 27 *Im dingbail meic baitsige.*
« Saisie pour se débarrasser de fils de prostituée. »

7 28 *Im cert filed tar crich.*
« Saisie pour faire payer le salaire auquel le poète a droit hors du territoire de la cité. »

8 29 *Im imcomus n-aire.*

Art. 44. Art. 32.

« Saisie pour [obtenir réparation du dommage causé par] une malédiction magique extraordinairement puissante. »

9   30   *Im on lesanma.*

« Saisie à cause de l'insulte produite par un sobriquet. »

10   31   *Im guliud meic a-horba.*

« Saisie [pour exiger des dommages-intérêts] à cause du procès injuste [par lequel on a voulu dépouiller] un fils de son héritage [paternel]. »

La contradiction en ces dix cas est évidente :

Si l'on accepte la doctrine énoncée dans l'article 44, le créancier, sans commandement préalable ou immédiatement après le commandement, enlève l'objet saisi, et à défaut par le débiteur de donner satisfaction dans un espace de cinq nuits, c'est-à-dire de cinq jours francs, l'objet saisi devient la propriété du créancier.

Mais suivant l'article 32, 1° le créancier fait un commandement, *aurfocre* ou *apad*, et cinq jours francs s'écoulent, puis il procède à la saisie en constituant son débiteur gardien des objets saisis ; 2° après un second délai de cinq jours francs, *anad*, qui suit la saisie, l'enlèvement a lieu ; 3° les objets saisis sont mis en fourrière, et là restent, pendant cinq jours francs, propriété du débiteur. La procédure comporte, par conséquent, trois périodes de cinq jours francs, au lieu d'une : c'est après trois périodes de cinq jours francs et non après une seule que le créancier devient propriétaire des objets saisis sur le débiteur.

Voilà deux systèmes tout à fait différents (1) ; il est inadmissible que le créancier puisse arbitrairement choisir l'un ou l'autre. S'il avait le choix, ce serait la procédure la plus courte qu'il adopterait. La procédure la plus longue, plus favorable au débiteur que la première, a été créée pour la remplacer par un adoucissement de mœurs dû probablement au christianisme. Ce n'est pas tout.

Comparons l'article 42, *Traité de la saisie immédiate* (p. 230, l. 21-26), à l'article 26, *Traité de la saisie avec délais* (p. 156, l. 27-34), nous arriverons en quatre cas à une contradiction analogue :

Art. 42.	Art. 26.		
1	1	*Sloged*,	« expédition militaire. »
2	2	*Cis*,	« rente ou redevance. »
3	3	*Congbail*,	« assemblée. »
4	7	*Fuba ocus ruba*,	« attaque et défense. »

Suivant l'article 42, quand un sujet ou vassal ne se rend pas à une expédition militaire à laquelle il a été convoqué, ne paye pas une rente à la date fixée, ne se rend pas à une assemblée à laquelle il a été appelé, ne fait pas le service d'attaque ou de défense après mise en demeure régulière, son roi,

---

(1) Cf. ci-dessus, p. 264-268.

son chef peut, sans commandement préalable ou aussitôt après le commandement, procéder contre lui à une saisie suivie d'enlèvement immédiat, et après trois nuits de fourrière, trois jours francs, l'objet saisi sur le vassal ou sujet récalcitrant qui s'obstine à ne pas remplir ses obligations, devient propriété du roi ou chef saisissant.

Mais dans le système exposé par l'article 26, le roi ou chef doit faire d'abord un commandement, *aurfocre* ou *apad* : c'est seulement trois nuits après le commandement qu'il peut procéder à la saisie : par la saisie, le débiteur est constitué gardien pendant un second délai de trois nuits, *anad* : quand ce délai est expiré, l'enlèvement et la mise en fourrière ont lieu, et l'objet saisi reste en fourrière pendant trois nuits avant que le saisissant en devienne propriétaire. Il faut neuf nuits ou neuf jours francs pour exproprier le débiteur qui, suivant l'article 42, est dépouillé de sa propriété en trois nuits seulement. La longue procédure de l'article 26 est plus favorable aux sujets et aux vassaux que celle de l'article 42 ; on a dû l'inventer à une date relativement récente, grâce au clergé chrétien et à la charité chrétienne.

Dans les quatorze cas que nous venons de citer, les deux traités expriment la même espèce juridique par les mêmes mots ; la contradiction saute aux yeux. Voici deux exemples additionnels où les deux traités se servent de termes différents pour désigner la même espèce. Un mot de préambule :

Lorsque le poète réclame le salaire qui lui est dû dans le territoire de sa cité, et que faute de payement il recourt à la saisie, la règle est probablement la même que pour la redevance ou rente, *cis*, due au chef (p. 364, art. 26, § 2, et art. 42, § 2) : la saisie est immédiate avec trois nuits de répit en fourrière, suivant le *Traité de la saisie immédiate*; il y a trois nuits de délais, formant un total de neuf nuits, si l'on se conforme au *Traité de la saisie avec délais*. Deux textes, avons-nous dit, prévoient l'hypothèse où le poète veut se faire payer un salaire à lui dû hors du territoire de sa cité, et où, hors du territoire de sa cité, il procède à saisie contre le débiteur : comme on l'a vu, p. 362, d'après l'article 32, § 28, *Traité de la saisie avec délais*, il y a lieu à saisie avec délais de cinq nuits, donnant un total de quinze nuits, tandis que la saisie est immédiate avec cinq nuits de répit en fourrière suivant l'article 44, § 7, *Traité de la saisie immédiate*.

Or, quand le créancier n'est pas un poète et qu'il pratique une saisie hors du territoire de la cité, le répit est non de cinq nuits mais de dix : c'est ce qu'exprime, par dérogation à l'art. 44, § 7, l'art. 47, § 3. L'article 47 (p. 246, l. 18-23) traite de la saisie immédiate de dix nuits, et il mentionne (§ 3) la saisie hors du territoire de la cité [où le saisissant est domicilié] *athgabáil-tobag dar crích*.

Cette saisie équivaut à une assignation à comparaître devant arbitres dans le territoire du saisissant : en effet, la ressource du débiteur saisi qui considère comme injuste la saisie dont il est victime, est de faire juger la question dans l'assemblée de la cité du demandeur. Cette assemblée est ici extraterritoriale à l'égard du saisi, elle s'appelle, en droit irlandais, « assemblée de frontières, » *dál criche* (p. 78, l. 12; p. 192, l. 11), ou, suivant la glose (p. 192, l. 25), « assemblée au delà de frontière de cité », *tar crich tricha cét*, littéralement « au delà de frontière de trois mille [feux] (1). »

Une assemblée générale des Irlandais se tenait hors du territoire de toutes les cités : c'était une *dál criche* : la *dál criche* imaginaire où, sur le rapport du légendaire Sencha, brehon du légendaire Conchobar, les règles de la saisie ont été, dit-on, fixées (p. 78, l. 11-21), aurait été une assemblée générale des Irlandais (p. 78, l. 12-13 ; p. 80, l. 1 et suiv.). Mais la *dál criche* dont il s'agit ici (p. 192, l. 11), n'est que l'assemblée d'une cité : elle n'est extraterritoriale qu'au point de vue du saisi, qui vient demander devant elle nullité de la procédure dirigée contre lui par son créancier.

Ces explications données, on comprendra la contradiction entre le § 3 (cité page 366) de l'article 47, *Traité de la saisie immédiate*, et le § 2 de l'article 33, *Traité de la saisie avec délais* (p. 192, l. 11, 22-26). L'article 33 traite de la saisie avec délais de dix nuits, c'est-à-dire d'une procédure qui com-

---

(1) Voir plus haut, p. 102, note 1.

mence par un commandement, *apad* ou *aurfocre*, suivi d'une période de dix nuits après laquelle il y a : 1° saisie, 2° constitution du défendeur comme gardien des objets saisis ; puis une seconde période de dix nuits s'écoule : quand elle est expirée, les objets saisis sont enlevés et mis en fourrière : en fourrière, ils restent pendant dix nuits propriété du défendeur saisi, puis ils deviennent propriété du saisissant. Cette procédure comporte donc trois périodes de dix nuits : or, parmi les cas où cette procédure doit être employée, est celui où le saisi est mis en demeure de se trouver à n'importe quelle assemblée qui doit se tenir au delà des frontières, c'est-à-dire hors des limites de la cité, *im cach n-dál criche*. La règle qui prescrit cette procédure compliquée est inconciliable avec le §. 3 de l'article 47, puisque dans le même cas ce paragraphe permet de procéder par saisie immédiate, c'est-à-dire que, sans avoir fait commandement préalable, ou aussitôt après le commandement, sans avoir constitué le défendeur gardien de l'objet saisi, le créancier enlève cet objet saisi qui, mis en fourrière, commence au bout de dix nuits à devenir propriété dudit créancier. L'expropriation du défendeur a lieu au bout de dix jours francs dans le système de l'article 47, et au bout de trente jours francs seulement suivant l'article 38 : premier exemple additionnel de contradiction.

Passons au second exemple. Suivant l'article 38, § 13, est immédiate avec une nuit de fourrière la saisie du cheptel par le bailleur, quand le preneur ne fournit pas audit bailleur la nourriture qu'il lui doit, *athgabail raith do-na-urbiathar* (p. 216, l. 1 ; p. 218, l. 31-33). Cette nourriture due au bailleur est la nourriture du chef, *biathad airech*, de l'article 20, § 9, *Traité de la saisie avec délais* (p. 122, l. 11 ; p. 126, l. 23-26), à défaut de laquelle on procède contre le débiteur par voie de saisie d'une nuit avec délais : la même idée est exprimée par le § 10 du même article 20 « défaut de festin » *esbuid fledi* (p. 122, l. 11 ; p. 126, l. 27-28) où il continue à être question de la saisie d'une nuit avec délais formant un total de trois nuits au lieu d'une nuit comme dans l'article 38, *Traité de la saisie immédiate*. Total : seize contradictions entre les deux traités primitifs de la saisie.

§ 3. — *Recueil d'exemples tirés du livre I*er *du* Senchus Mór (*traité définitif irlandais de la saisie mobilière*) *qui attestent l'incapacité de son auteur.*

On ne peut donc accorder entre eux le *Traité de la saisie avec délais* et le *Traité* plus ancien *de la saisie immédiate*. En les reproduisant l'un à la suite de l'autre, sans voir les contradictions, l'auteur du *Senchus Mór* a donné une preuve de grande ineptie : on en peut relever chez lui bien d'autres.

Il a consacré à la procédure du jeûne une partie de sa rédaction, c'est-à-dire les articles 16 (p. 112, l. 14-18), 17 (p. 116, l. 14-15), 18 (p. 118, l. 4-7).

La procédure du jeûne est une modification à la procédure de la saisie avec délais : le commandement, *aurfocre* ou *apad*, par lequel débute la procédure de la saisie avec délais est remplacé par un jeûne quand le débiteur appartient à l'aristocratie : ce jeûne est pratiqué à la porte du débiteur par le créancier pendant une journée, il constitue une mise en demeure plus polie que le commandement, mais il a une sanction beaucoup plus grave : si, après le jeûne du créancier, le débiteur ne paye pas, ou au moins ne promet pas, soit de payer, soit de comparaître devant arbitre et ne donne pas des gages en garantie, la dette est doublée, et ce débiteur récalcitrant perd toutes ses créances.

A l'époque où la saisie avec délais était inconnue, et où la saisie immédiate était seule pratiquée, on ne faisait pas de commandement, ou plus exactement le commandement était immédiatement suivi par la signification de saisie et par l'enlèvement des objets saisis : il n'y avait pas de place pour le jeûne. Les plus hauts dignitaires de l'aristocratie qui ne payaient pas leurs dettes étaient exposés à la saisie immédiate, seulement cette saisie comportait dix nuits de fourrière. Le premier paragraphe de l'article 47, qui traite de la saisie immédiate de dix nuits, concerne ce cas important : « saisie contre haut privilégié, » *athgabáil ard-neime* (p. 246, l. 18-19). Le copiste auquel on doit le ms. Harléien 432 du Musée Britannique, base du tome I*er* des *Ancient Laws of Ireland*, s'est aperçu de la contradiction entre ce § 1ᵉʳ de l'article 47 et les articles 16, 17, 18 qui traitent de la procédure du jeûne ; en conséquence, il a supprimé ce paragraphe (1). Mais ce paragraphe nous a été conservé par le copiste auquel on doit la partie du *Senchus Môr* contenue dans le ms. H. 3. 17 du Collège de la Trinité de Dublin (2).

Un autre exemple de l'incapacité de l'auteur auquel nous devons le *Senchus Môr* nous est donné par l'emploi qu'il fait (art. 19, p. 120, l. 19-20 ; et art. 43, p. 236, l. 12) de la maxime « prix d'honneur ne supporte pas délai, » *ni daim enech-lann anad*.

Le sens de cette maxime est que, lorsqu'il s'agit de prix de l'honneur dû au créancier saisissant, celui-ci a le droit d'employer la procédure de la saisie immédiate, et de refuser au débiteur la faveur de la saisie avec délais, *apad, anad*. Ce qui est surtout caractéristique de la saisie avec délais, c'est l'*anad*, c'est-à-dire le délai pendant lequel les objets saisis restent entre les mains du débiteur qui en est constitué gardien : dans la saisie immédiate ce délai n'existe pas, le seul répit qu'ait le débiteur est la période appelée *dithim*, pendant laquelle les objets saisis sont en fourrière, *forus*, et le créancier a la possession de ces objets en attendant qu'il en acquière la propriété (art. 37, p. 210, l. 20-29).

---

(1) Harléien 432, fol. 17, p. 1, col. a. Copie d'O'Donovan, p. 1891.
(2) H. 3, 17, col. 89. Copie d'O'Donovan, p. 111.

Or, suivant les articles 19 et 43, il n'y aurait pas d'*anad*, c'est-à-dire on ne devrait pas faire usage de la saisie avec délais, quand le but de la saisie serait de contraindre le débiteur à payer le prix de l'honneur dû par lui au créancier. Voilà ce que veut dire la maxime « prix d'honneur ne supporte pas délai, » *ni daim enech-lann anad*. Cette maxime constitue un essai de conciliation entre la procédure de la saisie immédiate et la procédure de la saisie avec délais : elle a été introduite par des jurisconsultes qui prétendaient maintenir concurremment ces deux procédures, bien que la procédure de la saisie avec délais eût été imaginée pour supplanter la procédure de la saisie immédiate.

Or le texte du *Traité de la saisie avec délais* est formellement inconciliable avec la maxime « prix d'honneur ne supporte pas délai » *ni daim enech-lann anad*. En effet, parmi les causes de procès qui donnent lieu à saisie d'une nuit avec délais, on trouve mentionné « prix d'honneur de vierge, » *lóg n-enech n-oige* (art. 20, § 36; p. 124, l. 2). Ici le rédacteur, pour exprimer l'idée de prix d'honneur, n'a pas employé le mot *enech-lann* : il s'est servi de la formule *lóg-enech*, mais on sait que *lóg-enech* est la traduction d'*enech-lann* en une langue un peu moins archaïque, et même la glose de ce passage emploie par archaïsme *enech-lann* comme synonyme de *lóg-enech* (voir p. 132, l. 17-18) : *im inuclund dlighus in oig in a sarugha* « pour prix d'honneur auquel a droit la vierge à cause de son viol. »

Ainsi, suivant le *Traité de la saisie avec délais*, le père et, à défaut du père, l'agnat qui réclame le prix de l'honneur de la vierge violée doit recourir à la procédure de la saisie avec délais : cette prescription ne peut s'accorder avec la maxime « prix d'honneur ne supporte pas délai. »

Toutefois, le rédacteur du *Senchus Mór* a employé d'une façon logique cette formule dans une de ses additions au *Traité de la saisie immédiate* (art. 40, p. 228, l. 16-17). Après avoir donné la partie du *Traité de la saisie immédiate* qui énumère les cas où les objets saisis restent une nuit en fourrière avant de devenir propriété du saisissant, il se pose une question : « pourquoi ces saisies ne supportent-elles pas de délai, *anad* ? » Il en donne deux raisons : l'une est que « prix d'honneur ne supporte pas délai, *anad*. » Cette raison est plus ou moins bonne, peu importe ici ; ce qu'il y a de certain, c'est qu'ici le mot *anad* est employé dans son sens juridique, c'est qu'ici l'auteur du *Senchus Mór* parle en jurisconsulte. Mais il ne le fait pas à l'art. 19 (p. 120, l. 19-20) : là il prétend commenter le *Traité de la saisie avec délais* : il va donner, d'après ce traité, la liste des cas où les objets saisis doivent, pendant un délai, *anad*, d'une nuit, rester entre les mains du débiteur constitué gardien, et il veut expliquer pourquoi dans ces cas, le délai, *anad*, qui est d'un jour franc, qui, par conséquent, peut durer en réalité deux jours, ne doit pas être arbitrairement allongé. A cette question, que répond-il? « Prix d'honneur ne supporte pas délai » *ni daim enech-lann anad;* mais appliquer cette maxime, ce n'est pas réduire le délai, *anad*, à un jour franc, c'est le supprimer tout à fait.

Plus bas (art. 43; p. 236, lignes 9 et suiv.) il vient de donner, d'après le *Traité de la saisie immédiate*, la nomenclature des cas où les objets saisis restent trois nuits en fourrière. Ce répit s'appelle *dithim* et non *anad* : aucun délai, *anad*, n'a précédé l'enlèvement des objets saisis. Le rédacteur du *Senchus Môr* se demande pourquoi la période pendant laquelle les objets saisis et mis en fourrière restent propriété du débiteur, n'a pas été élevée de trois nuits à cinq ou dix. Voici sa réponse : « Les cas où il s'agit d'honneur ne supportent pas *anad*, c'est-à-dire délai, » *aenech na damet anad*. Mais la période appelée *anad* n'existe pas plus dans la saisie immédiate de cinq et dix nuits que dans celle de trois : la réponse est donc absurde.

La maxime « prix d'honneur ne supporte pas délai » a joué bien des mauvais tours au rédacteur du *Senchus Môr :* au tome II, p. 100, l. 6-8, il recourt à elle de nouveau pour expliquer la coexistence dans son livre du *Traité de la saisie avec délais* et du *Traité de la saisie immédiate*. On procède, prétend-il, par saisie immédiate et non par saisie avec délais, quand il s'agit du prix de l'honneur et qu'en outre la dette du prix de l'honneur est la conséquence d'un acte personnel au saisi : « prix d'honneur ne supporte pas délai, *anad*, si pour crimes du saisi lui-même est pratiquée saisie, » *ni daim enech-lann anad ma fri cinta caich fadesin gabur athgabail*, c'est-à-dire que la saisie avec délais ne serait pratiquée pour le prix de l'honneur que lorsqu'on poursuivrait quelqu'un comme responsable du crime d'autrui, par exemple du crime de son fils, de sa fille, de son petit-fils, de sa femme salariée, de son messager, etc... (art. 26, § 9; p. 156, l. 29 et suiv.) ou de parents éloignés (art. 32; p. 182, l. 22-24).

L'auteur oublie que, dans le *Traité de la saisie avec délais* (art. 26), on trouve placés parmi les cas de saisie d'une nuit tous les crimes commis par le débiteur saisi, soit avec la main, soit avec l'œil, soit avec la langue, soit avec les lèvres (art. 26, § 10; p. 156, l. 31-32), et que cet article ne distingue pas entre la réparation du dommage matériel et le prix de l'honneur. D'après la maxime « prix d'honneur ne supporte pas délai » (t. II, p. 100, l. 6-8) le prix de l'honneur dû pour ces crimes devrait être mentionné dans *Traité de la saisie immédiate* où il n'en est pas question.

Lorsque le malhabile écrivain qui a rédigé le *Senchus Mór* a écrit la règle du tome II, p. 100, l. 6-8 (ci-dessus, p. 374), il ne se rappelait plus qu'à propos du *Traité de la saisie immédiate*, il avait lui-même rangé parmi les causes de saisie immédiate avec cinq nuits de fourrière le crime commis par le père, le fils, le petit-fils, le frère et la femme du saisi, art. 45, p. 238, l. 6-9, sans distinguer entre la réparation du dommage matériel et le prix de l'honneur, en sorte que, d'après cet article 45, la poursuite pratiquée pour faire payer, non le prix de l'honneur dû à cause du crime commis par le saisi, mais le prix de l'honneur réclamé par le demandeur à cause du crime commis par un tiers dont le saisi est responsable, prendrait forme de saisie immédiate avec cinq nuits de fourrière. Ainsi l'auteur du *Senchus Mór* n'est pas d'accord avec lui-même quand au tome II, p. 100, l. 6-8, il présente la saisie immédiate comme la forme spéciale aux cas où la cause de la poursuite est le prix de l'honneur dû pour le crime commis par le défendeur lui-même et non par un tiers dont le défendeur répond.

Les deux explications par lesquelles le *Senchus Mór* prétend faire comprendre l'origine des cinq nuits de fourrière qui caractérisent la saisie immédiate de cinq nuits, sont aussi ridicules que son explication de la maxime : « prix d'honneur ne supporte pas délai. » La plus singulière se trouve article 48 (p. 250, l. 15 et suiv.). Deux adversaires allaient se battre en duel, ils consentent à s'accorder un délai, *anad*, de durée indéterminée : un jugement de Sencha, le célèbre jurisconsulte épique, fixe à cinq nuits la durée de ce délai. Telle serait l'origine de la saisie immédiate de cinq nuits ; or un des caractères distinctifs de la saisie immédiate de cinq nuits est que, dans la procédure de cette saisie, le délai dit *anad* n'existe pas.

Voici l'autre explication (art. 45 ; p. 238, l. 6-14) : la saisie immédiate de cinq nuits est celle à laquelle on procède quand le défendeur est actionné pour un crime commis, soit par son père, soit par son fils, soit par son petit-fils, soit par son frère, soit par sa femme ; père, fils, petit-fils, frère, femme font cinq personnes, et ces cinq personnes peuvent avoir commis de cinq manières différentes le crime qu'il s'agit de réparer : elles peuvent l'avoir commis soit avec la main, soit avec le pied, soit avec la langue, soit avec les lèvres, soit avec l'œil : crime de main, crime de pied, crime de langue, crime de lèvres, crime d'œil, cela fait cinq crimes. Nous avions déjà cinq personnes, nous aurons cinq nuits comme conséquence. Mais le texte du *Traité de la saisie immédiate* ne dit pas un mot de ces belles choses : l'article 44 (p. 236, l. 24-29) donne l'énumération des cas où la saisie est immédiate avec cinq nuits de fourrière : il n'y est pas question de la responsabilité des crimes commis par le père, le fils, le petit-fils, le frère et la femme ; pour trouver la mention d'une responsabilité analogue à celle-là, il faut se reporter au *Traité de la saisie avec délais* (art. 26, § 9, p. 156, l. 28 et suiv.; p. 160, l. 18 et suiv.) : dans cet article, il s'agit de la saisie de trois nuits avec délais : une des causes de cette saisie est le crime du fils, du petit-fils, de la femme, dont sont responsables le père, le grand-père et le mari ; or, d'après l'article 45 cité plus haut, qui est dû à la plume du rédacteur du *Senchus Môr*, cette responsabilité donne lieu à saisie immédiate avec cinq nuits de fourrière.

Ainsi, l'auteur du *Senchus Môr*, dans son commentaire du *Traité de la saisie immédiate*, se met ici en contradiction avec le *Traité de la saisie avec délais* qu'il a reproduit plus haut, et il n'a pas l'air de s'apercevoir de cette contradiction.

Il n'a pas eu, du reste, assez d'imagination pour inventer la maxime enfantine qui associe cinq nuits de fourrière à l'énumération de cinq coupables et de cinq organes par l'emploi desquels un homme peut commettre des crimes : il l'a tirée d'un traité de droit en vers dont il a cité plus haut un vers allittéré de sept syllabes :

Cuicthe fri cond cuindegar

« cinq nuits sont le répit en fourrière auquel a droit l'homme *sui juris* [poursuivi pour le crime ou la dette de l'incapable dont il répond] » (art. 2, § 3, p. 78, l. 14). Un autre vers, de sept syllabes, du même traité se trouve enchâssé dans l'art. 45 (p. 238, l. 6-7), que nous venons de citer :

urdairc de cuicthe i cuic.

« Il est bien connu qu'aux cinq nuits de fourrière correspondent cinq [personnes et cinq crimes], » littéralement : « fameux par là cinq nuits en cinq. » Ces maximes mnémoniques antérieures à la rédaction du *Senchus Môr* où elles ont été insérées sont une sorte de supplément au *Traité de la saisie immédiate :* elles fixent à cinq nuits la durée du répit en fourrière, quand la saisie frappe un parent proche, responsable aux lieu et place du coupable ou débiteur insolvable. Elles peuvent s'accorder avec le *Traité de la saisie immédiate.*

Suivant le *Traité de la saisie immédiate* (art. 47, § 4, p. 246, l. 20, 21), quand la famille est actionnée pour le crime d'un de ses membres qui se soustrait par la fuite à la responsabilité de son crime, il y a lieu à saisie immédiate avec dix nuits de répit en fourrière : cela s'entend des cas où la parenté est éloignée (p. 248, l. 25); quand la parenté est proche, la durée du répit en fourrière est de cinq nuits conformément aux maximes précitées.

Dans le *Traité de la saisie avec délais,* le système est différent : les délais sont de trois nuits quand le créancier procède par saisie contre un parent proche du coupable, ou, en général, du débiteur (art. 26, § 9, p. 156, l. 29-30 ; p. 160, l. 18-26); la durée des délais s'élève à cinq nuits quand le saisi est un parent éloigné (art. 31, p. 182, l. 22 et suiv.). Ainsi les chiffres sont trois et cinq, — chacun trois fois répétés, — quand on pratique la saisie avec délais, cinq et dix — sans répétition, — quand on pratique la saisie immédiate.

Pour revenir à notre point de départ, il est absurde d'expliquer les cinq nuits de fourrière de la saisie immédiate par le nombre cinq des personnes dont le parent responsable peut être poursuivi par forme de saisie immédiate avec cinq nuits de fourrière, et par le nombre cinq des crimes que ces personnes peuvent avoir commis.

L'explication des trois nuits de fourrière de l'article 42 (p. 230, l. 20 et suiv.; p. 232, l. 1-6), ne vaut pas mieux. Suivant le *Senchus Môr*, la durée du répit en fourrière est de trois nuits dans les cas prévus par cet article, parce que ces cas peuvent être rangés sous trois chefs : droit, honneur et âme (art. 41, p. 230, l. 3-7), c'est-à-dire : « droit » du chef auquel on doit service de guerre, rente, repas, etc...; « honneur » qu'on a violé, par exemple en frappant le fils, l'esclave, la femme du demandeur; « âme » dont on a exposé le salut en s'emparant du mobilier d'une église. La vérité est que les considérations qui ont décidé le législateur à abréger les délais de la procédure ou à les allonger, sont tantôt l'intérêt du demandeur, tantôt l'intérêt du défendeur; c'est l'intérêt du demandeur quand il s'agit d'exiger la délivrance d'un objet dont le demandeur a un besoin urgent, telle une vache laitière sur le lait de laquelle il compte pour se nourrir : c'est l'intérêt du défendeur quand, par exemple, celui-ci est actionné pour une dette qui n'est pas sienne et qui a été contractée par un parent. Rapporter les trois nuits de fourrière à trois chefs sous lesquels on peut classer diverses causes de saisie n'est pas une doctrine juridique, c'est un moyen mnémonique.

§ 4. — *Le Bráthchæ ou jugement de Cae*.

Je ne puis finir sans dire un mot du document appelé *Bráthchæ* ou jugement de *Cae*, qui est cité par le *Senchus Mór*, art. 37 (p. 210, l. 27-29); ce document est mentionné deux fois par le glossaire de Cormac : un extrait de ce document se trouve dans ce glossaire au mot *clithar sêt* (1), et le même glossaire consacre un article à ce document dont le nom est là écrit *Brathchaei* (2). Le *Bráthchæ* est antérieur au *Senchus Mór*, puisque l'auteur du *Senchus Mór* en parle, et il est postérieur aux deux traités de la saisie immédiate et de la saisie avec délais dont il a cherché à déterminer la différence fondamentale : « Aux diverses durées du délai qui » précède l'enlèvement, lorsqu'un intervalle sépare » la saisie de l'enlèvement, est égale la durée » du répit pendant lequel l'objet enlevé reste en » fourrière quand aucun délai n'a précédé l'enlè- » vement de l'objet saisi, » littéralement « l'*anad* » de chaque saisie après longueur, c'est le *dithim* » de chaque saisie immédiate sans *anad* du tout. »

La conséquence de cette maxime, est que la base du classement des causes de la saisie avec délais est non la durée du répit en fourrière, mais la durée du délai, *anad*, posé entre la saisie et l'enlèvement

---

(1) Whitley Stokes, *Three Irish glossaries*, p. 49.
(2) *Ibid.*, p. 7.

suivi de répit en fourrière pendant un temps, *dithim*, égal à la durée de l'*anad*. La durée du délai, *anad*, qui sépare la saisie de l'enlèvement est une, trois, cinq ou dix nuits, dans le traité de la saisie avec délais tel qu'il se comportait avant l'intercalation de la saisie féminine. Ces chiffres servent de base au classement, on laisse de côté la durée correspondante du répit en fourrière.

Mais quand, au contraire, il s'agit de la saisie immédiate, c'est la durée du *dithim*, c'est-à-dire du répit en fourrière, qui sert de base au classement ; cette durée est une, trois, cinq, dix nuits ; ces chiffres sont identiques à ceux qui servent de base au classement des causes de la saisie avec délais, mais se rapportent à un acte de procédure différent. Tel est, suivant nous, le sens de la règle posée par le *Bráthchæ*.

Cette règle doit paraître, de prime abord, dénuée d'intérêt : quelle utilité y a-t-il à prendre pour base du classement la durée de l'*anad* plutôt que celle du *dithim* dans la saisie avec délais, puisqu'en règle générale dans cette saisie la durée du *dithim* est égale à celle de l'*anad* (p. 176, l. 28-30) ? C'est que, lorsqu'il s'agit de la saisie féminine où l'*anad* est de deux nuits, la durée du *dithim* est double (art. 22 ; p. 144, l. 23-24 ; p. 146, l. 21-25 ; cf. p. 150, l. 1-2), or l'interpolateur qui a inséré dans le *Traité de la saisie avec délais*, la saisie féminine l'a placée entre celle d'une nuit et celle de trois : s'il avait pris pour base de son classement la durée du *dithim*, il aurait placé la saisie féminine entre celle de trois et celle de cinq. La saisie féminine s'appelle saisie de deux nuits conformément à la durée de l'*anad* et non du *dithim*.

§ 5. — *Conclusion.*

Les observations réunies dans les pages qui précèdent, établissent, croyons-nous, d'une façon suffisante l'intérêt qu'offre la partie du *Senchus Mór* où l'auteur a intercalé le *Traité* primitif *de la saisie mobilière immédiate.* Ce traité aurait été composé avant la fin du sixième siècle de notre ère. Le compilateur inintelligent auquel on doit le *Senchus Mór* a reproduit ce traité tel qu'il l'a trouvé, sans chercher à le mettre d'accord avec le reste de son travail sur la saisie mobilière, sans paraître s'apercevoir des contradictions : il l'a, en outre, encadré d'assertions la plupart ineptes au milieu desquelles on reconnait deux vers empruntés à un traité versifié de la saisie mobilière immédiate, et par lesquels est complété le traité primitif en prose (1). Tel est le résultat de notre deuxième partie.

Dans une troisième partie par laquelle le volume suivant commencera, nous donnerons avec commentaire la traduction de la première section du traité de la saisie compilé par l'auteur du *Senchus Mór*; on y trouvera tous les articles qui dans cette

(1) Voyez ci-dessus, p. 378.

section concernent la saisie mobilière avec délais et la saisie mobilière immédiate, soit que ces articles aient été rédigés par l'auteur du *Senchus Môr*, soit qu'ils appartiennent aux deux traités primitifs : ce qui appartient à ces traités sera imprimé en *italiques*, de manière à être facilement distingué de la rédaction postérieure qui les enveloppe pour ainsi dire des mailles de son réseau.

Mais, diront quelques lecteurs, à quoi bon étudier les règles d'une procédure si compliquée? Quelle importance pratique peut avoir la régularité d'une procédure aux effets de laquelle le défendeur a la faculté de s'opposer par la force, quand même le demandeur ne commettrait aucune infraction à cette régularité? La réponse à cette question est facile. Le demandeur, qui a de son côté le droit et la forme, est soutenu par sa famille d'abord, puis par l'opinion publique. Les membres de la famille du défendeur ne risquent pas leur vie pour se plier aux fantaisies d'un parent dont les torts sont évidents, et si celui-ci s'avise de tuer un demandeur dont le droit est clair et qui agissait dans les formes, il est certain qu'il sera *lynché*. L'esprit humain a toujours eu les mêmes lois, et là où les particuliers n'obtiennent pas des pouvoirs publics la protection calme et froide dont la tradition romaine nous a donné l'habitude vingt fois séculaire, l'indignation et la fureur populaire sont la sanction violente du droit coutumier méprisé par l'irritant et sot orgueil de l'homme injuste et méchant.

TABLE DES MATIÈRES

Préface. ix
Addition (le mariage annuel). xix

PREMIÈRE PARTIE.

Différences fondamentales entre le droit celtique et les doctrines juridiques modernes.. 1

Chapitre premier. — L'État, comme les dieux, se désintéresse des relations qu'ont les familles entre elles. — Rapport entre la constitution de la société et la notion de la vie future. 1

Chapitre II. — Le serment par les forces de la nature 14

Chapitre III. — Le jugement de l'eau. 26

Chapitre IV. — Le duel.. 36
  § 1. — Le duel conventionnel chez les Celtibères. 36
  § 2. — Le duel, principalement le duel conventionnel chez les Irlandais. 44
  § 3. — Le duel conventionnel dans l'*Iliade* et dans l'épopée de Thèbes aux sept portes. 48
  § 4. — Le combat conventionnel des Horaces et des Curiaces. 55
  § 5. — L'intervention de la famille dans la convention qui précède le duel. 60

§ 6. — Les témoins du duel et la théorie du meurtre dissimulé. 64
§ 7. — Le duel qui a pour objet un prix à décerner au vainqueur. 68
§ 8. — Théorie primitive du duel. 70

CHAPITRE V. — LA COMPOSITION EN GÉNÉRAL, PRINCIPALEMENT LA COMPOSITION POUR MEURTRE. 75
§ 1. — Généralités. 76
§ 2. — La composition chez les Celtes. 79
§ 3. — L'exil, moyen d'éviter le payement de la composition. 83
§ 4. — Le prix du corps distingué du prix de l'honneur dans le droit celtique en général, dans le droit irlandais en particulier. 87
§ 5. — Le prix du corps dans le pays de Galles. Modifications au droit pénal celtique dans le droit gallois, par l'effet de la conquête romaine. 93
§ 6. — Prix gradué de l'honneur. Première partie : l'honneur des rois, nombre des rois en Irlande. 97
§ 7. — Prix gradué de l'honneur. Seconde partie : la noblesse, sa hiérarchie et la plèbe en Irlande. 105
§ 8. — Aspects divers de la hiérarchie nobiliaire. Valeur graduée du témoignage, importance graduée du cortège 109
§ 9. — Suite du précédent. L'éducation des enfants en Irlande et en Gaule ; son tarif gradué en Irlande. 112
§ 10. — La hiérarchie sociale en Gaule. 116
§ 11. — La féodalité celtique et le cheptel. 118
§ 12. — Deux espèces de cheptel ; deux classes de vassaux. 123
§ 13. — Le prix de l'honneur dans la Bretagne française et dans le pays de Galles. 130
§ 14. — Le prix de l'honneur proportionné à la gravité de l'injure. 134
§ 15. — Rachat de la vie du coupable dans la loi salique, dans la loi des Douze Tables, et dans le droit irlandais où le terme consacré *smacht* a aussi un sens différent. 135
§ 16. — Autres ressemblances entre la loi salique et le droit irlandais. Le prix de l'homme libre, l'homme de quarante nuits, la part du roi et du juge dans la composition, etc. 142

§ 17. — Usage de faire fixer par des arbitres le montant de la composition. Les druides en Gaule. 156
§ 18. — Les druides sacrificateurs et bourreaux. Ces deux fonctions, distinctes à nos yeux, n'en faisaient qu'une alors. 166
§ 19. — Le druidisme, incompatible avec les principes fondamentaux du droit romain classique, est supprimé par la conquête romaine. 172
§ 20. — La vengeance est un devoir imposé par le droit primitif aux parents les plus proches du mort. 177
§ 21. — La famille irlandaise, la famille attique. 185
§ 22. — Qui est débiteur de la composition. Distinction entre le crime qui est nécessaire et celui qui ne l'est pas. 190
§ 23. — Des meurtres pour lesquels la famille ne peut exiger de composition. Meurtre du voleur. 198
§ 24. — Meurtre de l'adversaire en cas de duel. 206
§ 25. — Meurtre de la femme par le mari. Le mariage indo-européen, le mariage celtique. Manières diverses d'entendre la condition de la femme et le régime de ses biens. 210
§ 26. — Meurtre des enfants par le père. La puissance paternelle en droit celtique. 242

DEUXIÈME PARTIE.

INTRODUCTION AU TRAITÉ DE LA SAISIE MOBILIÈRE PRIVÉE DANS LE *SENCHUS MOR*. 255

CHAPITRE PREMIER. — IDÉE GÉNÉRALE DE LA PROCÉDURE IRLANDAISE. 255
  § 1. — La saisie mobilière. 255
  § 2. — La saisie immobilière. 279
  § 3. — Le jugement. 291
  § 4. — L'assemblée publique. 293
  § 5. — Le brehon, *brithem*, ou juge arbitral. 321

CHAPITRE II. — DATE DE LA RÉDACTION DU *SENCHUS MOR*. 332
  § 1. — Le *Senchus Mór* et le *Liber hymnorum*. 332
  § 2. — Le *Senchus Mór* et la monnaie métallique. . . . 335
  § 3. — Le *Senchus Mór* et le *Glossaire de Cormac*. . . 336

CHAPITRE III. — RECHERCHES SUR LA MANIÈRE DONT A ÉTÉ COMPOSÉE LA PREMIÈRE SECTION DU TRAITÉ DE LA SAISIE MOBILIÈRE. 347

§ 1. — Le traité primitif de la saisie mobilière immédiate et le traité primitif de la saisie mobilière avec délais, insérés tous deux dans le *Senchus Môr*; date de ces traités. 347

§ 2. — Contradictions entre le traité primitif de la saisie mobilière immédiate et le traité primitif de la saisie mobilière avec délais. 361

§ 3. — Recueil d'exemples tirés du livre Ier du *Senchus Môr* (traité définitif irlandais de la saisie mobilière), qui attestent l'incapacité de son auteur. 369

§ 4. — Le *Brâthchæ* ou jugement de Caé. 381

§ 5. — Conclusion. 383

TOULOUSE. — IMP. A. CHAUVIN ET FILS, RUE DES SALENQUES, 28.

www.ingramcontent.com/pod-product-compliance
Lightning Source LLC
Chambersburg PA
CBHW071854230426
43671CB00010B/1335